改訂版
イラストでわかる
空調設備のメンテナンス

田中毅弘 改訂監修
中井多喜雄 著　石田芳子 イラスト

JN058682

学芸出版社

改訂にあたって

　1995 年に発刊されました『イラストでわかる空調設備のメンテナンス』は、中井多喜雄先生の解りやすいユーモラスな説明と石田芳子先生の親しみやすいイラストで、これまで、大変多くの方に愛されて参りました。初心者にも大変わかりやすく、空調設備のメンテナンス業務実務者のみならず、設計・施工に携わる方々に活用されてきたことと思います。

　本書は、好評につき、より一層、空調設備のメンテナンスにおける現場で活用していただけるように改訂するにあたって、(1)現行法令をはじめ、ウィズ・アフターコロナに対応した換気のあり方やコンプライアンスの強化等、時代の趨勢に合わせ、(2)使いやすさを重視した 2 色刷とし、(3)関連資格の学習にも役立つように工夫することを主眼に編集いたしました。

　ぜひ本書に触れていただき、空調設備のメンテナンス業務実務者のみならず、設計・施工に携わる方々に、より一層活用していただければ幸甚です。

　最後に、本書の原著者であられました故・中井多喜雄先生、並びにイラストのご担当であられます石田芳子先生には、改めましてご功績の偉大さに敬意を表しますとともに、このたびの改訂に快く御了承いただき進めることができましたことを厚く御礼申し上げます。

2022 年七夕

田中毅弘

　近年における建築物の新設や更新はめざましいものがあり、とくにその高層化とともに、高度情報システム、ビル自動管理システムなどを導入し、情報機能が格段に向上し、またオフィスオートメーションに対応した高度な建築的環境と設備を備えたいわゆるインテリジェントビル化が顕著であります。それに伴い建築物の諸設備の占める位置の重要性も一段と増してきました。建築物と建築設備は車の両輪のようなもので、両者は不即不離の仲であり、端的にいって両者は一体のものとならなければ、いわば建築物として機能しません。そして、ここでとくに留意しなければならないのは、建築物本体は無論のこと、建築設備の保全管理、つまりメンテナンスを十分に施さなければならない点であります。

　このためビルの設備管理には多くのビル管理技術者（ビルメン）が従事されているわけですが、従来はともすればメンテナンスが軽視される傾向にありましたが、インテリジェントビルとしての機能を維持し、かつ、安全衛生上快適な空間を確保するには、つねに質の高い保全管理を必要とし、もしメンテナンスを怠ればたちまち非衛生的な環境に陥り、ビルの寿命を著しく縮めるような事態に至ることは必定です。

　とくに注目しなければならないのは、日本に限らず欧米のインテリジェントビルで、近年、ビル内の空気環境や衛生環境が悪化し、シックビル病やレジオネラ症が多発し、近代建築技術の粋を集めたインテリジェントビルが、不健康なビルの汚名であるシックビル化している点です。この原因は建築設備の設計、施工不良などもありますが、その主因はメンテナンス不良にあるといっても過言でないほどで、このことは換言すればインテリジェントビルとしての機能、環境を維持するには、つねに質の高い保全管理を実施しなければならないことを意味しているわけです。

　アメリカのビル協会の標語のひとつに「適正に設備され、適正に使用され、そして良好に維持されるべきだ」（Properly installed, properly used and well maintained）というのがあります。すなわち、installing、using、maintaining の３者のうち、ひとつでも欠落すると、快適な居住環境、建築空間が期待できなくなるわけです。using するのは居住者や利用者で素人ですが、installing を担当するのは設計者や施工技術者、maintaining に携わるのがビル管理技術者であります。

　建築設備は、空気調和設備、給排水衛生設備、ガス設備、電気設備、防災・消防設備、昇降機設備に大別されますが、もちろん空気調和設備の運用、保全管理を正しく行うことは空気環境、衛生上きわめて重要なポイントとなるわけです。

　そこで空気調和設備に関して、その正しい運用、質の高いメンテナンスを目指していただきたいとの願いを込めて浅学非才の身をも顧みず本書を執筆した次第ですが、なにしろメンテナンスの分野は広範囲で、かつ奥の深いものであるにもかかわらず、学問的に体系化されてはおらず、また理論的に解析されていないといった側面があり、メンテナンスは書物（理論）で理解するものではなく「身体で覚えるもの……」といった傾向が強く、本書の説明では個々のメンテナンスに関して完全に理解しにくい側面はあると思いますが、各現場で諸先輩方のよき指導を受けていただき、保全管理の技術、ノウハウをマスターされ、ビル管理技術者としてさらに飛躍されんことを願っている次第です。

　最後になりましたが、素晴らしいイラストを描いて下さいました石田芳子先生のご尽力に対し厚く御礼申し上げます。

1994 年 6 月　中井多喜雄

目次

8章　冷却塔メンテナンスのポイント　　*190*

1　保全の良し悪しが左右する！室内環境やビル設備の寿命

そもそも保全とは、「ものの全きを保つ」ことをいい、保守またはメンテナンスともいい、機器の性能を維持し、正しく作動させるために行う作業を意味します。したがって設備機器の使用、運転、調節、点検、修理、整備、改良などの作業、管理業務はすべて保全の活動に含まれるわけです。とくに近年、新築されるビルは最新鋭の諸設備が導入され、かつ、これらは各種の計測・制御機器などコンピュータによって、データ処理、自動制御化され、ビルオートメーションシステムや BEMS（ベムス）が導入されている、いわゆるスマートビルです。このスマートビルであっても、つねに質の高いメンテナンスが施されなければ快適な居住空間、衛生環境を維持することはできず、もし、メンテナンスを怠ればたちまち非衛生的な環境に陥り、ビル本体はもちろん諸設備の寿命を著しく縮めるような事態を招きます。

いずれにしても、設備機器はつねに正しい取り扱い、質の良い保全管理が行われてこそ、その性能を維持し、効率良く作動することを十分認識することが大切です。とくにビルにおける諸設備のうち、空調設備はエネルギーのウエイトが高く、エネルギー効率を意識して設備管理を実施する必要があります。

●ビルのライフサイクルコスト（LCC）って？

ビルのライフサイクルコスト（LCC、Life Cycle Cost）は当該ビルの建設企画、設計の段階から、建築、維持管理、廃棄に至るまで、つまりビルの誕生からビル解体に至るまでの全コストのことを意味し、人間でいえば「揺りかごから墓場まで」と一生涯に必要とする費用のことで、よく現場では LCC と略すことがあります。ちなみに事務所用途の建築物（躯体）の法定耐用年数は一般に 50 年とされますが、建築設備の場合は主に 15 年です。したがって、ビル本体の耐用年数の期間中に設備機器類は 4 〜 6 回取り換えなければならないことになります。このため、ビルのライフサイクルコスト中に占める運用管理コスト（保全費、改良費、管理費など）は約 80 ％にも達するのです。

●耐用年数とは？

固定資本が使用に耐える年数をいい、企業などの会計上における耐用年数は、国税庁による法令（減価償却規則）に規定され、減価償却費の計算のもととなるもので、これを法定耐用年数といいます。設備機器の耐用年数（耐用寿命）を JIS 規格では「修理系の故障率が著しく増大し、経済的に引き合わなくなるまでの期間」としています。なお、ビルにおける設備機器の法定耐用年数は蓄電池や拡声装置などの 7 年を除いて、一般には 15 年とされています。

● BEMS（ベムス）

BEMS（ベムス）とは「Building Energy Management System」の略で、ビルエネルギー管理システムのことを指します。ビルの機器・設備等の運転管理によって省エネルギーをはかるためのシステムのことです。近年のビルには、多く採用されています。類義語に BEEMS（Building Environment and Energy Management System）や HEMS（Home Energy Management system）があります。

BEMS は、主に運用面での配慮をめざすもので、室内環境を人感センサーや自動調光などで省エネルギー管理をする場合や、機器設備・配管等の温度・流量・圧力などのデータを収集して、運転管理者にエネルギー効率の評価を意識させるなど、様々なシステムが存在します。なお、BEMS を構成する次世代型のクラウド的な標準技術として IEEE1888（遠隔地からの設備制御のために開発されたインターネット上のアプリケーション）があります。

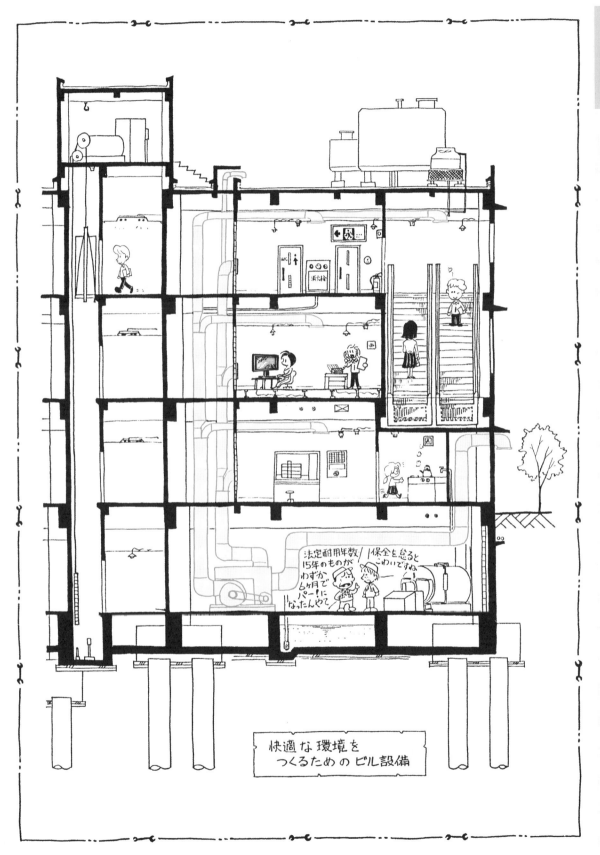

快適な環境を
つくるための ビル設備

2　保全管理の方法

保全業務は管理上から、右表のように分類されます。

事後保全：事後保全（Breakdown Maintenance）は対応英語のイニシャルをとってBMと略称（記号）され、機器の性能が低下したり、故障によって停止してから、修理や整備を行い、運用可能な状態に回復する設備保全方法をいいます。管理上、予防保全をまったく行わないと決めた機器の故障発生時に対処する事後保全のことを通常事後保全と呼び、予防保全を行っている機器の故障発生時などに対処する事後保全を緊急保全といい、区別することがあります。

予防保全：予防保全（Preventive Maintenance）はPMと略称（記号）され、設備をつねに正常・良好な状態に維持するため、計画的に点検・整備、調整、給油、清掃などを行い、設備の異常発生を事前に防止し、しかも経済的にも無理のない設備保全方法をいいます。

ビルの諸設備の保全は原則として予防保全を採用します。予防保全を行っていても故障など

が発生した場合、緊急保全（事後保全）で対処するわけです。予防保全は対処の方法により、時間計画保全と状態監視保全に大別されます。

時間計画保全というのは、一定の時間計画、つまり、スケジュールに基づいて予防保全の業務を行う方法で、予定の時間間隔で所定の設備を点検、整備基準に基づき点検・整備の業務を行う定期保全と、アイテム（設備機器の組立品のどれかのレベル、すなわち系統、部品系統、モジュール、附属品、構成部品、ユニット、部品など）が予定の累積動作時間に達したとき、所定の点検・整備業務を行う経時保全があります。

状態監視保全というのは、設備機器の使用および使用中の動作状態の確認、劣化傾向の検出、故障や欠点の位置確認、故障に至る経過の記録および追跡などを目的としたものです。連続的、間接的または定期的に動作値およびその傾向を監視し、点検・整備を行う予防保全方法です。

●保全の基本は五感による日常保全だ！

各保全管理の方式はいくつかありますが、その最も基本とするところは機器、装置を毎日正しい方法で運転し、かつ、人間の五感による巡視点検を行うことです。すなわち日常保全（日常巡視点検）にあるのです。センサーや自動制御機器、コンピュータなどによるいわゆるオートメーション化されたスマートビルに「人間の五感なんて！」と、五感を馬鹿に（軽視）される人が多いようですが、これはコンピュータ監視などに勝るとも劣らぬほどの威力を発

揮することを忘れてはなりません。日常、漠然とビル内を歩くだけでなく、各機器の正常な運転音、運転状態などを把握しておくようにしましょう。熟練すれば異常発生時の異常音が耳（聴覚）で、異常回転や振動が目（視覚）で、異臭発生が鼻（嗅覚）で、異常発熱が手（触覚）でという具合に、五感で各機器などの異常発生や故障の程度や範囲、その箇所などが確認できるのです。コンピュータを過信して任せきりにせず、五感による日常保全も併せて実行することが肝要です。

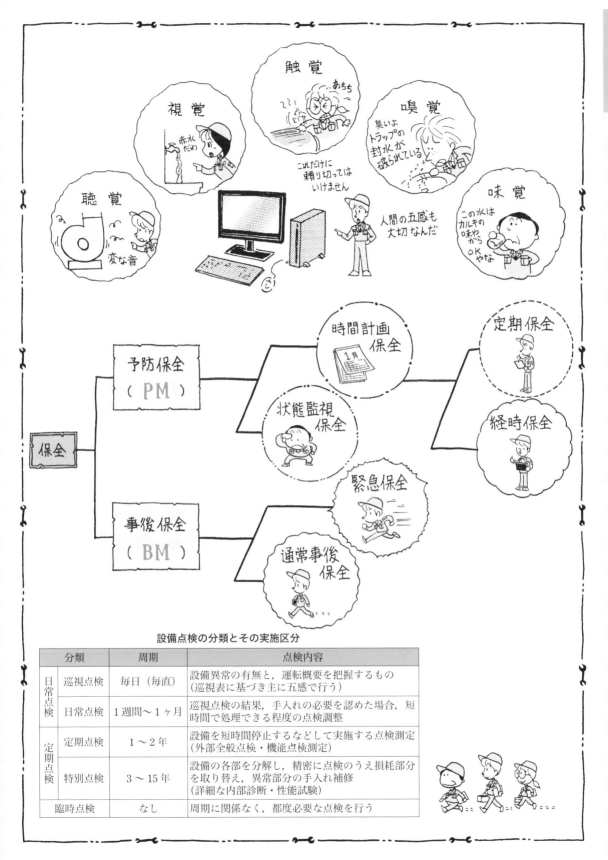

設備点検の分類とその実施区分

分類		周期	点検内容
日常点検	巡視点検	毎日（毎直）	設備異常の有無と，運転概要を把握するもの（巡視表に基づき主に五感で行う）
	日常点検	1週間〜1ヶ月	巡視点検の結果，手入れの必要を認めた場合，短時間で処理できる程度の点検調整
定期点検	定期点検	1〜2年	設備を短時間停止するなどして実施する点検測定（外部全般点検・機能点検測定）
	特別点検	3〜15年	設備の各部を分解し，精密に点検のうえ損耗部分を取り替え，異常部分の手入れ補修（詳細な内部診断・性能試験）
臨時点検		なし	周期に関係なく，都度必要な点検を行う

保全管理のあらまし

快適な室内空気環境を維持するには

空気調和機保全管理のポイント

熱運搬装置のメンテナンス

温熱源設備保全管理のポイント

燃焼装置の安全管理

冷熱源設備保全管理の要点

冷却塔メンテナンスのポイント

3　スマートビルにおける保全管理の考え方

BEMS、高度情報通信、自動制御、ビルオートメーション、リフレッシュコーナーなど快適なオフィス環境が備わったスマートビル（1〜2項）が昨今では数多く建設され、設備保全の分野でも、従来の予防保全や事後保全だけではなく、設備の一生涯を通じて生産性が最も高くなるようにと、設計、建設、運転、保全を総括して生産設備の効率向上をはかる、広い視野に立った考え方の生産保全方式が導入されています。

生産保全（Productive Maintenance）はPMと略称（記号）されます。設備の計画、設計、運転、維持、廃棄の全過程を通じ、設備そのものの費用、設備の維持をはかる一切の費用、および設備の劣化損失との合計を減少させることによって、生産の経済性を高めるための設備保全をいいます。生産保全は事後保全、予防保全のほかに、改良保全、予知保全、保全予防などが加味され、補完し合って目的が達せられるわけです。

スマートビルのみならず、保全管理の基本は品質管理の考え方、つまり、PDCAサイクルをスパイラルアップしていき、より高品質な保全管理をめざすことが不可欠といえます。

●改良保全とは？

設備の故障対象として、その原因を調査、解析して故障を未然に防ぐように、設備を改造したり、設計にまでさかのぼって是正処置をとり、設備の体質改善をはかる設備保全方式を総称して改良保全（Corretive Maintenance）といい、CMと略称（記号）します。つまり老朽設備の更新、保全管理が容易に行えるように設備改良したり、サービス向上のために設備改良することなどを意味し、いわば事後保全の一種ともいえるでしょう。

●予知保全とは？

設備に異常な状態が現れていないかを検出、測定または監視して、劣化の程度が使用限度に達した時点で、分解、検査、部品交換、修理する設備保全方法をいいます。予知保全（Predictive Maintenance）はPMと略称（記号）されます。

●保全予防とは？

設備保全の情報や新しい技術に基づいて、操作性、信頼性、保全性、安定性、経済性などが優れた設備の選定、調達や設計を行い、設備保全をしないですむ体制をめざした設備保全活動をいいます。換言すれば、新設設備の計画時に予防保全の省力化を加味して設計することなどを指し、保全予防（Maintenance Prevention）はMPと略称（記号）されます。

● PDCAサイクル

PDCAサイクル（Plan-Do-Check-Actionサイクル）は、事業活動における生産管理や品質管理などの管理業務を円滑に進める手法の1つです。Plan（計画）→Do（実行）→Check（評価）→Act（改善）の4段階を繰り返すことによって、業務を継続的に改善していくというスパイラル状のサイクルです。

この4段階を順次行って1周したら、最後のAction を次のPDCAサイクルにつなげ、螺旋を描くように1周ごとにサイクルを向上（スパイラルアップ）させて、継続的に業務改善します。

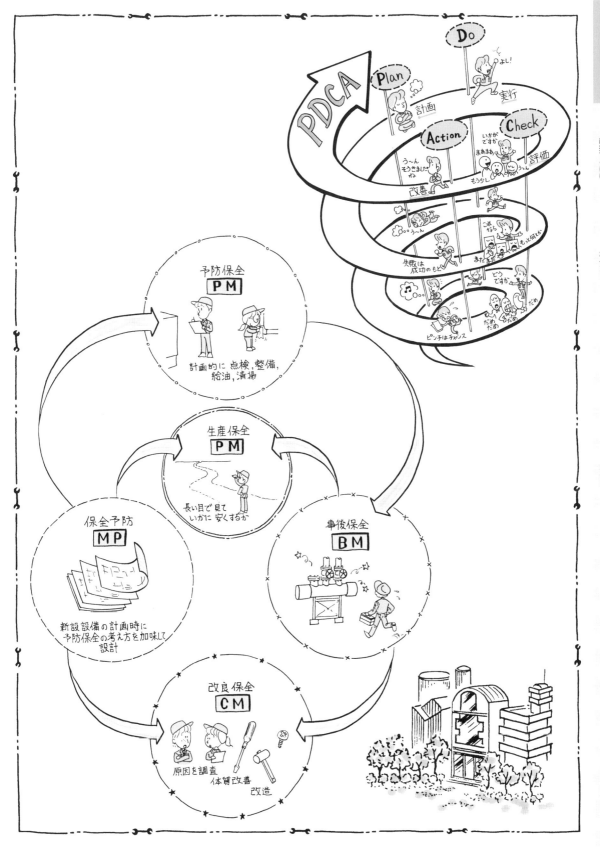

保全管理のあらまし

快適な室内空気環境を維持するには

空気調和機保全管理のポイント

熱運搬装置のメンテナンス

温熱源設備保全管理のポイント

燃焼装置の安全管理

冷熱源設備保全管理の要点

冷却塔メンテナンスのポイント

4　設備の故障と耐用寿命のはなし

　いずれの設備機器も、調査→研究→設計→製造→設置→運転→保全→廃棄という経過で一生涯を終えるわけですが、設置してから廃棄するまでの間に、必ずといってよいほど故障します。故障というのは、JIS規格で定められているJIS Z 8115（ディペンダビリティ、信頼性）用語によれば「ある品目があらかじめ規定されている限界内で性能を発揮できないこと。あるいは要求された機能を遂行する機能単位の能力がなくなること」と示されています。故障が発生した場合、故障した部品または損傷を受けた部分を交換または修理を施すことによって、機能を正常に回復させます。ひとくちに故障といってもいろいろありますが、統計上から初期故障、偶発故障、摩耗故障に分けられます。

　初期故障は使用開始後の比較的早い時期に設計・製造の欠点、使用環境との不適合、不適切な使い方などによって生じる故障をいいます。そして、アイテムを運用する初期において故障率が急激に減少し、アイテムの一団の故障率が低下すると予測できるまでの期間を初期故障期間といいます。例えば、法定耐用年数が15年の設備機器では一般に1～2年間とされ、働年期といいます。

　偶発故障は機器が初期故障期間を過ぎ、摩耗故障期間に至る以前の時期で、摩耗、設計不良または異常な応力に起因するとは考えられず、その発生が予測できない故障をいいます。偶発故障は、確率上または統計上においてのみ予測できるわけです。そして偶発故障が起こる初期故障期間と摩耗故障期間の中間部分を、偶発故障期間といいます。平均するとこの期間に、静止機器では1回、可動機器では2回、偶発故障を起こし、部品交換（修理）を要するとされています。また偶発故障期間は10～11年となっていて、この期間を俗に青壮年期といいます。

　摩耗故障というのは、偶発故障期間を過ぎ、機器の疲労・摩耗・老化現象など、いわゆる劣化によって時間とともに故障率が大きくなる状態をいいます。この時期を摩耗故障期間といい、老年期と俗称されます。そして摩耗故障期間に入って1～2年目、つまり、初期故障期間1～2年＋偶発故障期間10～11年＋摩耗故障期間1～2年の合計15年間が法定耐用年数、いわゆる耐用寿命とされます。特に、空調設備については、故障期間を見極めるために、故障データ、つまり、人間でいえば、定期検診や人間ドックのデータを蓄積することが重要です。設備機器の一生涯は人間の一生とよく似ていますね。

●アイテム
　ディペンダビリティ（信頼性）の対象となる、部品、構成品、デバイス、装置、機能ユニット、機器、サブシステム、システムなどの総称またはいずれかをいいます。
● JISって何？
　JISは、Japanese Industrial Standardsの略で、「日本産業規格」といいます。わが国の適正かつ合理的な産業標準の制定と普及を目的とした、1949年に施行された工業標準化法に基づく、日本の国家規格です。

土木および建築、一般機械、電気・電子、管理システムなど多部門あり、分野に応じてアルファベットと数字が付与されています（表記例：JIS Q 9001）。
●経年変化とは？
　長い年月の間に、自然劣化も含めて腐食、摩耗、物理的性質の変化などによって、機器の性能、機能が低下することをいいます。
●故障率とは？
　ある時点まで動作してきた機器または装置が引き続き、単位期間内に故障を起こす割合をいいます。

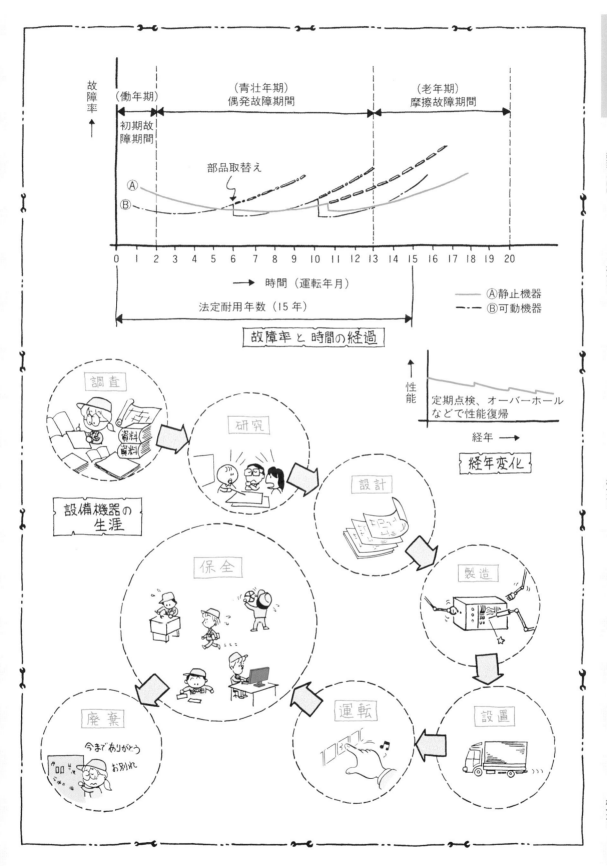

故障率 ↑

(働年期)
初期故障期間

(青壮年期)
偶発故障期間

(老年期)
摩擦故障期間

部品取替え

Ⓐ
Ⓑ

0 1 2 3 4 5 6 7 8 9 10 11 12 13 14 15 16 17 18 19 20

→ 時間（運転年月）

法定耐用年数（15 年）

── Ⓐ静止機器
─・─ Ⓑ可動機器

故障率 と 時間の経過

設備機器の
生涯

調査

研究

設計

保全

製造

廃棄

運転

設置

今までありがとう
お別れ

性能 ↑

定期点検、オーバーホール
などで性能復帰

経年 →

経年変化

快適な室内空気環境を
維持するには

空気調和機保全管理の
ポイント

熱運搬装置のメンテナンス

温熱源設備保全管理の
ポイント

燃焼装置の安全管理

冷熱源設備保全管理の要点

冷却塔メンテナンスの
ポイント

5　正しい保全管理で設備の耐用寿命は延びる

　ビルの設備の大部分は法定耐用年数が15年です。同じ設備でも保全管理の優劣によって、その耐用寿命に著しい差を生じます。誤った運転操作や保全管理を怠って、新設後わずか数ヶ月でダメ（使用不能）に至らしめたというのは例外として、統計によると事後保全のみによる場合は法定耐用年数までもたないことが多く、予防保全を正しく実行した場合には法定耐用年数をオーバーしても性能は低下せず、事後保全のみの場合に比べて1.5～2倍の寿命に延びているのです。この統計値は正しい保全管理の実行が設備管理にとって、いかに大切かを物語っており、この点はよくよく認識してください。

　空調設備を構成する主要機器について、保全管理による優劣を具体的にみてみましょう。これらの法定耐用年数はすべて15年です。

　ボイラー：炉筒煙管ボイラーでは事後保全のみの場合の耐用寿命は7年、正しい予防保全の場合は15年、鋳鉄ボイラーでは事後保全で15年、予防保全で20年。

　冷凍機：往復動冷凍機では事後保全で10年、予防保全で15年。遠心冷凍機では事後保全で10年、予防保全で20年。吸収冷凍機では事後保全では5年、予防保全で15年。

　空調機：ユニット型空調機、ファンコイルユニットではいずれも、事後保全では10年、予防保全では18年。

　送風機：事後保全では耐用寿命は10年、予防保全では18年。

　冷却塔：事後保全では7年、正しい予防保全における耐用寿命は13年。冷却塔は大気中という悪条件で使用するので、法定耐用年数に達せずして廃棄（更新）に至るケースが多いようです。

　上水用ポンプ：事後保全では10年、予防保全の場合の耐用寿命は15年です。

　ちなみに排水設備における汚水汚物ポンプをみると、事後保全での耐用寿命はわずか5年、正しい予防保全の場合で15年です。

●減価償却資産

　建築物、建築物附属設備、機械装置、器具備品、車両運搬具などの資産は、時間と共に劣化し、ものとしての価値が減っていくと考えられます。事業コストを把握する際、このような資産は、土地などの価値が減少しない資産と比較して、「減価償却資産」と呼ばれます。

●最新鋭設備も旧式設備も原理は同じ！

　ビルの管理技術者を希望される方のなかには、「近年の超高層ビルやスマートビルでは最新鋭の設備で、かつ、BEMSなどのIT化も進み管理もものすごく難しいだろうな……」と、ひどく心配げで、ともすれば敬遠されがちですが、これは"取越苦労"というものです。確かに旧式設備もあれば最新鋭設備もあり、そのコントロール方式も異なるし、形や大きさもそれぞれ異なりますが、その理屈（原理）はまったく同じです。

設備機器の耐用寿命

機器名		種類別	耐用寿命	
			事後保全	予防保全
機械設備機器	ボイラー	水管	10	18
		煙管	7	15
		鋳鉄	15	20
	冷凍機	往復動	10	15
		遠心	10	20
		吸込み	5	15
	パッケージ型空調機	半密閉	10	15
		全密閉	10	13
	ユニット型空調機		10	18
	ファンコイルユニット		10	18
	送風機		10	18
	冷却塔	FRP	7	13
		鉄板	7	13
	一般揚水ポンプ		10	15
	汚水、汚物ポンプ	床置	5	15
		水中	5	15
	自動制御		10	20
	熱交換器		10	15
	軟水装置		5	10
	弁類	鋳鉄	5	10
		水中	5	10
電気設備機器	エレベータ		17	25
	変圧器	油入	15	30
		乾式	15	30
	高圧遮断機	油入	5	20
		真空	10	20
		磁気	10	20
	保護継電器	誘導	5	15
	電力コンデンサ		20	25
	中央監視装置	グラフィックパネル	15	20
		テータロガー	5	12
	蓄電池	鉛（CS）	7	14
		（HS）	4	7
		アルカリ	10	15
	ディーゼルエンジン	非常用	12	20
	発電機	非常用	15	20
	動力制御盤	屋内用	15	20
	電気時計		10	15

注）蓄電池のみ法定耐用年数は 7 年、他は 15 年

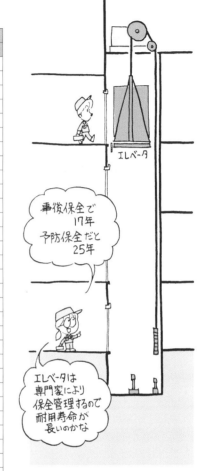

事後保全で
17年
予防保全だと
25年

エレベータは
専門家により
保全管理するので
耐用寿命が
長いのかな

弁（バルブ）類

つかれたときは
早めに休むと
回復も
早いですね

すやすや

ちょっと
おひるねを

設備機器も
トラブルが起こる前に
保全を！

事後保全では 5年
予防保全での耐用寿命は
10年です
弁類は 法定耐用年数（15年）
もたない 消耗品かな？

6　空気調和は室内の空気環境を快適にする

空気調和は一般に空調あるいはエアコンディショニングと呼ばれ、目的とする室内（空間内）の空気の温度、湿度、気流、清浄度を、その目的にあった条件に調整し、これを室内に分布させることです。そして温度、湿度、気流、清浄度を空気調和の4要素といい、居住者の快適性の増大、外部汚染の防御、作業能率の向上などを目的とした最適の室内空気条件をつくりだすためには、空気調和の4要素を調整する必要があるのです。

建築物における衛生的環境の確保に関する法律（建築物衛生法）では、室内環境衛生管理基準として次のように定められています。

① 温度は18℃以上28℃以下に維持すること。なお、室内における温度を外気温度よりも低くする場合は、その差を著しくしないこと（温度差は7℃以内）。

② 相対湿度は40%以上70%以下に維持すること。

③ 気流は0.5m/s以下にすること。

④ 二酸化炭素（CO_2）の含有率は、1000 ppm以下とすること。

⑤ 一酸化炭素（CO）の含有率は6 ppm以下とすること。

⑥ 浮遊粉じんの量は$0.15 \, \text{mg/m}^3$以下とすること。

⑦ ホルムアルデヒドが$0.1 \, \text{mg/m}^3$以下であること。

空気調和の一般的な室内設計条件は、夏期には温度25〜27℃、湿度50〜60%、冬期には温度20〜24℃、湿度40〜50%です。そして気流は事務所ビルのように事務作業が中心のところでは0.13〜0.18 m/s、商業施設などのデパートなど、人が体を動かすような建築物の用途では0.3〜0.5 m/sとされます。いずれにしても快適な室内空気環境条件は男女、年齢差、健康状態などによって異なるので、すべての人に快適であるように維持するのは不可能といえます。

● 保健用空気調和と産業用空気調和の大別

空気調和は、保健用空気調和と産業用空気調和に大別されます。エアコンディショニングの訳語で、建築物内部の温度・湿度、空気条件などを人工的に調整、塵埃（じんあい）・有害ガスなどを排除することです。住宅、事務室などでの人体の快適性を目的とした保健用空気調和（快感用空気調和）と、機械・装置の運転、製品の製造・貯蔵・格納に適した条件に調整する産業用空気調和とがあります。一般には、単に"空気調和"といえば、保健用空気調和（快感用空気調和）を意味していることが多いのです。

● クリーンルームとは？

空気中における浮遊粉じんが、とくに規定されたレベル（ほとんど無じん状態）に管理され、必要に応じた温度、湿度、気圧などの環境条件に管理（空調）された空間をいいます。クリーンルームは精密機械工業、半導体工業、医薬品工業などにおける製造や研究のために利用されます。なお、空気中の有機、無機の無生物浮遊粒子を対象とする場合を工業用クリーンルーム、空気中に浮遊する生物微粒子を対象とするものをバイオロジカルクリーンルームと呼び、バイオテクノロジーの研究などに利用されます。

保全管理のあらまし

快適な室内空気環境を
維持するには

空気調和機保全管理の
ポイント

熱運搬装置のメンテナンス

温熱源設備保全管理の
ポイント

燃焼装置の安全管理

冷熱源設備保全管理の要点

冷却塔メンテナンスの
ポイント

7　空気環境測定は定期的に実施しよう

　興行場、百貨店、集会場、図書館、博物館、美術館、遊技場、店舗、事務所、研修所、学校教育法が適用されない学校、旅館（ホテル）で、その延べ面積が 3000 m² 以上の建築物、学校教育法が適用される学校（一般の公私立の小学校、中学校、高校、大学）で、その延べ面積が 8000 m² 以上の建築物は建築物衛生法（ビル管理法）によって、特定建築物とされ、ビル内（室内）の空気環境が規定の管理基準に適合しているか否か、実際に室内空気の状態を 2 ヶ月に 1 回以上定期的に測定することが義務づけられています。この測定業務を空気環境測定といい、測定項目は浮遊粉じん量、一酸化炭素（CO）含有率、二酸化炭素（CO_2）含有率、温度（乾球温度）、湿度（相対湿度）、気流の 6 項目です。なお、特定建築物に該当しない小さな建築物でも、労働安全衛生法に基づく事務所衛生基準規則が適用される場合は、特定建築物と同じ条件で空気環境測定の実施が義務づけられています。

　空気環境の測定場所は最低各階 1 ヶ所以上（各階の床面積が広い場合は 500 m² ごとに 1 ヶ所を目途とする）で、原則として室内の中央部で床上 75 cm 以上 150 cm 以下の位置で測定し、測定回数は始業 1 時間後と終業 1 時間前およびその中間の 1 日 3 回、通常の使用時間中、いわゆる執務時間中に実施します。そして浮遊粉じん、一酸化炭素、二酸化炭素については午前に 1 回、3 回の午後に 1 回ないしは 2 回で、1 日 2 ～ 3 回の測定を行い、これらの測定値の平均値で判定し、温度、湿度、気流については測定ごとの数値により判定するのです。室内の空気環境を良好（規制値以内）に維持するためには、空気調和設備の適切な運転、調整、保全管理を行うのは当然ですね。なお、測定を実施するときは外気についても測定するのが望ましく、その測定箇所は空調機の外気取り入れ口付近とします。

　測定機器は、法令で定められた一定の能力以上のものを使用し、それぞれの測定値は所定の"環境衛生測定記録表"に記録し、この記録表は 5 年間保存することが義務づけられています。

　浮遊粉じんの量：グラスファイバーろ紙（0.3 μm のステアリン酸粒子を 99.9 ％以上捕集する性能を有するものに限る。）を装着して相対沈降径がおおむね 10 μm 以下の浮遊粉じんを重量法によって測定する機器、または厚生労働大臣の登録を受けた者によって当該機器を標準として較正された機器。

　一酸化炭素の含有率：検知管方式による一酸化炭素検定器。

　二酸化炭素の含有率：検知管方式による二酸化炭素検定器。

　温度：0.5℃目盛の温度計。

　相対湿度：0.5℃目盛の乾湿球湿度計。

　気流：0.2 m/s 以上の気流を測定することができる風速計。

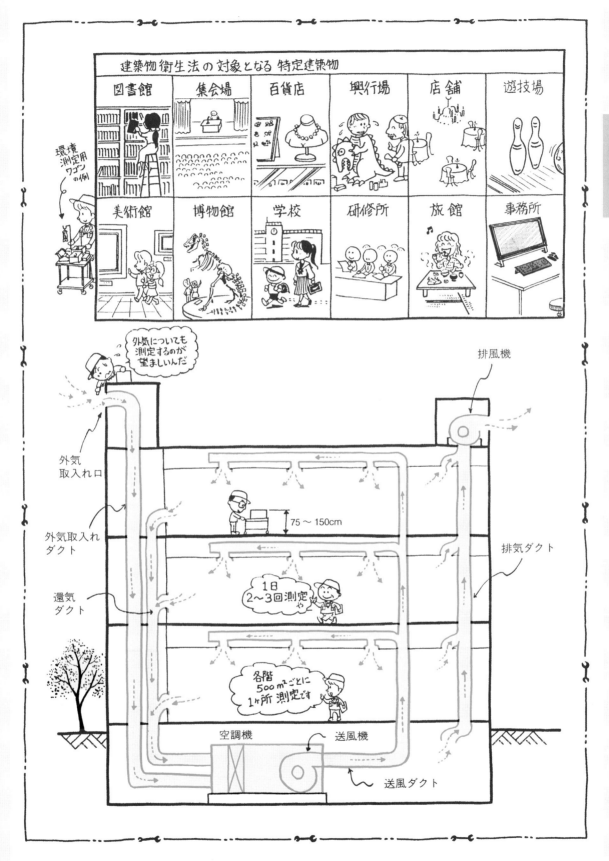

保全管理のあらまし

快適な室内空気環境を維持するには

空気調和機保全管理のポイント

熱運搬装置のメンテナンス

温熱源設備保全管理のポイント

燃焼装置の安全管理

冷熱源設備保全管理の要点

冷却塔メンテナンスのポイント

8　手間と時間がかかる浮遊粉じん量の測定

　空気中に長期間浮遊する粒径が10μm（1/100mm）以下の微粒子（ばい煙、粉じん、ミストなど）を浮遊粉じん（大気汚染防止法では浮遊粒子状物質）といいます。室内の浮遊粉じんで代表的なものは、たばこの煙、外気（大気中）ではディーゼルエンジン（自動車）の排気ガスです。粒径の大きい粉じん（ホコリなど）は時間の経過とともに沈降し、もしこれを吸込んだとしても鼻毛や喉の部分で捕らえられますが、浮遊粉じんは鼻毛や喉を素通りして肺に達し、じん肺やぜん息など健康に悪影響を与えるので、室内環境上浮遊粉じん量は空気 1 m³ 中、粒径10μm 以下のものが何 mg あるかを単位として、0.15mg/ m³ 以下と規制されるのです。

　浮遊粉じん量の正確で理想的な測定法としては、ローボリュームエアサンプラという測定器により、浮遊粉じん量を直接、重量で測定する絶対濃度測定法（質量濃度測定法）を用いればよいのですが、これは装置が複雑かつ大型で測定操作が難しく、測定と計量に時間を要し、移動測定にも不向きなので、ビルの空気環境測定には用いられません。

　そこで、浮遊粉じん量の測定には相対濃度測定法（相対重量濃度測定法）を用います。これは浮遊粉じんの濃度を測って重量（mg / m³）に換算する方法で、浮遊粉じんの光学的特性や圧電効果（ある物質に機械的負荷を加えた時に電荷が発生する現象）などが、浮遊粉じんの重量と一定の相関関係にあることを利用して間接的に重量濃度を求めるものです。測定器の吸引口から所定時間（1 ～ 10 分間）空気を吸引し、ろ紙に粉じんを捕集し、その粉じん濃度に比例して透過光量が変化することを利用した光透過式浮遊粉じん計（測定器）、浮遊粉じんによる光の散乱現象を応用した光散乱式浮遊粉じん計が主に用いられ、いずれも粉じん濃度が重量（mg/ m³）に換算してメータに表示されるようになっています。

　なお、相対濃度測定法による粉じん測定器は、その欠点を是正する必要上、年 1 回定期的に厚生労働大臣の指定機関での較正を受けることが義務づけられています。

　浮遊粉じん量の測定時における主な注意事項を示すと次のとおりです。

① 測定するごとに、ろ紙は必ず新しいものと交換しなければなりません。

② 測定する場所は室内の中央部で、床上75 cm 以上 150 cm 以下の位置で、室内空調機あるいは吹出し口や吸込み口付近は避けます。

③ 測定中は故意に喫煙してはなりません。

④ 測定中は歩行者がコードに引っかかるなど、電源が切断されないように注意します。

⑤ 測定器の測定要領、保全事項などは、当該測定器メーカーの取扱説明書どおりに正しく行わなければなりません。

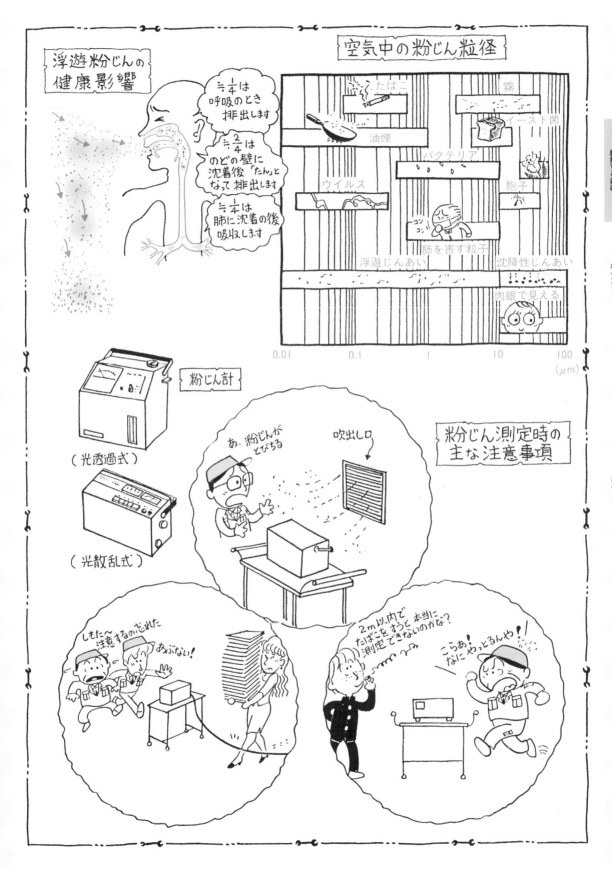

保全管理のあらまし

快適な室内空気環境を維持するには

空気調和機保全管理のポイント

熱運搬装置のメンテナンス

温熱源設備保全管理のポイント

燃焼装置の安全管理

冷熱源設備保全管理の要点

冷却塔メンテナンスのポイント

9 一酸化炭素含有率と二酸化炭素含有率の測定要領

一酸化炭素（CO）は無色無臭の気体で燃料（炭素）が不完全燃焼したときに生じる可燃性の猛毒ガスです。人が大量にCOを吸入すると、血液中の酸素（O_2）を運搬するヘモグロビンの酸素運搬能力を破壊し、酸素欠乏によって、一酸化炭素中毒を引き起こし、死亡に至ります。COは自動車の排気ガスやボイラーなど燃焼装置の燃焼排ガス中に含まれ、COの規制値は10 ppm（10 mg/ℓ）以下です。

COの測定は基本的にはガス検知管方式で行います。ここでは、代表的なK式で説明します。検知器は一酸化炭素検知管・比色管・温度計およびガス採取器（内容積50 mℓ）から構成されています。検知管は、ガラス管の中に黄色の検知剤層と、白の吸着剤層（シリカゲル粒）とを交互につめて両端を溶封したものです。このガス検知管方式に代わり、空気中に含まれるCOを、ガス透過性隔膜を通じて、電解槽中の溶液に吸収させ、所定の酸化電位を与えて酸化し、その時に流れる酸化電流量からCO濃度を測定する定電位電解法などもあります。

二酸化炭素（CO_2）は大気中に自然の状態で0.03％（約300 mg/ℓ）存在する無色無臭の可燃性も、火災を助長するようなことのない気体で、少量では無害ですが10000 mg/ℓを超

すと人体に悪影響を及ぼすので、規制値は1000 mg/ℓとされています。CO_2は燃料（炭素）が完全燃焼した場合に発生しますが、人間の呼気からも発生し、呼気に含まれるCO_2は約40000 mg/ℓです。空調においては人体（呼気）によるCO_2が問題となり、室内の換気のバロメータとなります。CO_2含有率の測定も基本的には、ガス検知管方式で行います。K式検知管は、正確には北川式といわれ、簡易なのでよく使われています。CO_2測定法としても用いられ、ガス採取器に、内容積100 mℓと、ステンレス製の吸引ポンプを使用します。ガス検知管は、ガラス管の中に青紫色の検知剤を一定量つめて綿栓でとめ、両端を溶封したもので、綿栓と検知剤が接触しないように、その間に赤色ガラス粒が詰めてあるものを使用します。青紫色の検知剤は、二酸化炭素によって淡桃色に変色します。測定はイラストに示す通りです。淡青色をした二酸化炭素の検知剤を封入した検知管内に、真空ガス検知器、1ストロークの操作で100 mℓの空気を吸引させて、CO_2と化学反応させ、淡青色の検知剤が紫色に変色することにより測定します。CO含有率測定では2ストローク操作（200 mℓの空気を吸引）ですが、CO_2では1ストロークでよいのです。

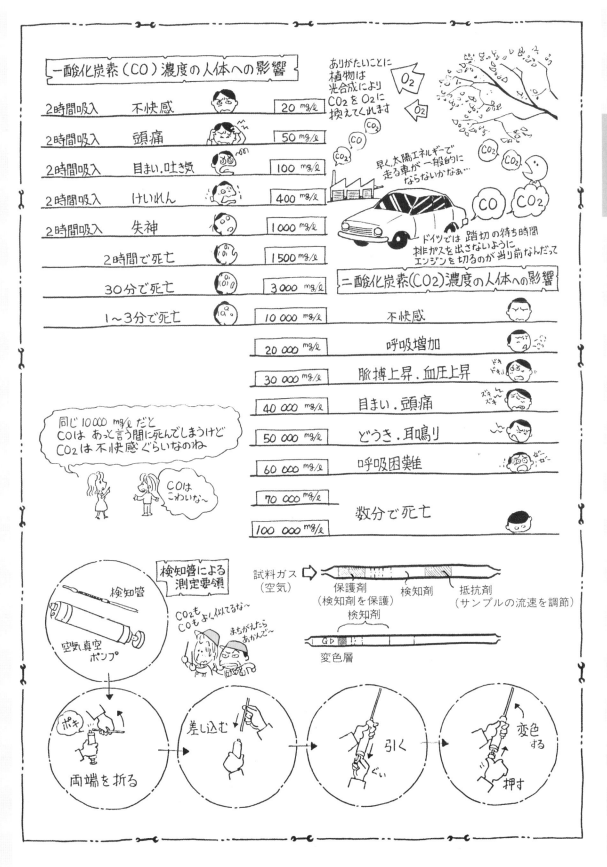

保全管理のあらまし

快適な室内空気環境を維持するには

空気調和機保全管理のポイント

熱運搬装置のメンテナンス

温熱源設備保全管理のポイント

燃焼装置の安全管理

冷熱源設備保全管理の要点

冷却塔メンテナンスのポイント

10　同時に行える温度と湿度の測定

　温度と湿度（相対湿度）は密接な関係にあり、たんに室内の気温（乾球温度）をコントロールするだけでは快適な空気環境はつくれません。建築物衛生法では、温度の管理基準は18℃以上28℃以下、相対湿度は40％以上70％以下とされていますが、換言すれば暖房時（冬期）は室温を18℃以上とし、28℃以上に上げすぎず、相対湿度が40％以上となるよう加湿する。冷房時（夏期）は28℃以下に室温を保ち（室内と外気の温度差は7℃以内）、相対湿度が70％以下となるよう減湿することを意味します。

　温度および相対湿度の測定は、基本的には両者が同時に測定できる乾湿球温度計を用いますが、より合理的に行えるようにしたアスマン通風乾湿計で行います。つまり、移動式で風速や放射熱、直射日光などの影響を受けず、どのような測定場所でも敏速（3分間）に同じ条件で測定できるものです。通常のガラス棒温度計（乾球温度計）と、乾球温度計の測温部（温度検出部）に水で濡らしたガーゼを巻いて湿球温度計とした2本の温度計を、頭部に乾電池またはゼンマイで駆動するファン回転機構を入れ、下部には、通風穴になっている金属筒の中に、2本の温度計の温度検出部（水銀球部）が入るようにセットしたものです。

　このアスマン通風乾湿計を測定場所に吊るし、スイッチを入れるとファンが回転し、空気は下の通風穴から吸引され、上部の空気出口から排出されるため、2本の温度計の水銀球部はつねに3.7 m/sの風速が与えられます。ファンが回転してから約3分間経過し、示度（計器が示す数値）が一定となったところで、乾球温度計の目盛（乾球温度）と湿球温度計の目盛（湿球温度）を読みとり、乾球温度と湿球温度の差（t℃）と、湿球温度（t'℃）の関係を示した、通風温湿度計温度表を使用して相対湿度を求めるのです。なお換算表を用いずにこれを湿度計算尺としたものもあります。

　アスマン通風乾湿計は計測器自体の価格は安いのですが、測定に相当の時間を要し、かつ測定者の測定技術のレベルによって、測定結果値にばらつきを生じやすい欠点があるので、現在では相対湿度の検出端である温度センサーとして、高分子湿度センサーやセラミック湿度センサーなど、いわゆる電子式センサーが広く採用されています。小型で移動に便利で、短時間で正確に効率よく、しかも温度および相対湿度の測定値が表示される電子式のデジタル温・湿度計が普及しています。

●不快指数とは？

　不快指数（DI、Discomfort Index）は、快適環境の評価で最も簡単な指数で、気温（乾球温度）と湿度（湿球温度）の指標から求められます。

DI = 0.72（乾球温度［℃］＋湿球温度［℃］）＋ 40.6

　これは、夏期における屋外の蒸し暑さしか示すことができないので、あくまでもひとつの簡易的な目安となる指標です。DIの値が75以上で「やや暑さを感じる」、80以上で「暑くて汗が出る」、85以上で全員「不快」とされます。

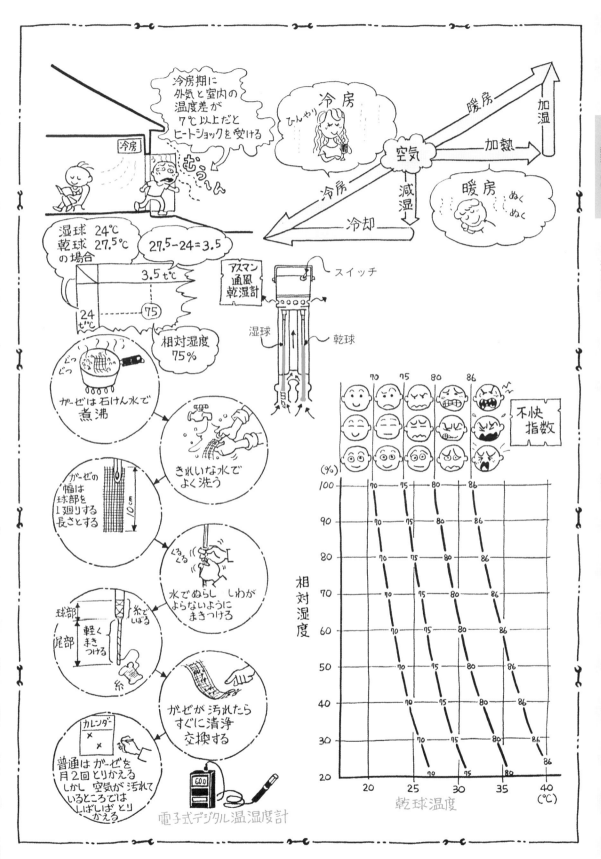

保全管理のあらまし

快適な室内空気環境を維持するには

空気調和機保全管理のポイント

熱運搬装置のメンテナンス

温熱源設備保全管理のポイント

燃焼装置の安全管理

冷熱源設備保全管理の要点

冷却塔メンテナンスのポイント

11　気流測定とは、風速を測ること！

大気中において空気の移動する速さを風速と呼ぶのに対して、室内の空気の流動する速さを気流といいます。気流は風速のように強い勢いでつねに人間に当ると不快であるばかりでなく、体温調節の機能に狂いを生じ健康障害をきたすので、0.5 m/s 以下と規制されています。かといって、気流が 0.1 m/s 以下ではまったく無風と感じられ、たばこの煙が相当時間にわたって頭上でたなびいたりして換気が悪い印象を与えます。また、気流がまったくないと汗の蒸発で身体の表面に飽和状態になった空気の層ができてしまい、いくら周囲（空気）の相対湿度が低くても汗が蒸発しにくくて不快に感じます。

一般には 0.3 m/s ぐらいで肌に気流を感じ、かつ風（気流）の方向も感じられるようになります。最適な気流はその人の活動状況などによって異なり、事務作業では 0.13 ～ 0.18 m/s、デパートでのショッピングなど身体を軽く動かしているときでは、この 3 倍ぐらいがよいとされています。そして、空気調和において室内に生じる気流の大きさの均等性を気流分布といいます。

気流の測定に用いる風速計としては、風車の回転数によるピラム型風速計、超音波の送波器と受波器を向い合わせに 2 組設けて、超音波パルスの風による伝播時間の差から気流を測定する超音波風速計など、気流（風速）を検出する原理から数種に分類されますが、取り扱い操作の簡便さ、実用上の見地から、空調用の気流測定には熱線風速計が広く用いられます。

熱線風速計は風速検出素子(センサプローブ)として白金線、タングステン線といった細い金属線を用い、これを測定時に加熱します。これが風に当ると金属線の温度が変化し、電気抵抗に変わるため、回路に流れる電流量が変化します。この電流値を風速として風速計のメータに表示するのです。その構造原理が、温度、風速、温度、相対湿度、気圧なども同時に測定できるため、これらを一括してデジタル表示する製品も普及しています。

●ビル空気環境測定自動化システムとは？

建築物衛生法に定められている、温度、湿度、気流、浮遊粉じん、CO、CO_2 の 6 項目が同時に自動測定できるコンパクトで軽量なひとつの装置です。3 分、5 分、15 分の平均測定などもでき、在室人員、喫煙者数のデータ入力できるもので、さらにそのデータを測定現場で USB フラッシュメモリなどに記録できます。記録されたデータはパソコンに取り込むことが可能で、空気環境の測定報告書作成プログラムで処理し、自動的に「空気環境の測定結果報告書」を作成できます。

保全管理のあらまし

快適な室内空気環境を維持するには

空気調和機保全管理のポイント

熱運搬装置のメンテナンス

温熱源設備保全管理のポイント

燃焼装置の安全管理

冷熱源設備保全管理の要点

冷却塔メンテナンスのポイント

12　空気環境測定はだれでも行えるの？

ビルの空気環境測定の業務は原則として、当該ビルで選任されている建築物環境衛生管理技術者、または建築物環境衛生管理技術者の監督指導のもとに、ビル設備管理従事者（無資格者）が行うことになっています。

もっとも大部分のビルが、空気環境測定業務を含めてビル設備管理全体の業務を“ビル管理業者”に委託していますが、この場合は、登録建築物空気環境測定業者の空気環境測定実施者が行います。もちろん空気環境測定実施者の監督指導のもとに見習者（無資格者）が行ってもよいことになっています。

●建築物環境衛生管理技術者とは？

建築物環境衛生管理技術者とは、ビル管理士やビル管理技術者などと略称され、ビル衛生管理法に基づく建築物環境衛生管理技術者免状を有する者を指します。

建築物環境衛生管理技術者の選任：特定建築物維持管理権原者（特定建築物の届出義務者と同じ）は、その特定建築物の維持管理が、環境衛生上適正に行われるように監督させるため、建築物環境衛生管理技術者免状をもつ者を建築物環境衛生管理技術者に選任しなければなりません。なお選任は、①特定建築物ごとに選任し、2つ以上の建物での兼任は原則不可。②建築物維持管理権原者の委任があれば雇用関係は不要で、必ず常駐する必要もない。③登録業者の選任管理者との兼務はできない、の3点です。

建築物環境衛生管理技術者の職務：その職務は特定建築物の環境衛生上の維持管理業務を全般的に監督することですが、具体的には、以下の5項目です。①管理業務計画の立案。②管理業務の指揮監督。③建築物環境衛生管理基準に関する測定または検査の評価。④環境衛生上の維持管理に必要な各種調査の実施。なお、建築物環境衛生管理基準に従った改善の必要があると認めるときは、建築物維持管理権原者に対して意見を述べ、権原者はその意見を尊重しなければなりません。

建築物環境衛生管理技術者免状は、は指定試験機関（公益財団法人日本建築衛生管理教育センター）が年1回実施する建築物環境衛生管理技術者試験に合格することで取得できます。受験資格は学歴に関係なく特定建築物などの環境衛生上の実務について2年以上の経験者です。

●登録建築物空気環境測定業とは？

ビルの空気環境測定を専門に請け負う業者をいい、所定の機器設備および技術者(空気環境測定実施者)を揃え、所在地を管轄する都道府県知事の登録を受けなければなりません。空気環境測定実施者には、建築物環境衛生管理技術者免状を有する人なら無条件でなれます。これ以外の人は公益財団法人日本建築衛生管理教育センターの実施する、①建築物環境衛生制度（2時間以上）。②建築設備（空調設備関係）概論（3時間以上）。③空気環境管理概論（4時間以上）。④空気環境測定各論（18時間以上）。⑤実務指導（6時間以上）の5科目の建築物空気環境測定に関する講習の課程を修了し、講習に関する試験（1.5時間）を受けなければなりません。なお、この講習の受験資格は学校教育法に基づく高等学校若しくは中等教育学校または旧中等学校令に基づく中等学校を卒業あるいは同等以上の学歴及び実務の経験を有すると認められる者で、かつ空気環境測定に関する実務経験を2年以上有する者とされています。

保全管理のあらまし

快適な室内空気環境を維持するには

空気調和機保全管理のポイント

熱運搬装置のメンテナンス

温熱源設備保全管理のポイント

燃焼装置の安全管理

冷熱源設備保全管理の要点

冷却塔メンテナンスのポイント

建築物環境衛生管理技術者講習会受講資格一覧表

	区分	学歴又は免許等	経験年数	実務経験の内容
学歴及び経験年数で受講する者	1	(1)大学の理学、医学、歯学、薬学、保健学、衛生学、工学、農学または獣医学の課程を卒業（記載以外の課程は下記区分4となります。文系等） (2)防衛大学校の理工学の課程を卒業 (3)海上保安大学校を卒業	1年以上	建築物の維持管理に関する実務「特定建築物の用途その他これに類する用途に供される部分の延べ面積がおおむね3,000㎡をこえる建築物の当該用途に供される部分において業として行なう環境衛生上の維持管理に関する実務」または、環境衛生監視員として勤務
	2	短期大学・高等専門学校の理学、医学、歯学、薬学、保健学、衛生学、工学、農学または獣医学の課程を卒業（専門職大学前期課程を修了した者を含む）(記載以外の課程は下記区分4となります。文系等)	3年以上	
	3	高等学校・中等教育学校の工業に関する学科を卒業	5年以上	
	4	上記1～3の区分以外の課程又は学科を卒業した者。大学・短期大学・高等学校の文科系等を卒業（学校教育法第90条の規定により大学に入学する事ができる者）	5年以上	同上の実務経験、および同実務に従事する者を指導監督した経験または、環境衛生監視員として勤務
免許及び経験年数で受講する者	5	(1)医師（歯科・獣医師、薬剤師を除く） (2)一級建築士 (3)技術士の機械、電気電子、上下水道、または、衛生工学部門の登録を受けた者	実務経験は、必要ありません	
	6	(1)第一種冷凍機械責任者免状 (2)第二種冷凍機械責任者免状	(1)1年以上 (2)2年以上	建築物の維持管理に関する実務「特定建築物の用途その他これに類する用途に供される部分の延べ面積がおおむね3,000㎡をこえる建築物の当該用途に供される部分において業として行なう環境衛生上の維持管理に関する実務」または、環境衛生監視員として勤務
	7	臨床検査技師免許	2年以上	
	8	(1)第一種電気主任技術者免状 第二種電気主任技術者免状 (2)第三種電気主任技術者免状	(1)1年以上 〃 (2)2年以上	
	9	(1)特級ボイラ技士免許 (2)一級ボイラ技士免許	(1)1年以上 (2)4年以上	
	10	衛生管理者免許（学校教育法第90条の規定により大学に入学することができる者、又は旧中等学校を卒業した者に限る）	5年以上	同上（常時1,000人を超える労働者を使用する事業場において衛生管理者として専任されていること）
個別認定	11	厚生労働大臣が上記区分1～4と同等以上の学歴および実務の経験、または、区分5～10と同等以上の知識および技能を有すると認めるもの		

※受講資格区分1～4の経験年数とは、卒業後の実務経験年数です。
　受講資格区分5～10の経験年数とは、免許等の取得後の実務経験年数です。

出典：公益財団法人　日本建築衛生管理教育センター HP　https://www.jahmec.or.jp/pdf/koushu/jyukoshikaku.pdf

建築物環境衛生管理技術者は野球チームの監督のようなものだよ

1つのチームに1人の監督!!
1つの建築物に1人の建築物環境衛生管理技術者!!

オーナーに意見もズバズバ言う!!

計画
指揮
評価と確認
調査を実行

応援!!
チームワーク

13　シックビルディング症候群

シックビルディング症候群＆とは、1980年代の初めごろの省エネルギービルにおいて、めまい・吐き気・頭痛・目、鼻、のどの痛み、ゼイゼイする・のどがかれるなどの呼吸器系の諸症状や体の不調を総称したものです。不調を訴えるのがビルの居住者に多数見られるようになってきたことから、欧米では、シックビルディング症候群(Sick building syndrome、以下 SBS)と呼ばれます。日本では特に、事務所建築物、病院等の住居以外の建築物で起きるものを、シックビルディンク症候群と呼びます。一方、シックハウス症候群とは、新築の独立住宅、集合住宅などで起こる倦怠感、めまい、頭痛、湿疹、のどの痛み、呼吸器疾患などの症状が現れる体調不良のことです。外気の取り入れが少なく、再循環される空気を多く含む空気調和設備が備わっているビルで発生します。

SBS の発生要因は、室内空気の汚染源であるホルムアルデヒド、トルエンなどの建築物の建材、塗料、家具に使用される接着剤などに含まれる有機溶剤であるといわれています。ほかにも、クロルピリホスなどの木材を昆虫やシロアリから守る防腐剤等から発生する揮発性有機化合物（VOC、Volatile Organic Compounds あるいは VOCs という）も挙げられます。また、化学物質だけでなく、カビや微生物による空気汚染も原因となると考えられています。

SBS の発生メカニズムはそう単純なものではないのですが、概略を説明すると、換気不足による二酸化炭素や一酸化炭素などの増加とともに新建材やコピー機、静電式空気清浄機、たばこの副流煙などから発生する炭化水素、ホルムアルデヒドなどの汚染物質、さらにこれらの汚染物質が蛍光灯の光と光化学反応を起こし、光化学オキシダント、オゾン、スモッグ中に含まれる霧状の硫酸である亜硫酸ガス（二酸化硫黄ガス）が大気中に存在する水分に溶けて亜硫酸となり、さらにオキシダントによって酸化されて生成する硫酸ミストといった有害物質となり、これらが目の痛み、粘膜組織、肺細胞および呼吸器機能に障害を及ぼし、SBS となるのです。大気汚染上大きな問題となっている光化学スモッグと同じ現象が、スマートビル内で発生しているわけです。ほんとうに信じられませんね！

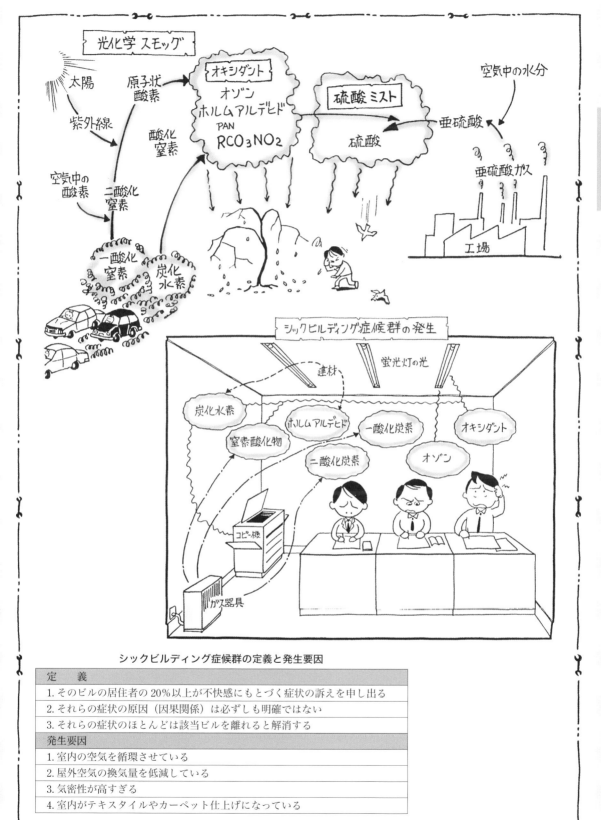

保全管理のあらまし

快適な室内空気環境を維持するには

空気調和機保全管理のポイント

熱運搬装置のメンテナンス

温熱源設備保全管理のポイント

燃焼装置の安全管理

冷熱源設備保全管理の要点

冷却塔メンテナンスのポイント

光化学スモッグ

太陽
紫外線
原子状酸素
空気中の酸素
二酸化窒素
酸化窒素
一酸化窒素
炭化水素

オキシダント
オゾン
ホルムアルデヒド
PAN
RCO_3NO_2

硫酸ミスト
硫酸
亜硫酸
亜硫酸ガス
空気中の水分

工場

シックビルディング症候群の発生

建材
蛍光灯の光
炭化水素
窒素酸化物
ホルムアルデヒド
一酸化炭素
オキシダント
二酸化炭素
オゾン
コピー機
ガス器具

シックビルディング症候群の定義と発生要因

定　　義
1. そのビルの居住者の 20％以上が不快感にもとづく症状の訴えを申し出る
2. それらの症状の原因（因果関係）は必ずしも明確ではない
3. それらの症状のほとんどは該当ビルを離れると解消する
発生要因
1. 室内の空気を循環させている
2. 屋外空気の換気量を低減している
3. 気密性が高すぎる
4. 室内がテキスタイルやカーペット仕上げになっている

14　空気汚染防止には十分な換気が一番！

シックビルディング症候群などの原因となる浮遊粉じん、一酸化炭素、二酸化炭素、炭化水素、窒素酸化物、ホルムアルデヒド、オゾン、光化学オキシダントなどの汚染物質や有害物質の濃度を低くする、あるいはビル外へ排除し、安全で衛生的な室内の空気環境を維持する基本は、十分な換気を行うことです。改めて換気とは何ぞやというと「自然または機械的手法によって室内空気を外気（新鮮空気）と入れ替えること」なのです。

ところがこの換気（チェンジ）を、同じ空気を室内にグルグル循環させる還気（リターン）と意味を混同されている方が意外と多いのです。それともう1点は"省エネルギー"の正しい意味を勘違いして、換気を怠り還気のみに力点をおいて空調操作をされる方が多いのです。これは本末転倒で、気密化されたスマートビル（インテリジェントビルは和製英語）では"還気"だけに頼っていては、シックビルディング症候群が多発するのは当然です。還気だけではビル内をまったく換気しないことと同じなのです！

いずれにしてもビル内の空気環境を良好に保つための基本は十分な換気を行うことです。外気取り入れ口のダンパーは全開、または所定値まで開いておき、また排気ダクトのダンパーも全開しておき、排風機が設備されている場合は必ず排風機も運転して十分な換気を行い、とくに新築ビルの場合は、建材などからホルムアルデヒドが多く放散するので、築後数年間は十二分な換気を行う必要があります。二酸化炭素の含有率の規制値である $1000\,mg/\ell$ の数値を目途に換気を行っていては、ホルムアルデヒドの濃度を安全値まで低下できないことが多いのです。この点よく留意してください。

●ホルムアルデヒドは"劇物"なんだ！

ホルムアルデヒド（Formaldehyde）は、有機化合物のうち、最も簡単なアルデヒドのひとつで、分子は HCHO（化学式では CH_2O）である。酸化メチレン、メタナールとも呼ばれています。室内環境では、数多くの合板・建材や家具に使用される接着剤、衣類の仕上げ加工剤などから発生するガスに粘膜への刺激性を中心とした急性毒性があります。蒸気は呼吸器系、目、のどなどの炎症や皮膚や目などが水溶液に接触した場合には、激しい刺激を受け、アレルギー炎症を起こします。空気中のホルムアルデヒド濃度が $0.1 \sim 5\,mg/\ell$ の範囲になると、目への刺激、催涙性、上部気道への刺激などの兆候が現れ、その臭気は $0.05 \sim 1\,mg/\ell$ で感じられます。$10 \sim 20\,mg/\ell$ の濃度になると咳が出たり、胸が苦しくなったり、頭痛がして、心臓の鼓動が激しくなります。$50 \sim 100\,mg/\ell$ にもなると、肺への体液の集積（排水腫）、肺の炎症（肺細隔炎）、死亡など致命的な障害に至ります。ホルムアルデヒドの規制値（室内基準）の一般環境基準は $0.05 \sim 0.7\,mg/\ell$ とされ、規制値（室内）は空気 $1\,m^3$ 中 $0.1\,mg$ 以下です。建築基準法では、ホルムアルデヒドを放散する建材の使用制限が設けられています。建材には、F☆から F☆☆☆☆までの放散量によるランクがあり、F☆☆☆☆が最も放散量が少ないです。厚生労働省指針値、世界保健機関（WHO）の基準値で居室内の気中濃度として $0.08\,ppm$ 以下という値が設定されています。なお、37% 以上の水溶液はホルマリンと呼ばれます。ホルムアルデヒドおよびホルマリンを含むホルムアルデヒド水溶液は、毒物及び劇物取締法で、医薬用外劇物に指定されています。

測定記録シート A

年　　月　　日（記入日）　　　　　　　　監督職員名 _____

施設名称		
所在地		
(1) 建物種別	1.医療施設 2.福祉施設 3.教育施設 4.官公庁施設 5.その他（　　　　　　）	
(2) 工事種別	1.新築 2.改築 3.増築 4.修繕	
(3) 構造	1.RC造 2.SRC造 3.S造 4.木造 5.その他（　　　　　　　　　　）	
(4) 階数	地上　　　階　　　　　地下　　　階	
(5) 延べ面積	㎡	
(6) 完成年月日		
(7) 施工業者		
(8) 換気方式	常時機械換気システム	有・無
	1.第1種換気 2.第2種換気 3.第3種換気 4.第4種換気	

(9) 仕上げ材		測定室名			
床材	床面積				
	表面材				
	下地材				
壁材	壁面積				
	表面材				
	下地材				
天井材	天井面積				
	表面材				
	下地材				
(10) 測定結果					
ホルムアルデヒド		ppm	ppm	ppm	ppm
トルエン		ppm	ppm	ppm	ppm
キシレン		ppm	ppm	ppm	ppm
エチルベンゼン		ppm	ppm	ppm	ppm
スチレン		ppm	ppm	ppm	ppm
		ppm	ppm	ppm	ppm

● 第1種換気：吸気・排気とも機械力による。
● 第2種換気：吸気は機械力，排気は自然排気による。
● 第3種換気：吸気は自然吸気，排気は機械力による。
● 第4種換気：吸気・排気とも自然に任せる。

厚生労働省指針が示す室内濃度指針値

測定対象物質	室内濃度指針値
ホルムアルデヒド	100 μg／m^3（0.08 ppm）以下
トルエン	260 μg／m^3（0.07 ppm）以下
キシレン	200 μg／m^3（0.05 ppm）以下
エチルベンゼン	3800 μg／m^3（0.88 ppm）以下
スチレン	220 μg／m^3（0.05 ppm）以下

※建築物衛生法の基準とは必ずしも同じではない

保全管理のあらまし

快適な室内空気環境を維持するには

空気調和機保全管理のポイント

熱運搬装置のメンテナンス

温熱源設備保全管理のポイント

燃焼装置の安全管理

冷熱源設備保全管理の要点

冷却塔メンテナンスのポイント

15　空調設備は、どのような機器から構成されるのかな？

　空気調和を行うのに必要とする機器、装置、附属品などをひっくるめて空気調和設備（空調設備）といいます。もちろん空気調和方式はいろいろあって、方式ごとに設備も異なりますが、基本的には、次の4つのグループから構成されます。

空気調和機

　空調・換気で快適な空気をつくり、送り出すためのいわば心臓部的な役割を果たす。外気を用いた換気と還気を取り入れ、空気の温度、湿度を調節する空気加熱器、空気冷却器、空気加湿器、じんあいを除去するためのエアフィルター、そして空調された空気を送り出すための送風機などから構成されます。

熱源機器

　温熱源設備と冷熱源設備の両者で構成される。空調機の空気加熱器や空気加湿器に温水や蒸気といった温熱源を供給するための、ボイラー、給水ポンプ、燃焼装置（バーナー、燃料タンク、煙突）などからなるボイラー設備（温熱源設備）。空気冷却器へ冷水や冷媒を供給し、かつ減湿させるため冷熱源を供給する役目の冷凍機、この冷凍機の凝縮器を冷却する冷却水のための冷却塔などからなる冷凍機設備（冷熱源設備）。

熱運搬装置

　冷温水配管設備とダクト設備の両者によって構成される。空調された空気を空調機から室内に供給、循環させ、かつ外気を取り入れ、汚染空気をビル外へ排除するための通路の役目を果たすためのダクト（外気取り入れダクト、送風ダクト、還気ダクト、排気ダクト）、送風ダクトから室内に空調された空気を供給するための吹出し口、還気ダクトへ室内空気を戻すための吸込み口などから構成されるダクト設備。冷熱源設備から空調機へ冷水を、温熱源設備から空調機へ温水をそれぞれ供給し、熱源設備へ戻し、いわば循環させるための冷温水配管およびポンプからなる冷温水配管設備。

自動制御装置

　空気調和機や熱源機器、熱運搬装置などを自動制御し、かつ快適空気環境を維持するために空調をコントロールするための自動制御装置。

●換気の方法は？

　換気の基本方式は、自然の風による圧力差および建築物内外の温度差による浮力（密度差）が原動力の自然換気と、送風機と排風機の機械力を用いる機械換気に大別されます。もちろん、ビルの場合は原則として機械換気が採用されます。機械換気は送排風機の用い方により、次の3つの方式に分けられます。①第1種換気法は送風機（給気ファン）と排風機（排気ファン）を併用して換気を行うもので、一般の居室に広く用いられます。②第2種換気法は給気ファンのみを用い、排気は自然排気で行い、室内空気を正圧に保つ方法で、ドアを開けた時、外の空気（汚染空気）を入れたくない手術室などに用います。③第3種換気法は排気ファンのみを用い、給気はルーバーからの自然給気によって、室内を負圧にして室内空気が他の室などに漏れなくするもので、便所や湯沸室、厨房室などに採用されます。

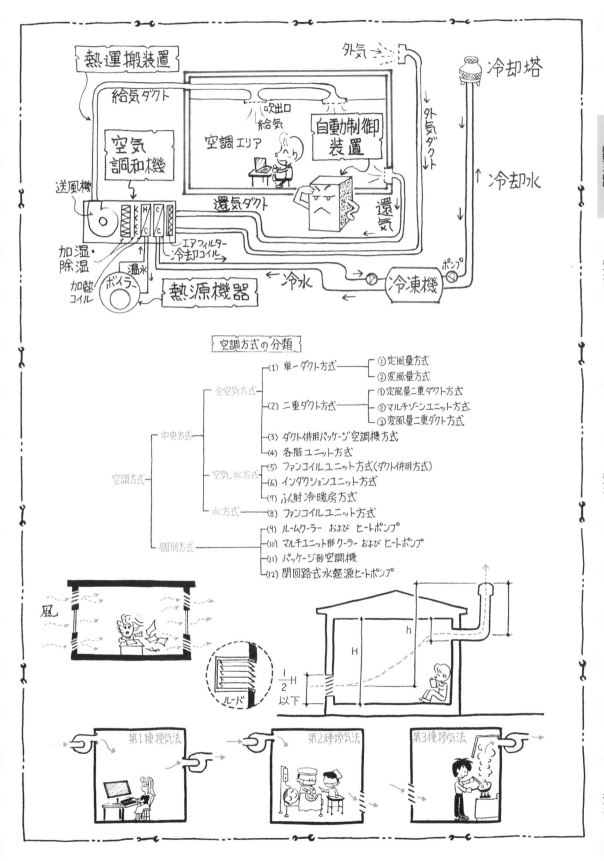

熱運搬装置

給気ダクト

空気調和機

送風機

加湿・除湿

加熱コイル

ボイラー

熱源機器

冷水

温水

エアフィルター
冷却コイル

吹出口

給気

空調エリア

還気ダクト

自動制御装置

外気

外気ダクト

冷却塔

冷却水

還気

ポンプ

冷凍機

空調方式の分類

空調方式

中央方式

全空気方式

(1) 単一ダクト方式 ── ① 定風量方式
② 変風量方式

(2) 二重ダクト方式 ── ① 定風量二重ダクト方式
② マルチゾーンユニット方式
③ 変風量二重ダクト方式

(3) ダクト併用パッケージ空調機方式

(4) 各階ユニット方式

空気・水方式

(5) ファンコイルユニット方式（ダクト併用方式）

(6) インダクションユニット方式

(7) ふく射冷暖房方式

水方式

(8) ファンコイルユニット方式

個別方式

(9) ルームクーラー および ヒートポンプ

(10) マルチユニット形クーラー および ヒートポンプ

(11) パッケージ形空調機

(12) 閉回路式水熱源ヒートポンプ

風

ルーバ

$\frac{1}{2}$H
以下

H

h

第1種換気法

第2種換気法

第3種換気法

保全管理のあらまし

快適な室内空気環境を維持するには

空気調和機保全管理のポイント

熱運搬装置のメンテナンス

温熱源設備保全管理のポイント

燃焼装置の安全管理

冷熱源設備保全管理の要点

冷却塔メンテナンスのポイント

16　保全管理に配慮した設計・施工をしてほしい！

フランス・パリにあるルーヴル美術館(Musee du Louvre)は、フランスの国立美術館として、世界最大級の美術館（博物館）であるとともに、世界最大級の史跡のひとつです。そして、世界で最も入場者数の多い美術館です。そのルーヴル美術館のエントランス部分は、素晴らしい外観のデザインです。ただし全面ガラス張りで、空調については、季節、日照・日射量によって、温度にバラつきがあり、かつガラスの清掃が大変だそうです。

こうした室内環境の課題は、日本の東京都庁舎にも、共通するのだそうです。当時、有名な建築家が、LSI（半導体集積回路）をイメージした外観デザインの超高層ビルです。しかしながら、前述したルーヴル美術館同様、場所によって風量や温度に大きなバラつきがあるという空調についてのクレームが職員、利用者から多く寄せられているといいます。さらに、LSI（半導体集積回路）をイメージした数多くのガラス窓の清掃にかかるメンテナンス費用たるや莫大と聞きます。これらの事例からもわかるように、結論からして、あまりにも凝ったデザインの建築物あるいは複雑な形状の建築物になればなるほど、完璧な空調、電気などの設備をはじめとした建築物全体のメンテナンスが困難になることは、やむを得ないのです。

いずれにしても、空調設備に限らず、設備の維持運用上、保全管理においてトラブルをきたすことはよくありますが、その原因として設備の設計・施工不良によることが意外と多く、いわゆる省エネルギービルにその傾向が著しいの

です。このような事態に至った背景（原因）は単純ではありませんが、要約すると次のようになります。

①　合理化を目的に狭い空間にできるだけ多くの設備を配置しようとする時代的背景がある。

②　当時、建築会社の設計担当者（建築士）の設備に関する知識が不十分で、設備の専門家（建築設備士）でも設備の運用、保全に関しての経験がなく、その技術、知識が不十分なため、保全管理のことをあまり考慮せず、図面上だけで配置する設計をした。

③　施工を担当する設備関連会社は、建築会社の下請けといった形態のため、後々の保全管理が困難、不能とわかっていても図面どおりに設置、施工してしまう場合があります。以前は、設備業者の現場監督や職長といった現場責任者が保全管理に支障をきたすような設計図の場合、元請企業（建築会社）の設計担当者に交渉して（ときにはケンカをしてでも）設計変更を図り施工したものですが、近年では昔風の職人気質の現場工事担当者が少なくなってしまい、保全管理が困難、不能とわかっていても図面どおりに設置、施工されることが多い。

以上①～③のような背景から、スマートビルで居住者からクレームが多発し、保全作業が困難で設備管理担当者が泣かされる結果に至っているのです。理想的なことをいえば、保全管理、施工工事現場で十分な経験を積んだ方々が、建築設備設計・施工分野で活躍していただけると極めて良いのですがね。

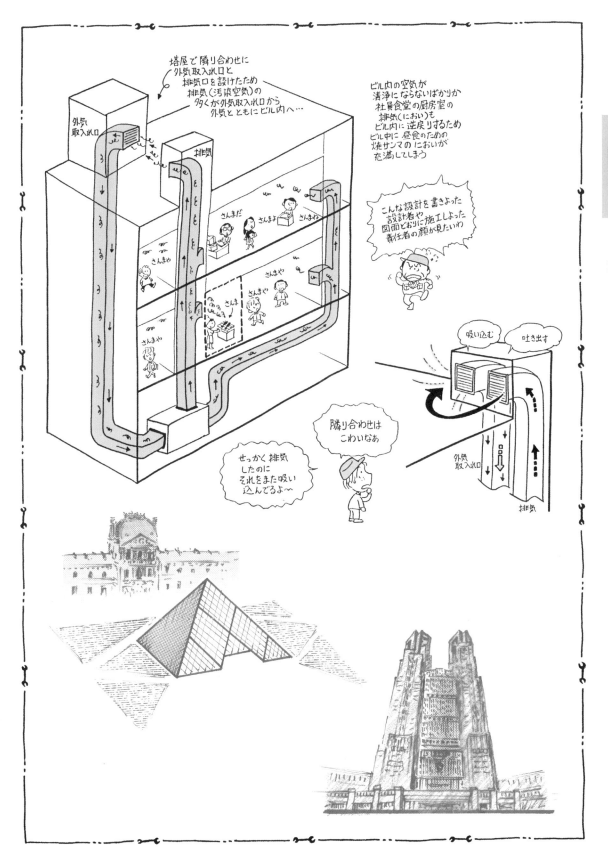

保全管理のあらまし

快適な室内空気環境を維持するには

空気調和機保全管理のポイント

熱運搬装置のメンテナンス

温熱源設備保全管理のポイント

燃焼装置の安全管理

冷熱源設備保全管理の要点

冷却塔メンテナンスのポイント

17　空気調和機にもいろいろある！

空調機は空調方式によって、エアハンドリングユニット（単一ダクト・一定風量方式、二重ダクト方式）、マルチゾーンユニット、ファンコイルユニット、誘引ユニット、パッケージ形空調機などに分類されますが、空調機の機能（目的）は空気の温・湿度を調節し、じんあいを除去することであり、基本的には加熱器や冷却器といった熱交換部、加湿器の加湿部、空気をろ過するフィルター部、空気を送り出す送風機から成り立っており、保全管理の観点からすれば、各種の空調機はいずれも大同小異と考えればよいのです。

主な空気調和方式

空気調和において、熱媒や冷媒の運搬方法、つまり、何を用いて室から熱を移動させるかによって、①全空気方式。②全水方式。③空気・水方式。④冷媒方式の4つに大別されます。

①　全空気方式とは、空気調和された空気だけを供給するもので、次のようなものがあります。単一ダクト・一定風量方式は空調機から1本のダクトで給気し、冷房時には冷風を、暖房時には温風を送る方式です。二重ダクト方式は、空気調和機内で常に冷風と温風をつくっておき、冷風・温風の2系統のダクトと、各室・各階の吹出し口に混合ユニットを設けて、各室の要求に応じて冷風と温風を適宜混合して送風する方式です。マルチゾーンユニット方式は二重ダクト方式のように空調機で温風と冷風をつくるとともに、空調機の出口に設けた制御ゾーン（各階や各室群）と同じ数のダンパーでコントロールします。何種類

かの異なる温度の空気を各ゾーンのサーモスタットの指令（信号）で最適温度にして供給する方式です。そして単一ダクト方式と二重ダクト方式に用いる空調機をエアハンドリングユニット、マルチゾーンユニット方式における空調機をマルチゾーン空気調和機とよびます。

②　全水方式とは中央機械室で冷水、温水をつくり、各ゾーン、各室に配置された空調機に冷・温水をパイプで供給し、各ゾーン、各室ごとに空調するシステムでファンコイルユニット方式が全水方式に該当します。そしてファンコイルユニット方式に用いる空調機をファンコイルユニットと呼ぶのです。

③　空気・水方式とは各室に配置された空調機に、中央機械室の空調機で1次処理した1次空気（外気）を高速ダクトで、冷水・温水をパイプで供給し、各室の空調機で2次処理を施すシステムで、主なものに誘引ユニット方式があります。誘引ユニット方式はインダクションユニット方式ともいい、送風機を用いず、ノズルを用いて霧吹き器と同じ原理で室内に送風（循環）するのが特徴です。各室に配置された空調機を誘引ユニットまたはインダクションユニットと呼びます。

④　冷媒方式は、家庭用のエアコンに代表される空調方式です。冷凍機の冷凍サイクルとなる冷媒により、冷房を（冷凍機をヒートポンプとして用いれば冷・暖房を）行います。パッケージユニット方式が該当し、この方式の空調機をパッケージ形空調機といいます。

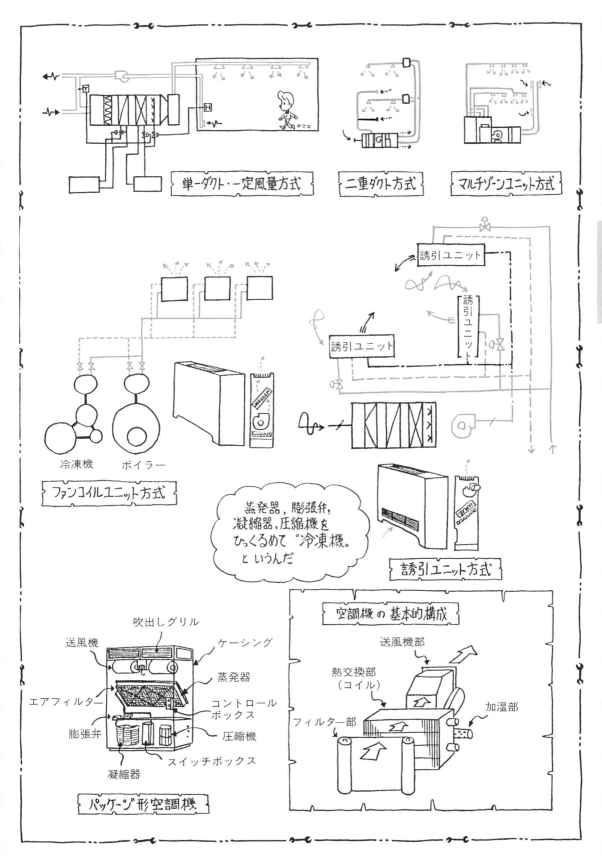

単一ダクト・一定風量方式

二重ダクト方式

マルチゾーンユニット方式

冷凍機　ボイラー

ファンコイルユニット方式

誘引ユニット

誘引ユニット

誘引ユニット

蒸発器，膨張弁，凝縮器，圧縮機をひっくるめて"冷凍機"というんだ

誘引ユニット方式

吹出しグリル

送風機

ケーシング

蒸発器

エアフィルター

コントロールボックス

膨張弁

圧縮機

凝縮器

スイッチボックス

パッケージ形空調機

空調機の基本的構成

送風機部

熱交換部（コイル）

加湿部

フィルター部

保全管理のあらまし

快適な室内空気環境を維持するには

空気調和機保全管理のポイント

熱運搬装置のメンテナンス

温熱源設備保全管理のポイント

燃焼装置の安全管理

冷熱源設備保全管理の要点

冷却塔メンテナンスのポイント

18　空気調和機の主な故障とその原因

空気調和機（以下、空調機）は、人の健康に直接影響を与えるものですから、衛生的であることが最も重要です。したがって、空調機の運用、維持管理にも健康への影響に十分配慮して対処しなければなりません。空調機のトラブルは、他の衛生・電気設備機器に比べると少ないほうですが、保全管理を怠ると空気環境の悪化につながります。空調機に発生しやすい主な故障とその原因は、次のとおりです。

1．送風しない（送風機が駆動しない）

送風機が回転しない場合、その電動機が駆動していないことが多く、原因は、①電動機（送風機）の過負荷で過電流保護器が動作している。②電源での短絡事故が発生した。③電動機の軸受の破損、Ｖベルトの張りすぎ（この場合、電動機は回転しないが磁気音を発する）。④電動機の焼損で異常加熱し、ワニス（表面を保護するために用いられる塗料）の焦げる臭いがする）。電動機は回転するが送風機が駆動しない場合は、Ｖベルトのはずれ、Ｖベルトのゆるみ、Ｖベルトとプーリーの接触部に油類の付着、Ｖベルトの張りすぎによる切断のおそれ。

2．送風しているが空調能力（冷・暖房、換気）が低下

①風量不足による空調能力低下の原因は、送風機のダンパーのどれかが閉じている、加熱器や冷却器のコイルのフィンの目詰まり（エアフィルターの破損や入れ忘れによるもの）、Ｖベルトの張りすぎで送風機の軸受が損傷して回転数が落ちている。②風量は正常であるが空調能力が低下する原因は、冷・温水配管におけるバルブの開度不足、配管の目詰まり、送水（循環）ポンプの不調による加熱器や冷却器への通水量不足、熱源装置の不良によるコイルへの通水温度の不足。③風量過大による空調能力低下の原因は、エアフィルターの入れ忘れ、空調機などの点検扉の閉め忘れ。

3．空調空気の湿度低下（空気の乾きすぎ）

加湿器の加湿ノズルで起こる噴霧孔の目詰まり、加湿用蒸気や水の供給配管のバルブの開き忘れ。

4．異常騒音、異常振動の発生

①送風機用電動機の軸受の損傷。②Ｖベルトの張りすぎ、グリースの汚れ、注油不足による送風機用軸受の損傷。③送風機のランナー内への異物の侵入による異音の発生。④送風機のサージング（急激な圧力変化）発生による騒音、振動。⑤Ｖベルトやベルトカバーのゆるみによる異常振動の発生。

5．ドレンパンからの水漏れ（ドレンのオーバーフロー）

ドレンパンへのじんあいの堆積などによるドレン排水管の目詰まり、ドレン排水管（横管）の勾配不足が、主な原因。

保全管理のあらまし

快適な室内空気環境を維持するには

空気調和機保全管理のポイント

熱運搬装置のメンテナンス

温熱源設備保全管理のポイント

燃焼装置の安全管理

冷熱源設備保全管理の要点

冷却塔メンテナンスのポイント

19　エアフィルターの種類

大気中はもちろん室内の空気中には、つねに多少のじんあいが含まれており、換気を含め空気調和ではこれらの空気を衛生上、ときには精密な機器の保全などのためにも、必ず除じん装置を通して清浄にした上で室内へ送風（給気）しなければなりません。空気中に漂う $100\mu\mathrm{m}$ 以下のじんあいは、燃料の不完全燃焼による炭素粒子、灰、地面から飛散する土砂の細粉、工場などからの雑多な有機物、また室内からは主として繊維くず、綿ぼこり、たばこの煙など様々です。とくに $10\mu\mathrm{m}$ 以下の浮遊粉じんは健康上悪影響を及ぼすので、空調においては除じんは必要不可欠です。

除じん装置には、ろ材に空気を通過、つまり、ろ過して空気を清浄化するエアフィルター（空気ろ過器）、スプレーノズルより水を噴霧させ、これに空気を通過させて清浄化するエアワッシャー（空気洗浄器）、コロナ放電によって空気中の粒子に荷電を与え、帯電粒子をクーロン力によって捕集して清浄化する電気集じん装置があります。ビルにおける空調では、主にエアフィルターや電気集じん装置も用いられますが、エアワッシャーは、ほとんど用いられなくなりました。

いずれにしても、浮遊粉じん量の室内空気環境基準である $0.15\mathrm{mg/m^3}$ 以下を維持するためには、ビル内における浮遊粉じんの主流を占める $0.01\sim1\,\mu\mathrm{m}$（平均 $0.2\,\mu\mathrm{m}$）である"たばこの煙"を除去（ろ過）できる高性能空気ろ過器を用いることがまず第一です。さらに定期的に汚れたろ材（粉じんを捕集したろ材）を洗浄（付着した粉じんを水洗し除去）、あるいは交換することが大切です。なぜなら、エアフィルターの粉じんの捕集性能を高めようとすればろ材密度が高くなり、このため空気抵抗も増加し、送風機の負担が重くなり、また捕集粉じんによって目詰まりをきたすなどの不可避的な関係があるためです。

したがって空気調和設備では、空気清浄装置の法令上の維持管理に係わる技術上の基準として「定期的にろ材または集じん部の汚れの状況、ろ材の前後の気圧差などを点検し、必要に応じ、ろ材または集じん部の性能検査、ろ材の取り替えなどを行うこと」と規定され、さらに右表に掲げる事項について定期的に点検を行い、必要に応じ、整備、補修その他の措置を講じることと規定されています。

エアフィルターとしては主に $50\,\mathrm{cm}$ 角や $1\,\mathrm{m}$ 角の大きさの枠内にろ材を納め、1枚のユニットとし、必要枚数を用いるユニット形エアフィルター、ろ材をマット状にした長さ $20\sim30\,\mathrm{m}$ のものをロール状に巻いておき、モーター駆動によって自動的に送られ、集じん後のろ材を巻きとっていく構造の自動巻取り形フィルター（自動更新形フィルター）が用いられます。

空気清浄装置の維持管理

定期的に点検を行い
必要に応じて 整備 補修 その他の
措置を 講じること

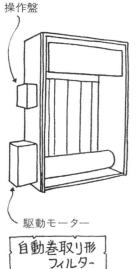

操作盤

駆動モーター

自動巻取り形
フィルター

装置の種類	点検事項
ユニット形エアフィルター	ろ材の汚染状況 ろ材の変形　空気漏れ フィルターチャンバー内部の汚染状況 圧力損失
自動更新形エアフィルター	装置の作動状況 ろ材の汚染状況 ろ材の変形　空気漏れ フィルターチャンバー内部の汚染状況 圧力損失 タイマーまたは差圧検知管の作動状況
静電式空気清浄装置	装置の作動状況 イオン化部 および 集じんユニット部の汚染状況 補助フィルターの汚染状況 フィルターチャンバー内部の汚染状況

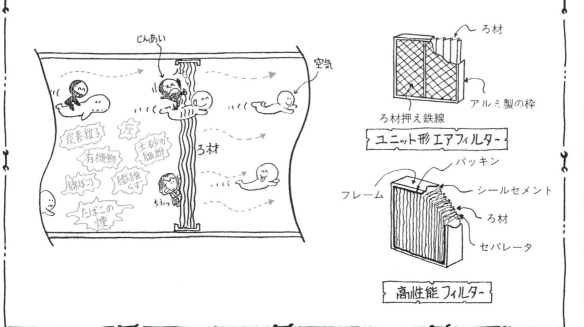

じんあい

空気

炭素粒子　灰　有機物　土砂の細粉　綿ぼこり　繊維くず　たばこの煙

ろ材

ちえっ

ろ材

アルミ製の枠

ろ材押え鉄線

ユニット形エアフィルター

パッキン

フレーム

シールセメント

ろ材

セパレータ

高性能フィルター

20 エアフィルターの性能に関する用語

エアフィルターの性能や運用などにまつわる専門用語を理解しておきましょう。

適応粒径：当該エアフィルターが効率よく捕集（ろ過）できる粉じんの粒径のことをいい、一般のエアフィルター（ろ過式）は 1 μm 以上または 3 μm 以上が多く、クリーンルームの最終フィルターとして用いられる特殊加工のろ材を V 形に入れた高性能フィルターの適応粒径は 1 μm 以下、つまり、1 μm 以下の粉じんをろ過でき、電気集じん装置もその適応粒径は 1 μm 以下です。さらに超高性能フィルターは、JIS Z 8122（コンタミネーションコントロール用語）において HEPA フィルター（High Efficiency Particulate Air Filter）とは、空気清浄が求められる分野で使用される高性能フィルターで、「定格風量で粒径が 0.3 μm の粒子に対して 99.97％以上の粒子捕集率をもち、かつ初期圧力損失が 245 Pa 以下の性能をもつエアフィルターと規定されています。一方、ULPA フィルター（Ultra Low Penetration Air Filter）は、「定格風量で粒径が 0.15 μm の粒子に対して 99.9995％以上の粒子捕集率をもち、かつ初期圧力損失が 245 Pa 以下の性能をもつエアフィルター」と規定されています。

粉じん濃度：1 m^3 当たりの空気中に粉じんを多く含む汚染濃度の大きい空気ほど、エアフィルターのもつろ過（処理）性能が低下（集じん効率の低下）し寿命が短くなるのは当然です。このため当該エアフィルターの適正な粉じん濃度を定める必要があります。例えばクリーンルームの場合、粒径 3 μm 以上のフィルターで粉じん濃度を一旦下げてから、さらに高性能フィルターで処理するという、いわゆるプレフィルター、最終フィルターの二段〜三段の浄化対策がとられるのです。

粉じん捕集効率：集じん効率または捕集率ともいい、エアフィルターの粉じんの捕集（ろ過）効果を表わす値で、ろ過（処理）する前の上流側の空気の粉じん濃度と、処理して浄化されたフィルター下流側の粉じん濃度の差を百分率（％）で表わしたもので、エアフィルターにおける集じん効率の測定方法としては重量法、比色法が用いられ、ろ過式エアフィルターの集じん効率は一般に重量法で 80 〜 92％、電気集じん装置の場合は比色法で 70 〜 95％とされています。

圧力損失：フィルターに空気が通過するとき、流動が妨げられ空気抵抗が生じるのは当然ですね。エアフィルターを定格風量で使用したときの空気抵抗による圧力（風圧）の損失、つまり、フィルター通過前（上流側）の汚染空気の風圧（空気圧）と、通過後の浄化空気（下流側）との空気圧の差（上流側空気圧－下流側空気圧の差）を圧力損失といい、mmAq（Pa）で表示されます。圧力損失は高性能で密度の高いエアフィルターほど大きくなるのは当然で、例えば、一般に、エアフィルターの適正圧力損失は 29 〜 147Pa（3 〜 15 mmAq）なのに、高性能フィルターは 245 〜 490 Pa（25 〜 50 mmAq）となります。

		エアフィルターの種類					
集じん原理	保守方式	機構	適応粒径	適応粉じん濃度	捕集率(%)	圧力損失(mmAq)	用途
電気式	自動更新	一段 または二段荷電形 集じん極板でダストを凝集させ ダスト捕集部のグラスろ材で 自動的に巻取る	1μm以下	小	70~90 (比色法)	10~15	ろ材巻取式のため 高層ビルの 空調に適す
	定期洗浄	二段荷電形で 集じん極板を 定期的に洗浄する	1μm以下	小	85~90 (比色法)	8	精密機械工業 製薬 病院 定期洗浄のため 連続運転はできない
	ユニット交換	二段荷電形集じん極板で ダストを凝集させ ダスト捕集部のユニット フィルターで捕集する	1μm以下	小	95 (比色法)	14~25	1μm以下 0.01μm程度までの 超微粒じんの除去 精密機械工業 製薬 病院 連続運転に適す
	ろ材交換	一段荷電形(ろ材誘電形)で 特殊ろ材を用いて ろ材だけを交換	1μm以下	小	70 (比色法)	3~20	一般工業 ビル空調 比較的小容量に適す
ろ過式	自動更新	特殊加工のろ材を使用し 自動的に巻取る	1μm以上	大	85 (重量法)	8.5~12.5	一般工業 およびビル空調
	定期洗浄	不織布 または スポンジなどを ろ材に使用した巻取形で ろ材を取外し洗浄再使用	3μm以上	中	80 (重量法)	6~12	一般ビル空調用 電気集じん機のプレフィルター
	ろ材交換	特殊ろ材を用いろ材交換	1μm以上	小~中	92 (重量法)	3~15	一般ビル空調 および 塗装工場用
	ユニット交換	特殊加工のろ材を用いた ユニット形	3μm以上	小~中	30~95 (比色法)	4~25	高性能フィルタのプレフィルター
		特殊加工のグラスろ材を V形に入れた 高性能 フィルター	1μm以下	小	99.97 (DOP)	25~50	クリーンルームの最終フィルター 放射性微粒子の除去 無菌室用

エアフィルターが
ないと
同じ空気が ぐるぐると
まわるだけ…

21　エアフィルターは、こまめに洗浄しよう！

エアフィルターのろ材（フィルター）は、汚染空気をろ過（清浄化）するほど、捕集された粉じんがフィルターに蓄積し、目詰まりを生じます。所定量の粉じんを捕集すればそのフィルターの圧力損失は著しく増加し、集じん能力自体が著しく低下します。そのため、当該フィルターが所定量の粉じんを捕集した時点で、付着した粉じんを除去するため、フィルターを洗浄しなければなりません。洗浄（粉じん除去）を行い、その性能を回復させる作業はエアフィルターの保全管理上の大きなポイントとなります。

フィルター洗浄の時期は当該フィルターの素材や構成などによって異なりますが、一般的には適正な初期圧力損失（粉じんをまったく捕集していない状態におけるフィルターの圧力損失）の2倍の圧力損失に達した時点とされます。例えば、適正な初期圧力損失が49 Pa（5 mmAq）のフィルターであれば、使用後、圧力損失が98 Pa（10 mmAq）に達したところで洗浄を行うのです。空調機に圧力損失を測定する差圧計が設けてある場合は差圧計でわかるわけですが、経験的な観点からは2週間ごと（月に2回）に行う必要があります。フィルターの洗浄はまず空調機（送風機）を停止し、付着粉じんを飛散させないように、フィルターを取り外し、空調機外へ持ち出します。

ユニット形エアフィルターの洗浄要領は、できれば押えばねを外し、ろ材を取り出し直接洗浄するとよいのですが、手間がかかるのでフィルター枠に入ったまま（空調機から取り外したまま）の状態で洗浄を行っても差し支えなく、粉じんの付着した側（表側、つまり空気流入側）に中性洗剤を適量混合した40℃以下の水を噴射して洗浄を行います。苛性ソーダ洗浄液の使用、ろ材のもみ洗いはフィルターを傷めるので避けることが肝要です。なお、ファンコイルユニットや誘引ユニットなど、各室に設置されている小型空調機のフィルターで水洗浄が困難な場合は、電気（真空）掃除機で吸取る方法を用います。そして洗浄後、できれば24時間ほど自然乾燥させて、急ぐ場合も十分な水切りを行ってから、空調機に取り付けます。取り付ける場合にはエアフィルターの表と裏（空気流入面と流出面）を間違えることなく正しく取り付けましょう。なお、ホテルなど空調機を24時間稼働させる場合は、所定枚数以上の予備品を用意し、洗浄時は予備品と交換し、汚染フィルターは適当な期間で洗浄し、十分に乾燥させる方法をとりましょう。

洗浄作業の折には空調機の差圧計の取付け箇所（差圧の取り入れ口）も点検し、汚れを除去します。これは正確な差圧（圧力損失）を測定するためです。また、洗浄の前にはフィルターへの粉じんの付着状況を観察し、付着に大きなバラツキがある場合は、その原因を明確にし、どのような対策をすべきか検討する必要があります。もちろん、ろ材やフィルター枠などが破損していれば更新しなければなりません。

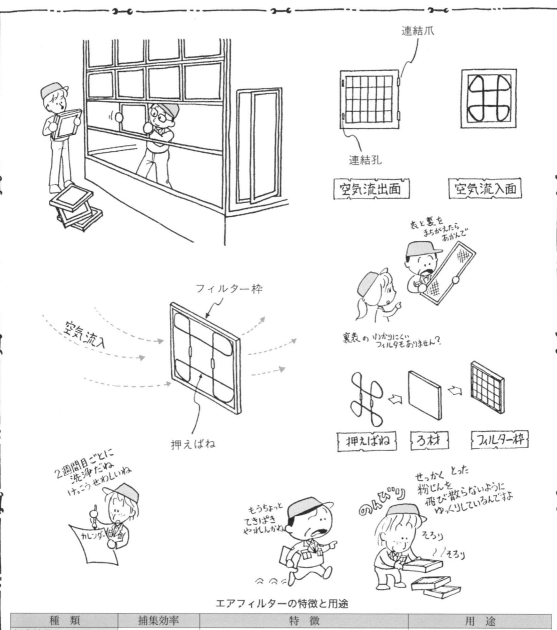

連結爪

連結孔

空気流出面　　　空気流入面

表と裏を
まちがえたら
あかんで

フィルター枠

空気流入

裏表の わかりにくい
フィルタもありませんか？

押えばね　　ろ材　　フィルター枠

押えばね

2週間目ごとに
洗浄だね
けっこう せわしいね

カレンダー

もうちょっと
てきぱき
やれんかね

のんびり

せっかく とった
粉じんを
飛び散らないように
ゆっくりしているんですよ

そろり
そろり

エアフィルターの特徴と用途

種　類	捕集効率	特　徴	用　途
超高性能フィルター （ULPA フィルター）	0.1 μm 計数法 99.9995% 以上	現在測定可能な粉塵をほぼ完全な形で除去する。	発電所、製薬、病院、食品、 半導体工場、原子力、手術室、 クリーンベンチ、 その他クリーンルーム
高性能フィルター （HEPA フィルター）	0.3 μm 計数法 99.97% 以上		
準高性能フィルター （準 HEPA フィルター）	0.3 μm 計数法 95% 以上	HEAP フィルターに比べ圧力損失が低い。	クリーンルーム、他
中高性能フィルター （МЕГА フィルター）	比色法 65 ～ 95%	圧力損失が低く、大風量を処理できる。ビル管理法適用の粉じんはこの種類のフィルターで対応できる。高性能、超高性能フィルターのプレフィルターとしても使われる。	空調用 HEPA フィルターの前処理
粗塵フィルター	重量法 60 ～ 80%	粒径の大きな粉じんの除去に使われる。中高性能フィルターのプレフィルターとしても使われる。	空調用
ケミカルフィルター	－	ガス吸着能力があり、ガス除去、 悪臭除去に使われる。	脱臭、ガス除去

保全管理のあらまし

快適な室内空気環境を維持するには

空気調和機保全管理のポイント

熱運搬装置のメンテナンス

温熱源設備保全管理のポイント

燃焼装置の安全管理

冷熱源設備保全管理の要点

冷却塔メンテナンスのポイント

22　自動巻取り形フィルターの点検

自動巻取り形フィルターは、ろ材（フィルター）の巻取り方法が2種類あります。①フィルターの汚れに関係なく、タイマースイッチによって、所定運転時間に達したとき、巻取り部の電動機が稼働し、必要長さを巻取る操作を順次行う方式。②集じん量が増加するに伴い、フィルター前後の圧力差が増加するので、差圧計が所定の圧力損失値に達したことを検知した時点で、所定長さの汚染フィルターを自動的に巻き上げる方式があります。いずれにしても20～30m長さのフィルターが完全に巻き上げられた（使用された）時点で、フィルターを新品または洗浄（再生）されたものと交換します。

フィルターがグラスウール製なら、巻取り終了後は廃棄する使い捨てとし、ナイロンマット製なら、洗浄して再使用できるように再生するのですが、この洗浄作業はビル内で行うことは不可能で、設備の整ったメーカーの施設で行われます。いずれにしても、巻取り終了時までには1年前後の期間があります。したがって自動巻取り形フィルターの保全管理上のポイントは、約1年周期の交換作業のほか、毎日、正常運転が行われていることを示すパイロットランプの点灯の確認、差圧計で圧力損失に異常がないかを確認すること、毎週、フィルターの汚染（粉じん付着）状況、圧力スイッチや差圧計の検出口の点検や清掃、駆動部分の点検および必要に応じての給油作業を行うことです。

●粉じん捕集率の示し方はいろいろありますね！

エアフィルターは使用目的が多様であるため、数多くの種類のエアフィルターから最適なフィルターを選択する必要があります。多種類のエアフィルターを目的別に選定しやすくするために、下記のように補集率の表示を分類しています。

1. 質量法（重量法）

粉じん粒径5～10μm程度の粉じんを捕集する目的で使用される測定方法です。主に、プレフィルター等の粗じん用の性能表示に使用されます。フィルターによってどれくらいの質量（重さ）のホコリを減らせるかを評価する方法です。フィルターの上流側からあらかじめ質量（重さ）を計っておいたホコリを流し、次にフィルターで捕集しきれずに通過してしまったホコリの質量（重さ）を計ります。そうするとフィルターで捕集できたホコリの質量（重さ）がわかります。「捕集効率＝フィルターで捕集した質量／上流から流した質量」となります。

2. 比色法

粉じん粒径0.3μm以上の粉じんを捕集する目的で使用されます。従来、比色法はサンプリングした空気をろ紙に通過させその汚れの変化を色の濃淡で比較する測定方法でしたが、2011年に0.4μm、0.7μmに対する平均捕集効率に改訂されました。上下流両側から、同時に高性能ろ材でサンプリングし、それに光を当て光の透過度の差でエアフィルターの効率を捕集します。透過光線の強さである透過光量はOD値（光学濃度）で表します。高性能フィルターや電気集じん装置に適用されます。なお、比色法は変色度法ともいいます。

3. 計数法

粉じん粒径0.1μm以上の粉じんを捕集する目的で使用されます。0.3μm以上の粉じん捕集率を備えたHEPAおよび準HEPAフィルターの試験方法になります。粒径0.3μmのDOP（Di-Octyl Phthalate、フタル酸ジオクチル）粒子を発生させ、上下流両側の粒子の測定しエアフィルターの効率を測定します。

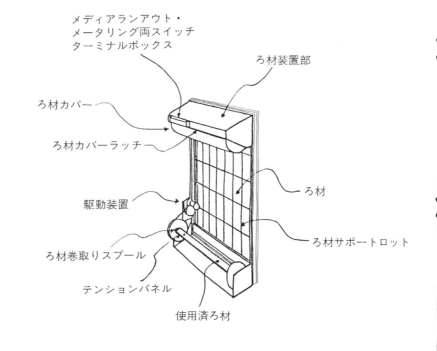

自動巻取り形フィルターの洗浄

フィルターの種類	プレフィルター	中高性能フィルター	HEPA フィルター
効率の測定方法	質量法	比色法 (光散乱積算法)	計数法
対象となる汚染物の大きさ	やや粗大な汚染粒子	やや微細な汚染粒子	ごく微細な汚染粒子
試験規格例	JIS B 9908 形式 3 (換気用エアフィルターユニット)	JIS B 9908 形式 2 (換気用エアフィルターユニット)	JIS B 9908 (クリーンルーム用 エアフィルター性能試験方法)
試験粉塵	JIS Z 8901 15 種 (概略の粒径　10〜20μm)	JIS Z 8901 11 種 (概略の粒径　2μm)	JIS Z 8901 13 種 0.3μm DOP
効率の分類	20〜90%以上 各種	60%以上クラス 90%以上クラス	99.97%以上

メディアランアウト・メータリング両スイッチターミナルボックス
ろ材カバー
ろ材カバーラッチ
駆動装置
ろ材巻取りスプール
テンションパネル
使用済ろ材
ろ材装置部
ろ材
ろ材サポートロット

1. 質量法（重量法）

$$重量法捕集効率(\%)=(1-\frac{A_b}{A_f})\times100\%$$
A_b：供給粉じん重量
A_f：通過粉じん捕集フィルター重量

2. 比色法

$$OD=\log\frac{I_o}{I}$$
I_o：採じん前の濾材の透過光線の強さ
I：採じん前の濾材の透過光線の強さ
$$比色法捕集効率(\%)=(1-\frac{OD_b}{OD_f})\times100\%$$
OD_b：下流側の OD 値
OD_f：上流側の OD 値

3. 計数法

$$DOP捕集効率(\%)=(1-\frac{C_a}{C_f})\times100\%$$
C_a：下流側粒子数
C_f：上流側粒子数

23　電気集じん装置のはなし

電気集じん装置は電気集じん機や静電式エアフィルターともいい、コロナ放電によって粉じん空気中の粒子に電荷を与え、この帯電粒子を電気力（クーロン力）によって空気から分離するか、または静電凝集により、粉じんを含む空気中の粒子の凝集・粗大化をはかり、粒子を空気から分離（除去）する装置で、一段荷電形と、電離部と集じん部とにそれぞれ異なった高電圧を荷電する二段荷電形とがあります。

二段荷電形電気集じん装置は空気の通過する流域に、直流1万2000Vに帯電させたタングステン線の陽極を設け、電離部（イオン化部）とし、その風下側に直流6000Vに帯電させたアルミ製の板状陽極板と、同形状の接地した陰極板とを交互に配列した構造の集じん部（集じん凝集部）から構成され、イオン化部を通る粉じん粒子は、荷電されて下流側の集じん部の陽極板（＋）と接地極板（－）の間を通ることにより、正に荷電された粉じん微粒子は接地極板に吸引捕集され、凝集堆積します。そして粉じんの凝集堆積層が微粒子の50〜100倍の大きさになると、気流によって粗粒子状ではがされ、この粗粒子をフィルターで捕集し、清浄空気となります。

一段荷電形電気集じん装置は集じん極板を用いず、ペーパーマット・不織布などのろ材を集じん部に置いて荷電し、粉じんを捕集する方式です。

いずれにしても電気集じん装置は高価ですが、集じん効率が高く、微細な粉じんとともに細菌も捕集できるので、病院、高級ホテル、デパートなどで用いられます。電気集じん装置は性能維持上から、電気集じん装置の上流側に粗い粒子の粉じんをろ過・捕集する一般のろ過式エアフィルターを配置し、いったん空気中の粗大粉じんを除去する目的のプレフィルターを併用します。プレフィルターで処理した空気（微細粒子や細菌などのみ含む空気）のみを電気集じん装置に通過させ、完全な清浄空気として処理するのが原則です。なお、プレフィルターや電気集じん装置付設のフィルターの点検、洗浄、交換などの要領は、一般のろ過式エアフィルターの場合と同様です。

● 電気集じん装置の点検時は電源を切る!!

電気集じん装置の内部は6000V、1万2000Vの高圧電流が流れています。したがって点検などのため内部に入る際は、危険防止のため必ず送風機を停止させてから、安全扉（点検扉）から入らなければなりません。扉には高電圧を放電するための遅延スイッチが用いられていますが、電源を切ってから約30秒経過後、残留電荷がなくなったことをアース棒などで確認してからでないと、内部点検作業にかかってはなりません。定期保守要項としては、毎週1回電気回路の異常の有無、電圧の点検を行う。毎月1回電離部、集じん部の異常の有無を点検し、もし集じん部の付着じんあいが厚さ1.5mm以上であれば除去する。年1回電気回路、電離部、集じん部の精密検査と必要に応じて部品交換、駆動部分の給油点検などを実施する必要があります。このように、電気的知識を必要とするので、詳しくはメーカーの取扱説明書にしたがって実行してください。

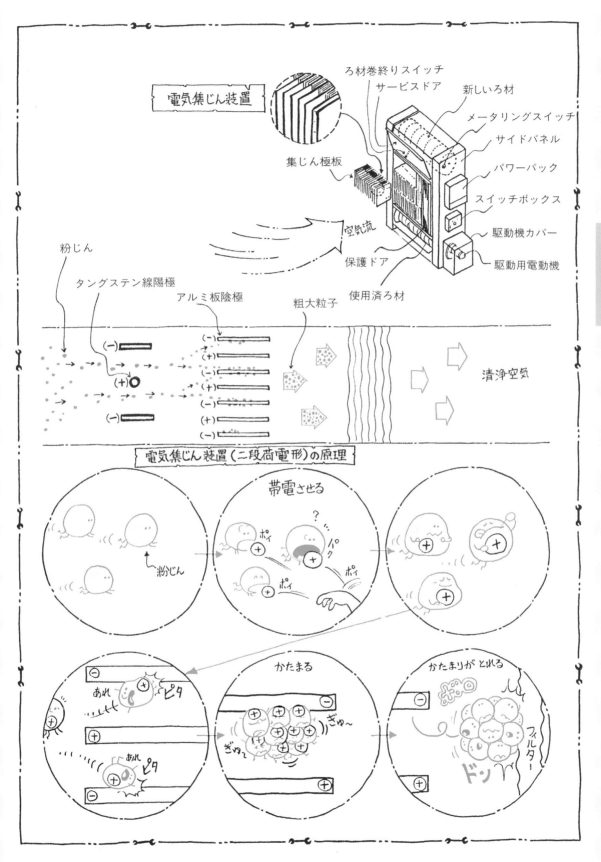

電気集じん装置

ろ材巻終りスイッチ
サービスドア
新しいろ材
メータリングスイッチ
サイドパネル
パワーパック
スイッチボックス
駆動機カバー
駆動用電動機

集じん極板

空気流

保護ドア
使用済ろ材

粉じん
タングステン線陽極
アルミ板陰極
粗大粒子
清浄空気

電気集じん装置(二段荷電形)の原理

帯電させる
粉じん
ポイ
パク
ポイ

あれ
ピタ
かたまる
ぎゅ〜
ぎゅ〜
かたまりがとれる
フィルター
ドン
あれ
ピタ

保全管理のあらまし

快適な室内空気環境を維持するには

空気調和機保全管理のポイント

熱運搬装置のメンテナンス

温熱源設備保全管理のポイント

燃焼装置の安全管理

冷熱源設備保全管理の要点

冷却塔メンテナンスのポイント

24　エアフィルターがパンクする？

一般に空気調和機内の通過風速、つまりエアフィルターの面風速は、効率的な見地あるいは経済性の点などから、2～3m/sとされています。ところが設計・施工の不良により、送風機の吐出し側のすぐ近くに2次フィルターを設けた場合、送風機の強い吐出し圧（速い風速）がフィルターの局部に集中するため、その集中部分のフィルターが、設計値の5倍ほどの、予想外の風速に耐えられず破損し、飛散することになるのです。

また例えば、空調機の還気チャンバー寄りに送風機が設けられ、そのすぐそばに2次フィルターを設置した場合、還気ダクトや外気取り入れダクトの接続方法や接続位置が悪い、またはこれらのダクトに比べ還気チャンバーの容積（空間）が大きいと、ダクトからの風が送風機の吸込み口へ局部的に短絡して流れるため、フィルター局部への通過風速が設計値の3～4倍の5～8m/sとなり、フィルターの破損に至るわけです。

このようなトラブルを生じた場合、応急措置としては破損した箇所付近に、フィルターの飛散防止と風量拡散を図るためのいわゆるパンチングスリットを取り付けます。しかし、これはフィルターの洗浄時などフィルターの取りはずし、取り付け作業の邪魔になり、風速の平均化も十分に行えないので、やはり根本的に是正しなければなりません。

例えば、後者の例の場合、外気取り入れダクトと還気ダクトを還気チャンバーの幅方向一杯となるように、少しずつ拡大して接続し直す必要があります。このようなトラブル解消の対策は、建築設備士や空調機メーカーの人など専門家とよく相談することも肝要です。

●お風呂にとっぷり、ストレス解消！

　固苦しい話が続き面白くないですね。ストレスを解消するため、お風呂にとっぷりつかりましょう。身体はだいたい35～36℃は冷たくも熱くも感じない温度ですが、それ以上のお湯だと「熱い」か「ぬるい」かのどちらかの温度を感じます。温泉の分類では湯温が34～42℃未満を『温泉』、42℃以上は『高温泉』といいますが、身体が感じる熱いぬるいの境目もだいたい42℃ぐらいで、40℃～42℃くらいがちょうど「いい湯だな～！」といったところのようです。

　「熱いお湯」と「ぬるいお湯」では身体に働く作用は大きく違います。熱いお湯は自律神経系の交感神経を刺激します。交感神経が刺激されると、皮下の血管が縮み血圧が上昇し、心臓の心拍数は増加します。さらに胃腸の働きを抑制し、汗の分泌を促進します。ボディラインが気になる方には新陳代謝を促進し、発汗作用もあり食欲を抑制するため、ダイエットとしても利用できます。またシャキッ！としたい方も熱いお風呂に入浴すると緊張感を高めますのでおすすめです。ただし熱いお風呂は体への刺激が強いので入りすぎには要注意！長くても10分程度にしましょう。

　逆にぬるいお湯は自律神経系の副交感神経に作用し、身体はリラックスした状態になり、胃腸の働きを促進します。また身体は芯から温まりますので心拍数と血圧はゆっくりと上がり、新陳代謝と発汗もゆっくりと促進します。夏バテに負けずたっぷり食べて体力をつけたい方には食欲がアップしますので特におすすめです。また夏の夜は蒸し暑くて眠れないという方にも心身ともにリラックスできますので、クーラーに頼らずにぐっすり眠れます。ぬるいお湯に入浴する場合は20分以上入るとより効果的です。

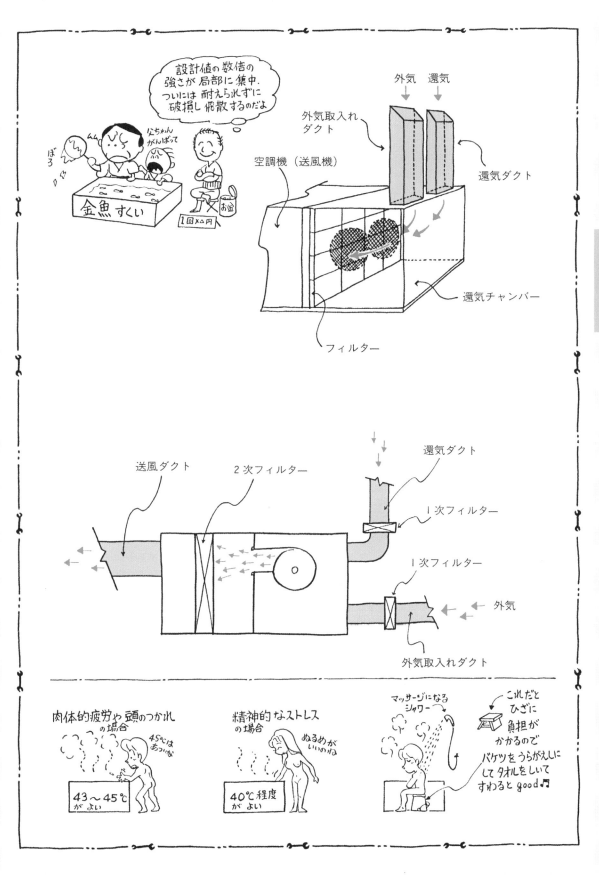

保全管理のあらまし

快適な室内空気環境を維持するには

空気調和機保全管理のポイント

熱運搬装置のメンテナンス

温熱源設備保全管理のポイント

燃焼装置の安全管理

冷熱源設備保全管理の要点

冷却塔メンテナンスのポイント

25　加熱冷却器（コイル）はフィンの目詰まりに注意

　空気加熱器は加熱器や加熱器コイルともいい、コイル（管内）にボイラーなどから供給される4万9033Pa程度の圧力の蒸気、または80℃程度の温水を流動させ、器外の空気を加熱し、いわゆる温風とする装置です。空気冷却器は冷却器や冷却コイルとも呼び、冷凍機から管内に冷媒液や、6℃程度の冷水を供給し、器外の空気を冷却し冷風とする装置です。空気と接触（熱交換）する際、空気中の含有水分が凝縮して、水滴となって分離し、相対湿度が低下するという減湿器としての能力も自動的に付随することになります。

　空調機には冷却器と加熱器とを併設し、2つのコイルを有する場合と、1セットのコイルのみを設け暖房時には温水、冷房時には冷水を流動させ、加熱器と冷却器を兼ねる場合があり、後者の場合は冷温水コイルまたはたんにコイルと呼びます。

　冷却コイルや加熱コイル、冷温水コイルいずれにしても構造はまったく同じで、コイル（銅管）の外部には空気との熱交換能力を高めるための銅製またはアルミ製の多数のフィン（薄板）を、螺旋状に取り付けたエロフィンコイル（リンクルフィンコイル）と角形の薄い平板を取り付けたプレートフィンコイルに大別されます。

　冷却コイルや加熱コイル、冷温水コイルも含めていわゆるコイル保全上の大きな問題点は、3mm程度間隔のコイルフィンのすき間に粉じんが付着し、目詰まりをきたすことです。コイルを通過する空気はエアフィルターで粉じんが除去された清浄空気のはずですが、エアフィルターの保守が悪かったりすると、コイル（フィン）の表面に粉じんが付着し、熱交換能力を著しく低下させます。空気抵抗が増加すると風量も減り、フィンの腐食にもつながるわけです。

　したがって、目詰まりをきたした場合はこれを洗浄除去するのですが、エアフィルターの保全を完全に行っていても、年に1回は定期的にコイルフィンの洗浄を行うのが賢明です。目詰まりの有無やその程度は外観点検（目視）で判断でき、この外観点検は毎月1回は行うべきで、できればコイルの空気流入側と空気出口側の差圧（空気圧力損失）を測定し、正常時の2倍の圧力損失が生じていればコイル表面の洗浄を行うべきです。

　コイルフィン洗浄の要領は、粉じんが多く付着する空気流入側を水または中性洗剤液水（アルカリ性の強い化学洗剤はフィンを腐食させます）でブラシなどを使って洗浄し、その後、空気流出側から蒸気や温水または水をスプレーして吹飛ばすように洗浄するのがコツです。なお、この作業の場合には、フィンを傷付けないように十分に注意しましょう。

26　コイルの内部も目詰まりが起きるの？

加熱冷却器、いわゆるコイルはもちろんその内部（管内）に温水や冷水が流動するわけで、冷・温水の水質によっては腐食や目詰まりが生じます。コイルは銅製なので腐食の心配はあまりなく、また冷・温水は人に直接触れるものではないので衛生上の問題もないのですが、水質の悪さによるコイル内での鉄錆片やスラッジの堆積、スケールの析出などによる管内の目詰まり、いわゆるコイル内目詰まりが問題となります。

まず、鉄錆片の堆積ですが、コイルへ冷・温水を供給する往き管、コイルで空気と熱交換して用を済ませ温水槽や冷水槽へ戻す返り管といった関連配管がすべて銅製、ステンレス銅製で耐食性のものであればよいのですが、コストの面から、通常は鉄製のため、腐食していわゆる赤水となりやすいのです。赤水は系内の鉄部の腐食・溶出によるもので、多少は問題ありませんが、鉄部の腐食、錆の発生が著しくなるとコイル内に鉄錆片が堆積することになります。

次にスラッジ堆積、スケールの析出の件ですが、これは温水コイルで問題になります。水中に含有する炭酸カルシウムや硫酸カルシウムなどの塩類、いわゆる溶解固形物が、80℃前後の温水の熱で次第に濃縮蓄積され、種々の化学的・物理的作用によって結晶を析出します。これが管内に付着するとスケールとなり、付着せず沈積するものがスラッジです。スケールは著しい熱の不良導体物質のため、熱交換能力を低下させ、かつ温水の流動を妨害するため、さらに熱交換性能を悪化させるわけです。

コイル内のスケール付着やスラッジの堆積は目視による点検は不可能です。この予測方法は正常な場合（コイルが新品で管内にスケール付着やフィンの目詰まりをまったく生じていない状態）における熱交換時の温水の温度低下、つまりコイル入口における温水温度（80℃）と、コイル出口における低下した温水の温度差を測定しておき、コイルフィン洗浄を行うごとに、その直後の熱交換時の温水の入口、出口の温度差を測定し、その温度差が著しく小さければ、スケールの付着やスラッジの堆積が生じていると判断します。しかし、この方法によってスケール生成が判明しても、現場でのコイル内のスケール除去は不可能です。専門家でないと実施できない「酸洗い」といった化学的洗浄方法でしか除去できず、相当な費用も要します。したがって、コイルの目詰まりが判明した場合は、メーカーと相談して酸洗いを行った方がよいか、コイルを新品と交換する方が得策かを考えて対処するのが賢明です。

いずれにしても、コイル内目詰まりを防ぐ基本は、スケール生成物質である硬度成分（溶解固形物）が60 ppm 程度以下の軟水（水道水は一般的に 60 ppm 程度）を、冷・温水として用いることです。もし硬度成分の多い地下水、河川水を用いなければならない場合は軟水処理し、軟水としてから用いましょう。

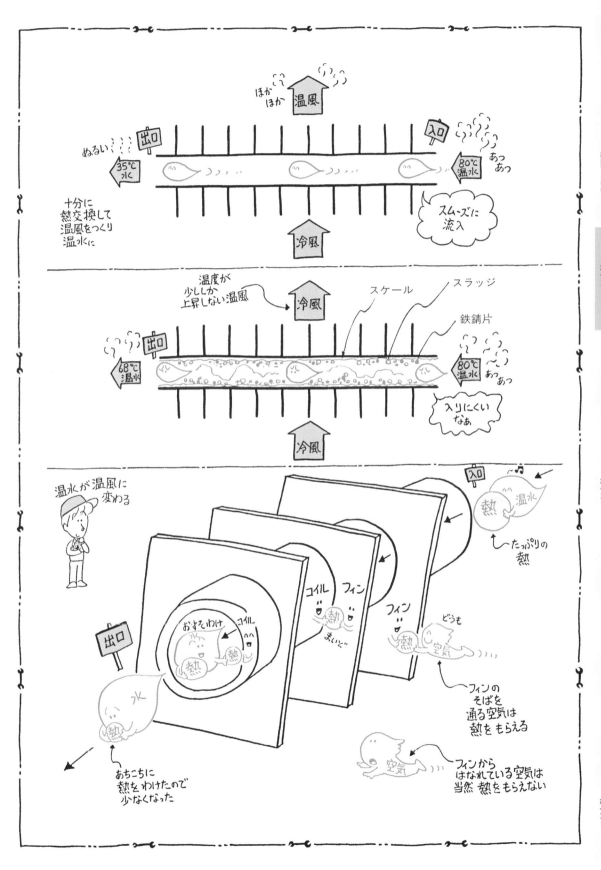

保全管理のあらまし

快適な室内空気環境を維持するには

空気調和機保全管理のポイント

熱運搬装置のメンテナンス

温熱源設備保全管理のポイント

燃焼装置の安全管理

冷熱源設備保全管理の要点

冷却塔メンテナンスのポイント

27　寒冷期はコイルがパンクしやすい！

　気温が0℃以下になる寒冷期はコイルがパンク（破損）することが多いのです。ビル地階などの機械室に配置されている空調機内部のコイルが破損し、この部分から内部の水が流出して天井、壁面などの濡損（ろうそん）による被害を大きくするなんてちょっと考えにくいですね。なぜ寒冷期にはコイルの破損事故が発生しやすいのでしょうか。これは夜間など空調機の運転を停止している時間帯に外気が0℃以下に低下すると、空調機内部も外気と同程度にまで温度低下し、コイル内部に残留している温水、あるいは残留した蒸気がドレン水となって凍結するためなのです。

　では、機械室など暖かい室内に配置された空調機の、しかもその内部がなぜ外気と同様の低温になるのでしょうか。その原因は、空調機の停止中に外気取り入れダクト、排気ダクトを通じて冷気（外気）が空調機内部へ忍び込んでくるためです。まるで忍者のごとく……。このためコイル内に残留する水が凍結してコイル（管）をパンクさせるわけです。コイルの凍結による破損を防止する手段の基本は、空調機内への外気侵入を防止することです。寒冷期、空調機の運転を停止するときは必ず外気取り入れダクト、排気ダクトのダンパーは完全に閉じてください。ただし、空調機を運転するときはこれらのダンパーを必ず開けておく必要があります。なお、北海道や東北地方など寒冷地域での厳冬期は、外気侵入の防止だけでは凍結は防げません。空調機停止中でもコイルには温水を流動、循環させる、あるいは電熱器を用いるなどしてコイル周囲の空気が2℃以下にならないよう凍結防止対策を施す必要があります。

●コイルの長期停止時は水抜き！

　例えば、冷房期が終わったときなど、コイルを長期間休止する場合、コイル内に残留している水は完全に抜き取りましょう。水を長期間滞留させておくと、コイルの腐食、凍結によるパンクなどトラブルを生じやすいのです。コイルヘッダの最下部には水抜き用のキャップが設けられているので、このキャップを外して行います。完全に抜き取るためには真空ポンプか圧縮機などを利用すれば便利です。そしてコイルを使用開始するときには、コイル内の空気抜きを行います。コイル内に空気があると水の流動を著しく妨げ、コイルの熱交換能力を低下させるからです。空気抜きは配管途中の空気抜き弁を開くか、コイルヘッダ最上部の空気抜きキャップを外してから、入口側の給水弁をわずかに開いて水をコイル内にゆっくり入れていき空気を排除します。

以下に、主なコイル凍結対策をまとめます。

1. コイルの水抜き

　冬期にコイルの水抜きを行う際、標準コイルでは水が抜けにくく不十分な場合には、すべてのコイルにヘッダが具備されているオールヘッダ式コイル（標準のコイルよりも幅をやや大きくして、冬期に水抜きしやすくしたもの）を採用する。

2. 不凍液の使用

　不凍液を配管の保護を含めて使用します。

3. 施工上・メンテナンス上の留意点

　①凍結防止自動制御の竣工時、冬期前の動作確認実施（弁類、ダンパー類、循環ポンプ、送風機、熱源など）。②万一の漏水時（配管の漏水も含めて）の排水ルート（オーバーフロー、床排水など）の確保。③コイルの水抜き確認。

保全管理のあらまし

快適な室内空気環境を維持するには

空気調和機保全管理のポイント

熱運搬装置のメンテナンス

温熱源設備保全管理のポイント

燃焼装置の安全管理

冷熱源設備保全管理の要点

冷却塔メンテナンスのポイント

28　加湿器は泣いている！

　冬期、暖房時は加湿が必要不可欠です。ところが十分な加湿が行われないことが多いのです。室内の空気環境基準がどの程度守られているかは、それぞれの測定項目について空気環境測定の結果値が全国統計として発表されますが、この場合には管理基準が守られていない割合を示す不適率として表されます。

　この不適率の推移を項目別にみると、相対湿度、温度、二酸化炭素濃度は、継続的に上昇傾向にあります。まず、相対湿度の不適率は、省エネルギーのために暖房温度が低くなり、気化式加湿器の効果が低下したこと、省エネルギーのために冷房温度が高くし、冷房及び除湿時間が短くなったのが原因です。次に温度の不適率は、省エネルギーのために冷房温度を高くした一方で、特に都市部の外気温度の顕著な上昇が原因です。二酸化炭素濃度も特に都市部屋外で上昇した一方で、省エネルギーのために換気量が減少したこと、また個別空調の普及が原因と考えられます。

　室内の相対湿度に着目すると、冬期、暖房時におけるカラカラ空気状態という湿度低下、つまり、加湿不足の事態という不適率が著しく高いのはなぜなのでしょうか。この理由は一言でいえば「加湿技術が難しい」ことなのです。これは換言すれば加湿は水を蒸発させたり、噴霧させて行うわけですが、この加湿の元である水は、実は加湿器の故障を引き起こします。かつ、空気中に細菌などをばらまく元凶です。このため、加湿器の点検、保全を怠るとトラブルを生じ、加湿不十分または不能に至り、かつ、室内空気の汚染につながることがきわめて多いのです。加湿器がありながら点検・整備を怠り、故障したまま放置し加湿されないケースも非常に多いです。

●暖房時に加湿を行うのは？

　冬期の空気（外気）は気象条件によって湿度の低い、俗にいう "カラカラ空気" ですね。このカラカラ空気のままで暖房（空気を加熱）すると、空気の性質上、さらに湿度が低下します。こうなると、喉や鼻が乾いて寒さを感じ風邪をひきやすくなり、また室内（空気中）でホコリがたちやすく、衛生上も良くない空気環境となり、生理的に水分が欲しくなるわけです。このため冬期は室内の湿度を 40〜50％に維持するため加湿を行うのです。

●空気が乾くと静電気が発生しやすい？

　室外へ出ようとドアの取手に触れたトタン、ビリッ！ときてびっくりするといった経験、ありませんか？　この経験は冬期に集中していますね。あのイヤな静電気、実はカラカラ空気のときに発生（体に帯電）しやすいのです。静電気と湿度の関係をみると右図のとおりなのです。びっくりするほどの高電圧の静電気が人体に帯電するわけで、金具などに触れた瞬間の放電火花でガスに着火できるほどです。湿度が 55％以上になると、静電気は生じなくなりますよ。

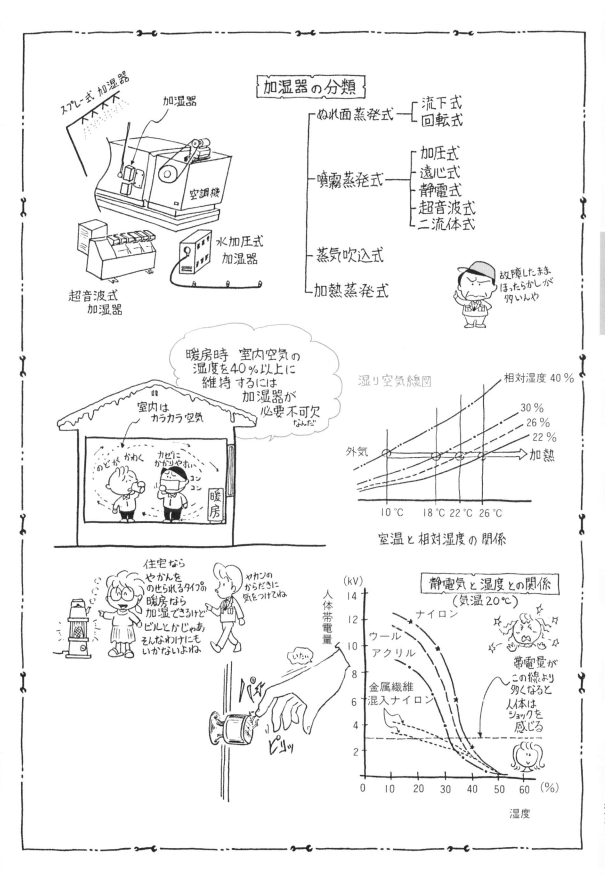

加湿器の分類

スプレー式加湿器

加湿器

空調機

超音波式加湿器

水加圧式加湿器

ぬれ面蒸発式 ─ 流下式／回転式

噴霧蒸発式 ─ 加圧式／遠心式／静電式／超音波式／二流体式

蒸気吹込式

加熱蒸発式

故障したままほったらかしが多いんや

暖房時 室内空気の湿度を40%以上に維持するには加湿器が必要不可欠なんだ

室内はカラカラ空気
のどがかわく
カビにかかりやすい コンコン
暖房

住宅ならやかんをのせられるタイプの暖房なら加湿できるけどビルとかじゃあそんなわけにもいかないよね

ヤカンのからだきに気をつけてね

湿り空気線図

相対湿度 40 %
30 %
26 %
22 %

外気
加熱

10℃ 18℃ 22℃ 26℃

室温と相対湿度の関係

静電気と湿度との関係
（気温20℃）

(kV)
人体帯電量
14
12 ナイロン
10 ウール
8 アクリル
6 金属繊維混入ナイロン
4
2

0 10 20 30 40 50 60 (%)
湿度

帯電量がこの線より多くなると人体はショックを感じる

いたっ
パチ
ピリッ

保全管理のあらまし

快適な室内空気環境を維持するには

空気調和機保全管理のポイント

熱運搬装置のメンテナンス

温熱源設備保全管理のポイント

燃焼装置の安全管理

冷熱源設備保全管理の要点

冷却塔メンテナンスのポイント

29　加湿用水は水道水を！

　加湿に用いる水、いわゆる加湿用水としては、水道水または水道法に規定された水道水の水質基準に準ずる水を用いることが、法令上義務づけられています。なぜでしょうか。

　まず衛生上の問題です。加湿というのは水を噴霧して空気中に混入させますから、加湿用水中に細菌や衛生上の有害物質が含まれていれば、室内空気中に有害物質をばらまく行為です。インフルエンザによく似た症状を示す加湿器病または空調機病と呼ばれるシックビル症候群の発生につながります。

　衛生的なはずの水道水を用いても、加湿方式によっては、その水道水自体を細菌などによって汚染させ、室内空気をもきわめて不衛生な状態に、汚染させてしまうのです。困ったことですね。

　最悪の事態を招きやすい、加湿用水を空調機内で循環使用する水循環噴霧方式における加湿水の汚染と室内空気への影響について、ある調査データによると、加湿装置における加湿水貯留槽から一般細菌が検出されることがあり、真菌だけでなく、鞭毛虫や線毛虫などの原生動物

が検出されることもあります。一般細菌は少ないところで、加湿水１ℓ中数十個、多いところでは１万個検出されます。汚染された加湿水は空調機から室内空気に運ばれます。例えば、加湿水１ℓ中1000個の細菌がいる加湿水を噴霧した場合、室内の空気中における浮遊細菌は加湿器を停止していた場合に比べて、15〜25倍にも増えてしまいます。さらに空調機内で加湿用水を循環使用する方式の場合、加湿用水中に粉じんや有害ガスを含むことになります。

　つまり、加湿器スプレーノズルの閉塞や腐食などのトラブルにつながります。次に、衛生上の問題は別にしても、もし井水など硬度成分の高い水を用いると、硬度成分である炭酸カルシウムなどの塩類が析出、結晶し、スケールやスラッジの生成となり、これが加湿器のスプレーノズルを閉塞するなどのトラブルを生じます。短期間で加湿不良、不能の事態に至りやすくなります。硬度成分が60mg/ℓ程度の軟水である水道水を用いれば、このようなトラブルは相当緩和されます。

●加湿器の維持管理に関する基準
　加湿器はトラブルを生じやすいので、関係法令でその維持管理に関して次のように規定されています。加湿装置については運転開始および運転期間中、清潔に保つとともに次の要領に従って点検すること。①スプレーノズルの閉塞の状況を点検し、必要に応じ清掃、部品の取替えを行うこと。②エリミネータにあっては、さびや損傷の有無を点検し、必要に応じ洗浄、部品の取替えを行うこと。③噴霧状態を点検し、適正な水圧、蒸気圧を維持するようポンプ類を調節すること。④水系路または蒸気路の蒸発残留物の堆積の状況を点検し、必要に応じ清掃すること。

加湿水の細菌検査結果

加湿原水	水道水 再循環									蓄熱槽温水		空調用温水再循環	
ビル	A	B	C	D	E	F	G	H	I	J	K	L	M
菌汚染状況 一般生菌	$5.0×10^3$	$2.1×10^3$	$3.5×10^4$	$6.1×10^3$	42	80	$3.8×10^3$	$2.8×10^3$	$1.5×10^3$	$6.1×10^3$	$1.2×10^4$	$1.4×10^4$	$2.8×10^3$
真菌 (個/mℓ)			$1.1×10^3$	1	$1.3×10^2$	$9.0×10^2$	6	3	5				16
原生動物							鞭毛虫+	鞭毛虫++ 緑毛虫+	鞭毛虫+++				
その他 残留塩素 (mg/ℓ)	0	0	0	0	0	0	0	0	0	0	0	0	0
管理方法			1回/週 全量ブロー・清掃		11.4ℓ/minで連続ブロー 2回/週 全量ブロー・清掃		1回/2週 全量ブロー・清掃						

Aビルで検出された空中浮遊菌濃度

測定NO	1				2				3			
サンプリング箇所	OA	RA	SA	吹出口	OA	RA	SA	吹出口	OA	RA	SA	吹出口
加湿停止 一般生菌 (個/m³)	36.4	118.2	22.7	18.2	13.6	118.2	22.7	13.6	31.8	77.3	18.2	9.1
真菌 (個/m³)	4.5	22.7	0	0	4.5	18.2	9.1	0	13.6	13.6	4.5	4.5
加湿運転 一般生菌 (個/m³)	40.9	68.2	113.6	281.8	27.3	200.0	345.5	236.4	4.5	86.1	281.8	231.8
真菌 (個/m³)	0	18.2	9.1	0	18.2	127.3	63.6	0	13.6	45.5	18.2	0

(東京都衛生局)

このデータは池の噴水のように噴霧水を貯留槽に落下させながら加湿する水循環噴霧方式の場合のものですょ

30　いずれの加湿方式でも問題点があるんだね　パートⅠ

　加湿器の主な種類やその特徴を衛生上の見地、トラブルの生じやすさを絡めて勉強しましょう。加湿方式は基本的には水加湿、温水加湿、蒸気加湿の3方式に大別されます。

　まず、水加湿器について考えてみましょう。水加湿器は水を噴霧（スプレー）して加湿するもので、次の3方式があります。

　①水循環噴霧方式：これは空調機内に水貯留槽を設け、この水を吸い上げて噴霧し、スプレー後の水は水貯留槽に落下し、再び加湿水として使用する、いわゆる循環方式です。

　池の噴水のように大量の水を噴霧するタイプで、実際に空気中に混入し加湿に消費された水量の補給は、水貯留槽のボールタップによって自動的に行われるもので、大型の中央管理方式の空調機に採用されています。

　この方式は空気中にスプレーした水を繰り返し利用するので、空気中の粉じんや、硫黄酸化物などの有害ガス、浮遊細菌などが落下水滴中に混入し、貯留槽内の水が汚染され、かつ、落下混入した細菌が著しく増殖するため、これらの有害物質が噴霧水（加湿水）とともに空調空気中に混入するため、室内空気を著しく汚染することになります。このため水循環噴霧方式の場合は、毎週1回定期的に水貯留槽の清掃と水の入替えを行うことが肝要です。

　水直接噴霧方式：空調機内で加湿ノズル（スプレーノズル）から直接、水をスプレーするもの

で、空気中に混入せず、落下した水滴をドレンパンによって排出するという使い捨て方式です。この方式は水循環噴霧方式のような衛生上の問題は生じず、ビル空調における加湿器として、最も多く採用されています。

　超音波方式：小型の水槽に入っている水を高周波振動、いわゆる超音波によって霧化して加湿する方式で、家庭用の加湿器として用いるものですが、ビル空調では、パッケージ形空調機やファンコイルユニットなど小型の空調機に採用されます。超音波加湿器も水循環噴霧方式と同じく槽内に水を留めておくため、水槽内では細菌が増殖、これがスプレーされ空気中に混入するため "加湿器病" につながるなど衛生上の問題点があります。

　したがって、加湿器の使用頻度にもよりますが、原則として毎日定期的に水槽の清掃、水の入替えを行う必要があります。そしてもう1つの問題点は、超音波加湿器は水噴霧方式に比べて、霧化の水滴が著しく微細で、蒸気という完全な気体になりやすいのです。このため、水中に含まれる硬度成分であるマグネシウム塩類やカルシウム塩類が超微細粒子となって、室内空気中に浮遊し事務機器や家具類などに "白い粉" となって付着し、汚れとなります。このため超音波加湿器の加湿水としては、井水など硬度成分の多い、いわゆる硬水を用いてはなりません。

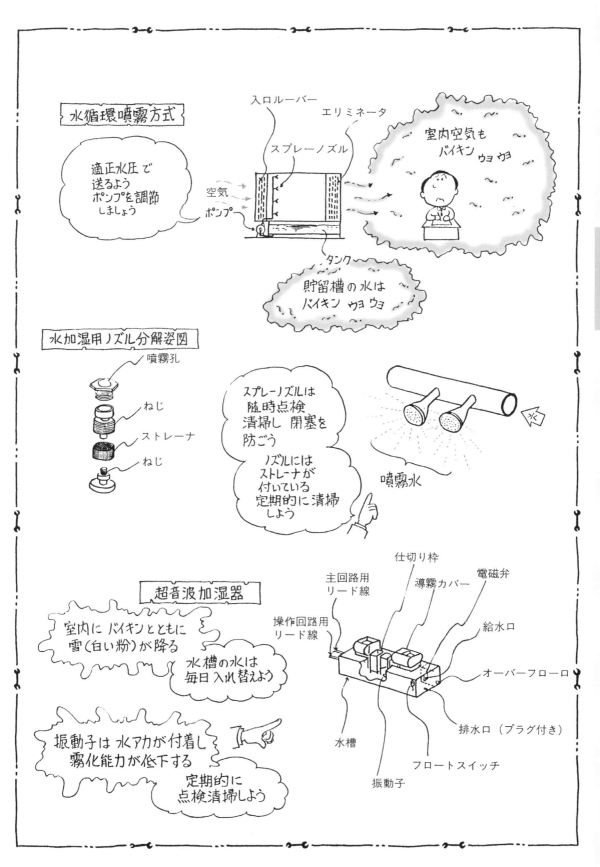

保全管理のあらまし

快適な室内空気環境を維持するには

空気調和機保全管理のポイント

熱運搬装置のメンテナンス

温熱源設備保全管理のポイント

燃焼装置の安全管理

冷熱源設備保全管理の要点

冷却塔メンテナンスのポイント

31　いずれの加湿方式でも問題点があるんだね パートⅡ

　温水加湿器は暖房用温水、つまり空調用温水をスプレーして加温を行うもので、次の3方式があります。

　②温水循環噴霧方式：これは水の代わりに温水を利用するだけの違いで、加湿原理や機器、問題点など、すべて水循環噴霧方式と同じです。ただし、80℃程度の温水であるため、水よりは噴霧温水が蒸発しやすいので加湿効率が高くなるメリットがあります。

　温水直接噴霧方式：これも水直接噴霧方式とまったく同じです。

　蓄熱槽温水利用方式：これは省エネルギーの見地から採用される蓄熱槽に貯留する空調用温水を利用（噴霧）する方式で、蓄熱槽内に温水が長期滞留（暖房用として循環使用）するため、槽内の温水が汚染され、かつ槽内の清掃が困難であるためさらに汚染されやすいという問題があります。この汚染温水を空気中に噴霧するので、水循環噴霧方式と同様の空気汚染や問題点が生じます。

　③蒸気加湿器は、蒸気（水蒸気）で加湿を行うもので、水蒸気という完全に気体化された水を利用するので、水や温水加湿器に比べて加湿効率に優れ、湿度制御が簡単といった大きなメリットがあり、次の2方式があります。

　蒸気噴射方式：これは空調用蒸気、つまりボイラー（蒸気ボイラー）で発生させた暖房用蒸気4.9kPa程度を直接、空調機内で噴射（放出）し加湿するものです。しかし、この方式はボイラーに問題点があるのです。暖房用ボイラーには、主に鋼製の炉筒煙管ボイラーと鋳鉄ボイラーが用いられます。

　まず、鋼製ボイラーの場合、最も大きな問題は、ボイラーの保全や清掃のため、人間に有害な多種の薬剤をボイラー水に添加する必要があることです。このためボイラーの運転が良くない場合、発生する蒸気中に薬剤が含まれてしまい、加湿によってこの薬剤が空気中に混入し、室内空気を汚染することがあるのです。鋳鉄ボイラーの問題点はその材質・構造上などから、ボイラー清浄剤は用いてはならず、また発生蒸気は外部へ放出してはだめで、利用後の蒸気はドレン（復水）として再びボイラーに戻し、同じ水を循環使用しなければなりません。ところが、この蒸気を加湿用に利用（ボイラー外に放出）すればボイラーの事故や寿命の短縮につながるのです。したがって鋳鉄ボイラーで蒸気加湿を行う場合はメーカーの指導を受けてください。

　パン型加湿器：これは水の入った小型の皿型容器（パン）に電気ヒーターを入れ、蒸気を発生させ、加湿するもので、ボールタップで自動的に水を補給します。パッケージ形空調機に用いられます。パン型加湿器はパン内に水が滞留するので水循環噴霧方式と同様の衛生上の問題点、パンの洗浄、水の入替えが必要であるとともに、水中の硬度成分がパン内で析出、スケールとなって電気ヒーターやボールタップなどに付着して、能力低下をきたさぬように、3ヶ月程度ごとにスケール除去を行います。

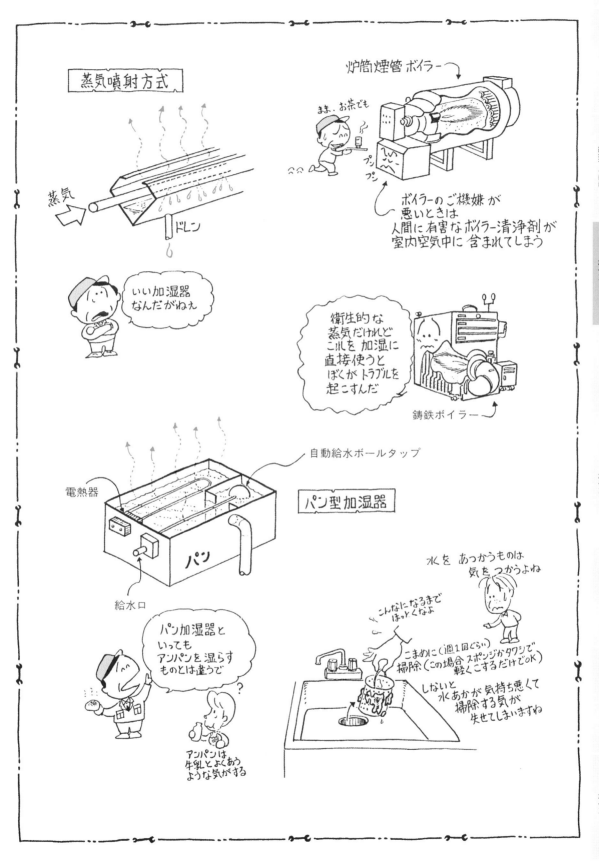

保全管理のあらまし

快適な室内空気環境を維持するには

空気調和機保全管理のポイント

熱運搬装置のメンテナンス

温熱源設備保全管理のポイント

燃焼装置の安全管理

冷熱源設備保全管理の要点

冷却塔メンテナンスのポイント

32　エリミネータとドレンパンのはなし

エリミネータは、水（温水）噴霧方式の加湿器の場合に必要とするもので、くの字に曲げた細長い鉄板を多数並べたり、アルミウールまたはサラン網などから、水噴霧による水滴を含んだ空気がここを通過する際に、水滴を分離落下させ、送風ダクトに水滴が運ばれることを防ぐ装置です。気を付けたいのは、噴霧水の圧力が規定以上に高くなるとエリミネータが破損し、水滴が送風ダクトへ飛散してしまうことです。また、エリミネータは定期的に点検し、付着した粉じんなどを40℃以下の水と中性洗剤で洗い落とす必要があります。

ドレンパンは、どの空調機でも必要とするもので、水噴霧による落下水滴などは無論のこと、冷房時は空気冷却器で空気中の水分が凝縮して落下する凝縮水（ドレン）の受け皿となり、ドレン排水管を介して空調機外へ排除するものです。ドレンパンには粉じんやホコリが溜まりやすく、かつドレンが溜まるので、両者が混合して"泥水"状になり、とくにドレンパン排水口付近に集まります。ドレン排水管が詰まり、ドレン排除の支障をきたします。ドレンがドレンパンからあふれ出て断熱材を濡らす、または水滴が送風ダクトへ飛散するといったトラブル予防に、ドレンパンは定期的（約6ヶ月ごとくらい）に洗浄して汚れを排除し、詰まりを防止しましょう。点検・保全作業を行う場合は、革靴や安全靴など底の固い靴でドレンパンに乗るとパン板を傷つけるので、軟らかいゴム底靴を着用します。

ところで、ドレン排水管は排水槽に漏斗（ろうと、じょうご）を介して接続されますが、空調機内は通常、送風機で空気が誘引されているために負圧になっており、ドレン排水管を通じて排水槽の悪臭が空調機内へ吸込まれ（逆流し）、室内で悪臭を生じることがあります。このような場合にはドレン排水管を空調機室の床面の排水溝に開放し、ドレンは排水溝を通じて、その排水口（封水トラップが設けてある）から排水槽へ排除するようにしましょう。

●冷房時に温水コイルがパンク?!

パッケージ形空調機は機内に冷凍機の圧縮機を配置し、冷媒の直接膨張による蒸発器を空気冷却器(冷却コイル)として用いて冷房を行い、冷凍機をヒートポンプとしない場合には蒸発器の近くに空気加熱器(温水コイルまたは蒸気コイル)を併設して暖房を行います。この場合、空気加熱器を送風機側(下流)、蒸発器は上流側に配置しますが、この両者を接近しすぎて併設すると、冷房時に蒸発器は0℃以下になることがしばしばあります。すぐに下流側の暖房用コイルも冷却されることになるわけで、暖房終了時にコイル内の水を抜かずに満水状態で放置してしまい、水が凍結してコイルをパンクさせるというトラブルがよく発生しているのです。すでに説明したように温水(蒸気)コイルや冷水コイルを長期休止するときは、必ずコイル内の水を完全に排除しましょう。

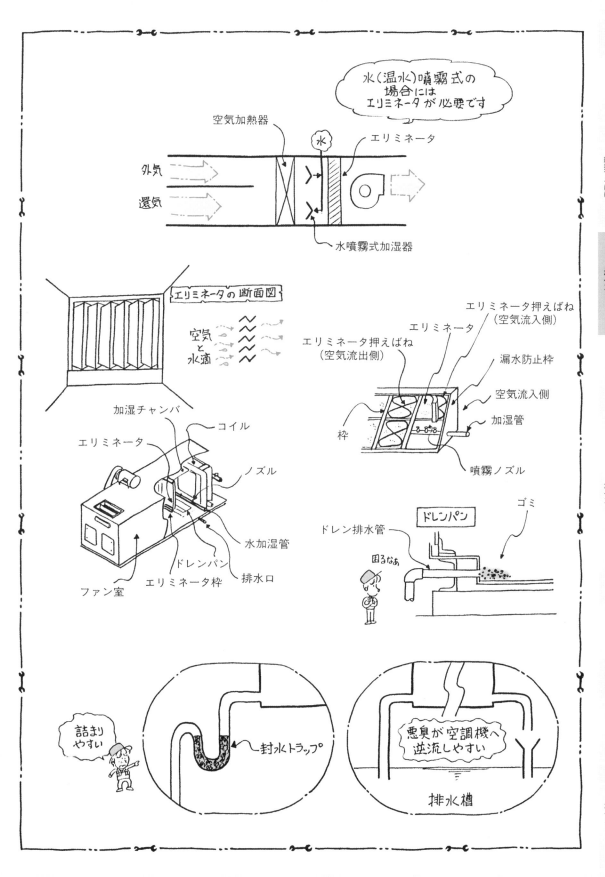

水(温水)噴霧式の場合にはエリミネータが必要です

空気加熱器

水

エリミネータ

外気

還気

水噴霧式加湿器

エリミネータの断面図

空気と水滴

加湿チャンバ

コイル

エリミネータ

ノズル

水加湿管

ドレンパン

排水口

エリミネータ枠

ファン室

エリミネータ押えばね（空気流入側）

エリミネータ

エリミネータ押えばね（空気流出側）

漏水防止枠

空気流入側

加湿管

枠

噴霧ノズル

ドレンパン

ゴミ

ドレン排水管

困るなあ

詰まりやすい

封水トラップ

悪臭が空調機へ逆流しやすい

排水槽

保全管理のあらまし

快適な室内空気環境を維持するには

空気調和機保全管理のポイント

熱運搬装置のメンテナンス

温熱源設備保全管理のポイント

燃焼装置の安全管理

冷熱源設備保全管理の要点

冷却塔メンテナンスのポイント

33　送風機点検整備のポイントは3ヶ所

　送風機は羽根車を電動機によって回転させ、空気を吸い込み、これに圧力を与えてダクトや管で送り出す、すなわち調整された空気を所定量だけ室内に送り込み気流を与える役目をもつ機械です。日本機械学会では吐出し圧力（送風圧）9807 Pa（1000 mmAq）未満のものを送風機、9807 Pa 以上 98067 Pa 未満の範囲をブロワと称するよう定めています。空調機関係に用いる送風機は一般に 981 Pa（100 mmAq）以下のものが多く、高速ダクト用でも 2942 Pa（300 mmAq）程度で十分です。したがって、空調関係では送風機を"ファン"と呼ぶことが多いのです。数ある送風機の中でも、とくによく用いられるのは、低速ダクト用としては多翼送風機、高速ダクト用はターボ送風機です。なお、同じ送風機でも排気ダクトに接続し、排気の目的に用いる場合は排風機と呼ばれます。さらにトイレや厨房など、ダクトを介さず、室内から直接大気中へ排気するため外壁部などに設ける送風機を換気扇といい、主に軸流送風機が用いられます。

　多翼送風機はシロッコファンとも呼ばれ、羽根車は半径方向に浅くて軸方向には奥行きがあり、通常 64 枚の羽根を有します。ターボ送風機は羽根車出口角度が 30 〜 40° にわん曲した 12 〜 18 枚の後向きの羽根車を有するもので、高速回転に適します。軸流送風機は空気がインペラ内を主に軸方向に通過し、羽根の揚力作用で昇圧する送風機で、家庭用扇風機と同じようなものです。

　いずれにしても、送風機は部品が少なく構造が単純で、故障を起こすことが少ないため、ともすればメンテナンスを怠りがちになるようです。しかし、日常点検、定期点検や整備を怠ると異常発生や送風効率低下、耐用寿命の低下につながるのは当然で、やはり定期点検を行わなければなりません。送風機の点検整備のポイントは、V ベルト、羽根車、軸受（ベアリング）の 3 ヶ所です。

●送風機の型番とは？

　型番とは、送風機の大きさを表すためのもので、羽根車の大きさで表記されます。すなわち、羽根車の直径（外径）が 150 mm のものを 1 番（NO.1 または #1 と示される）とし、以下これの倍数が番手となり、例えば NO.8 というのは 150×8 = 1200 mm つまり羽根車の外径が 1200 mm の送風機を指すわけです。そして片吸込み形（空気を羽根車の片側から吸込む形式）は S、両吸込み形（両側から吸込む形式）は D と記号し、例えば片吸込み形 NO.8 の送風機は NO.8 S と示されます。

●キャンバス継手とは？

　送風機をダクトや空調機と接続するとき、送風機の振動音（騒音）がダクトなどに伝わるのを防止するため、接続部にキャンバス（厚地の綿布や化繊布製のダクト）を挿入するもので、騒音防止の他に、接続部の中心や寸法の狂いを逃がす目的もあります。

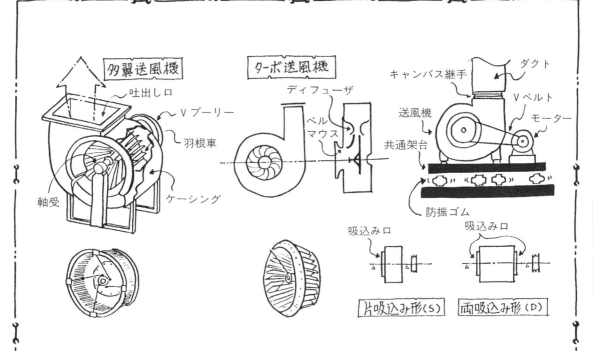

期間単位別点検項目および要領

周期	項目	要領	判定・対策
日常	吸込み，吐出し圧力	圧力計にて読みとる	大きく変化していないこと
	電動機の入力（電流，電圧）	電流計，電圧計にて読みとる	大きく変化していないこと
	軸受温度	温度計や手の触感で判断する	室温＋40℃ または70℃ のどちらか低い値以下のこと
	電動機の外被温度	温度計や手の触感で判断する	電動機の絶縁種別により判定する
	振動，異常音	聴感，触感で確認する	著しくないこと
	Vベルトのバタツキ	目視により確認する	著しくないこと
1カ月	軸受部の清掃	運転を停止し，軸受けのシール部外面の汚れを布等で落す	軸受内部に汚れが入らないように行う
	予備機の試運転	主機と切り替えて運転を行う	安定するまで（約3時間以上）運転し，異常がないこと
6カ月	センサー，電装品の動作確認	個々の部分を確認した後，一連の動作が正常に働くか確認する	正常に動作すること
	電動機の絶縁抵抗の確認	絶縁抵抗計（メガメータ）にて測定する	1MΩ以上のこと
	Vベルトの張り，芯出し，摩耗，傷等の確認	摩耗，傷は目視にて確認する	張り，芯出しの不具合は調整，傷や摩耗が激しい場合はVベルトを交換する
	グリース潤滑油受けの給油	グリースガンで適量を補充する	補給量はメーカー等の資料を参照する
	排煙機の外観，機能点検	法的基準により実施する	専門家に依頼する
1〜2年	回転体，摺動部の摩耗	著しい摩耗がないか目視や計測器で確認する	著しい場合は，補修や交換をする
	羽根車，ケーシング内の点検と清掃	損傷や汚れがないかを確認する	汚れがあれば十分に清掃する，損傷は補修か交換を行う
	送風機，近傍のダクトの清掃	内部を点検し，汚れ具合を確認する	汚れていれば清掃を行う
	塗装の補修	具合を見て再塗装する	
	Vプーリの軸かん合部のゆるみ，溝の摩耗	ガタツキや摩耗が著しくないか確認する	著しい場合は交換する
	総合点検	排煙機，ユニット品の総合機能を確認する	専門家に依頼する

34　Vベルトは定期的に交換しよう！

　送風機は電動機で回転（駆動）させますが、この場合の大部分は送風機軸と電動機軸の両方に取り付けたプーリーにVベルトを掛ける、いわゆるベルト伝動駆動方式が採用されます。送風機の主なトラブルとしては風量が不足する、過負荷、騒音発生、軸受の異常などですが、いずれの場合もVベルトが絡むケースが多いのです。したがって、ベルト伝動駆動装置は、その点検・整備に留意しなければなりません。

　Vベルトは1分間に何千回転といった速さで駆動し、かつゴム製であるため、当然、摩耗や伸びが発生します。したがって点検整備が十分な場合であっても、運転時間が7000〜10000時間経過すれば新品と交換する必要があり、概略の目途として1年半か2年ごとに新品と交換することが肝要です。もちろん、ベ

ルトの張り方不良などの場合にはわずかな期間で切断することもあるわけで、ベルトが摩耗してプーリー溝と接触するような状態になったとき（Vプーリーの溝の底が摩擦で光ってきます）には交換しなければなりません。もしこれを放置したまま使用し続けると摩擦のため損耗を早め、かつ騒音が発生することになります。

　いずれにしてもベルトを交換しなければならない場合は、不良ベルトだけを取り換えるのではなく、必ず全部のベルト（1セット）を同時に交換することが重要で、かつ、当該プーリーに最適規格のものを用いなければなりません。したがってVベルトは一種の消耗品と考えて、つねに所定規格のベルトを1セットは予備として置いておくのが賢明です。

● Vベルトの特徴

　Vベルトは、その形状による接触面積の大きさと、くさび作用によって、同一幅の平ベルトよりも強い摩擦力を発生します。そのため、すべりが少なく大きな伝達能力を発揮するのです。ベルトのV字角は通常40°、幅広い上部に強靭な紐（心線）をゴムで固めた構造があり、その内周側（V字の下のほう）はプーリーでの曲げに対応する柔軟なゴム（下ゴム）

があり、ベルトの上下はゴムで固めた布で覆われています。摩擦力を確保するため駆動軸と従動軸の間に一定の張力をかける必要があり、軸受にも余分な負担がかかります。そこで、ベルトの高さを確保し、接触面積を増やしたりします。高さによる曲げ損失を抑えるため、内側に切り込みを入れたコグベルト／ノッチベルトもあります。

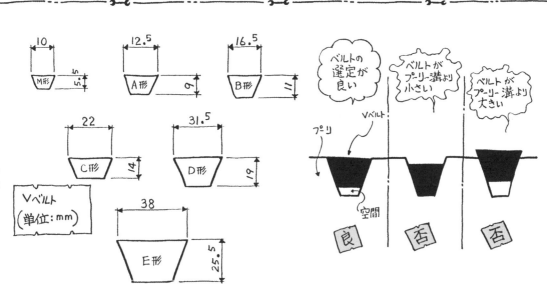

送風機の故障の原因と対策		
故障の状態	原因	対策
風量の不足 (電流が下がる)	1 装置抵抗が設計値より大きい 2 回転方向が逆 3 ダンパーが閉じている 4 装置内に異物が詰まっている 5 羽根にごみがたまる 6 Vベルトの緩み(スリップ)	1 回転数を増す(動力増加に注意) 2 正回転に直す 3 ダンパーを開ける 4 異物を取除く 掃除をする 5 掃除をする 6 Vベルトを適切に張る
過負荷 (電流が定格 以上流れる)	1 風量の出過ぎ 2 Vベルトの張り過ぎ 3 電圧低下 4 電動機の故障 電流計の故障	1 ダンパーを閉じる 回転数を減らす 2 適当に緩める 3 10%以上電圧低下の場合は停止 4 調査
異常振動	1 サージングが起こっている 2 基礎ボルトの緩み 片締め 3 Vベルトの張り過ぎ 4 軸受の摩耗 5 羽根車のアンバランス 6 電動機の振動による 7 軸芯が狂っている(直結の場合)	1 ダンパーを開く 2 基礎ボルトを平均に締付ける 3 Vベルトを適当に緩める 4 軸受を取替える 5 アンバランスの原因を取除く 6 電動機を調べる 7 芯の出し直しをする
異常音	1 軸芯のはめあいが強い 2 軸芯がいたんでいる 3 ケーシング内に異物が入っている 4 羽根車のボスが軸方向へ 　　　　偏心している	1 適切な軸受を用いる 2 軸受を取替える 3 内部を掃除する 4 修正する
軸受の 異常温度上昇	1 油切れ 油の劣化 汚損 2 軸芯が狂っている(電動機直結の場合) 3 Vベルトの張り過ぎ 4 軸受のはめあいが強い 5 第3軸受の取付不良(両吸込送風機) 6 羽根車のアンバランス 7 冷却水不足(水冷式ベアリングの場合) 8 基礎ボルトの片締め	1 給油または油の入替えをする 2 芯の出し直しをする 3 適当に緩める 4 適切な軸受と取替える 5 軸芯の出し直しをする 6 バランスの調整をする 7 冷却水量を増す 8 ボルトを平均に締付け直す

保全管理のあらまし

快適な室内空気環境を維持するには

空気調和機保全管理のポイント

熱運搬装置のメンテナンス

温熱源設備保全管理のポイント

燃焼装置の安全管理

冷熱源設備保全管理の要点

冷却塔メンテナンスのポイント

35　ベルトの交換作業は安全第一で

　では、Vベルトの交換要領を示しましょう。まず作業を行う場合は送風機の動力制御盤の電源（スイッチ）を切り（OFF）、かつ、必ずそこに「作業中入れるな」などの表示をします。これは作業中に他の人が誤ってスイッチを入れたら大事故につながるからです。さらに、ダクトの煙突効果の気流（自然にダクト内を空気が流動）により、ベルトを全部はずしたとき羽根車（送風機）がひとりでに回り出すこともあるので、回り止め対策を施します。次に、安全覆い（防護カバー）を取りはずし、ベルトを外側から順番にはずすのですが、この際ベルトに手を挟まれないよう注意します。

　ベルトをはずせば、送風機とモーターのプーリーが一直線上に位置していること、いわゆる芯出し、芯合せを直定規または太めの糸を用いて確認します。もし、モーターの位置がずれていて、双方のプーリーが一直線上に位置していない場合は、モーターの設置位置を正しく調整しなおします。このプーリーどうしの芯出し（アライメント）をアライメント出しといい、アライメントが狂っているとベルトが偏摩耗し、耐久性が著しく低下するとともに、騒音の発生など送風機のトラブルをきたします。ちなみにアライメント（alignment）とは、①機械装置の様々な部品を調節すること。②一列に並べること、と辞書に書いてあります。

　ベルト掛け作業のときは、指をベルトに挟まれないように注意しましょう。新しいベルトは1本ずつ掛けていくのですが、この際ベルトのたわみ具合が重要です。たわみが少なく張りすぎると、過負荷やモーターの焼損事故につながり、たわみが多すぎるとスリップして送風機の回転数が落ち、風量不足をきたします。ベルトのたわみの過不足は、モーターの位置を調節して是正します。

　念のため、ベルトを張ったら2～3分運転してから、再度たわみが適正かを確認しましょう。ベルトがプーリーになじむには数日かかるので、張替え後1日目は張り具合や状態などを3～4回点検します。ベルトがなじむまで粉や異常音が出ることがありますが、差し支えありません。そして数日間は毎日1回、その後は1ヶ月に1回点検しましょう。

　簡単な点検・確認方法の目安となるのが、プーリーと軸受の温度です。ベルトを張りすぎ（たわみがないか、少ない）ていると軸受部が熱くなり、ベルトの張りが弱い（たわみが大きい）とプーリーが熱くなるとともにスリップします。

● 予備ベルトの保管は正しく！
　予備として保管しておくベルトは、保管環境が不適切だと材質が劣化します。湿度の高い場所や温度の高い室などでの保管は避け、ベルトメーカーが示している正しい方法で保管しましょう。

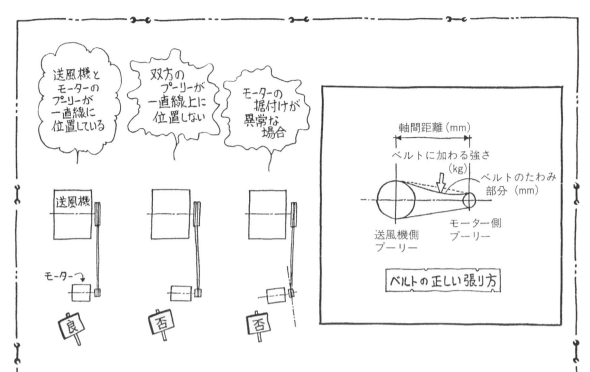

送風機とモーターのプーリーが一直線に位置している

双方のプーリーが一直線上に位置しない

モーターの据付けが異常な場合

送風機

モーター

良　否　否

軸間距離 (mm)

ベルトに加わる強さ (kg)

ベルトのたわみ部分 (mm)

送風機側プーリー　モーター側プーリー

ベルトの正しい張り方

Vベルトの誤った使い方による影響	
誤った使い方	機器・その他に与える影響
サイズの選定が悪い場合	1 騒音発生の原因となる 2 Vベルトの寿命を短くする 3 プーリーなどに悪影響を与える 4 規定送風量の不足をきたす
張り具合が強い場合	1 軸受メタルの損耗を早める 2 軸受シャフトに悪影響を与える 3 Vベルトの寿命を短くする
張り具合が弱い場合	1 スリップなどにより騒音発生の原因をつくる 2 規定送風量を発揮しない
機器、双方の据付および芯出しが異常な場合	1 騒音発生の原因となる 2 Vベルトの損耗を早める 3 軸受メタルの損耗が急激である
損耗がひどくまたは破損寸前の状態で使用していた場合	1 騒音発生の原因となる 2 多数本がけの場合他のベルトに悪影響を与える 3 規定送風量を発揮しない

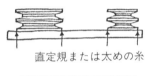

直定規または太めの糸

アライメントの出し方

少しなれるとゆだんしてしまうんだよね

指をはさまないように気をつけて下さいネ

ベルトをまっすぐに張るのは気をつかうなあ

とうふをまっすぐに切るのもむずかしいですよ

ぷるぷる

かんたんな仕事なんてこの世にはありえないと思う

保全管理のあらまし

快適な室内空気環境を維持するには

空気調和機保全管理のポイント

熱運搬装置のメンテナンス

温熱源設備保全管理のポイント

燃焼装置の安全管理

冷熱源設備保全管理の要点

冷却塔メンテナンスのポイント

36　年1回は、羽根車を清掃しよう！

多翼送風機やターボ、送風機は羽根車の羽根に粉じんなどが付着、堆積しやすく、このような状態のままで運転を続けると風量の大幅な低下、過負荷、騒音発生などの異常をきたし、かつ、起動時や運転中に羽根から脱落した粉じん片が室内に送り込まれ、汚染を助長します。

したがって、少なくとも年に1回は定期的に羽根を洗浄し、付着粉じんを除去する必要があります。

清掃作業に際しては、自動制御盤のスイッチを確実にオフしてから、送風機のケーシングの一部を取りはずし、羽根車への付着物の状況や付着量を点検します。サラッとした感じの状態で付着していればブラシによる手作業で掃除すればよく、油分や水分を含み粉じんがベタッとした状態なら、高圧洗浄機を使って洗浄液を羽根に吹き付けて洗浄する化学洗浄法で行います。まず軸受部に水滴などがかからないように、防水カバーをします。そして、大きなじんあいなどは、先にウエスで清掃除去し、その後に洗浄機で羽根車に噴射して汚れを落とします。ときおり手で羽根車を少しずつ回して、裏側や届かない所も十分洗浄し、これでも落ちない部分はワイヤーブラシなどで落とします。

洗浄後はケーシング、羽根車などに付着した洗浄水をウエスでていねいにふきとり、さらにケーシング底部にたまった水滴などは真空ポンプやウエスで吸いとり、水滴の付着による腐食を防止します。防錆塗装がはがれている箇所を見つけたら、塗装を施しましょう。

なお、羽根への粉じんなどが異常に多く付着する原因としては、エアフィルターの破損や、ダクトに設けた送風機の点検口の扉が完全に閉じていなかったり、キャンバス継手の布が破損しているなど、外気がそのまま侵入していることが挙げられるので、月に1回はこれらの状況も点検する必要があります。

●サージングのはなし

サージングは送風機、ポンプ、遠心冷凍機などの羽根車をもった回転機器に共通して起こり得る現象です。流量を絞って運転する、つまり正規量よりも少ない吐出し量のとき、運転が不安定になり、流量と圧力が短い周期で変化し、あたかも寄せては返す波の音によく似た音響を出すところからサージング（Surging）と呼ばれる異常運転現象です。サージング状態で騒音が発生したまま長時間運転すると羽根車を破壊し、モーターなどにもトラブルを生じます。送風機でサージングが生じる原因は、吐出し側に無理な曲がりや詰まり、とくに吐出し口付近の主ダクトが無理な曲がりになっている場合が多いです。したがってサージングを生じる場合は専門家と相談して、ダクト系の抵抗を減らすよう改善を行うか、送風機の容量を小さいものに変更する必要があります。

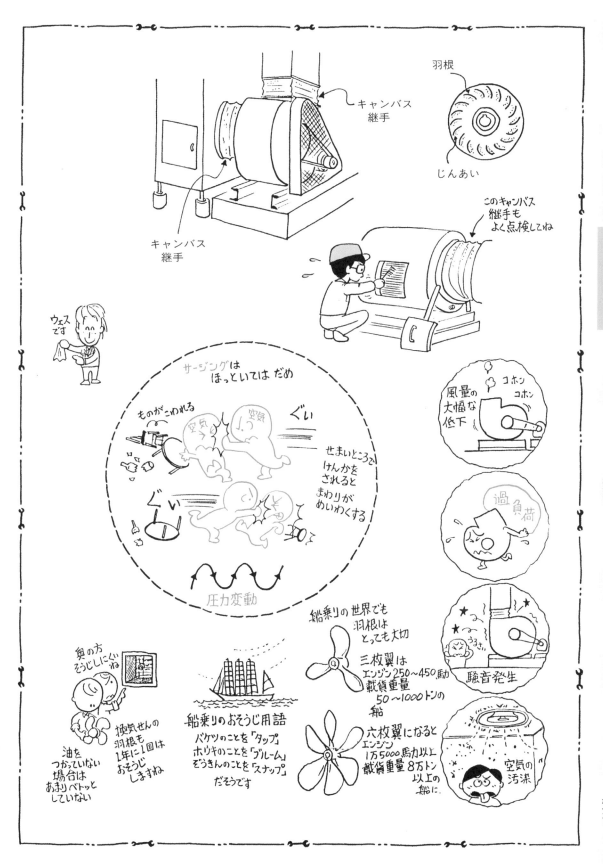

保全管理のあらまし

快適な室内空気環境を
維持するには

空気調和機保全管理の
ポイント

熱運搬装置のメンテナンス

温熱源設備保全管理の
ポイント

燃焼装置の安全管理

冷熱源設備保全管理の要点

冷却塔メンテナンスの
ポイント

羽根

キャンバス
継手

じんあい

キャンバス
継手

このキャンバス
継手も
よく点検してね

ウェス
です

サージングは
ほっといては だめ

ものがこわれる

空気 空気 ぐい

せまいところで
けんかを
されると
まわりが
めいわくする

ぐい

圧力変動

風量の
大幅な
低下

コホン
コホン

過負荷

騒音発生

うるさ

空気の
汚染

奥の方
そうじしにくいね

油を
つかっていない
場合は
あまりベトッと
していない

換気せんの
羽根も
1年に1回は
おそうじ
しますね

船乗りの世界でも
羽根は
とっても大切

三枚翼は
エンジン250～450馬力
載貨重量
50～1000トンの
船

六枚翼になると
エンジン
1万5000馬力以上
載貨重量8万トン
以上の船に。

船乗りのおそうじ用語
バケツのことを「タップ」
ホウキのことを「ブルーム」
ぞうきんのことを「スナップ」
だそうです

37　軸受の整備不良は騒音発生のもと

　軸受（ベアリング）は回転軸を支える部品で、転動体としてころを用いたころ軸受（ローラベアリング）と、転動体として玉を用いた玉軸受（ボールベアリング）に大別されます。そして軸受、軸受箱および密封装置などをコンパクトにまとめたものを軸受ユニットといい、送風機の軸受に用いられます。いずれにしても軸受は送風機の回転軸を回転の支障がないように支えるものですから、ものすごい荷重がかかる部分です。点検・整備を怠ると故障しやすく、送風機の騒音が急に高くなったときはほとんど軸受のボールやころに傷がついたと考えてよく、米粒ほどの傷でも著しい騒音を発し、発熱します。

　軸受保全のポイントは異常音発生の有無を耳（聴覚）で、そして軸受部の温度が適当か否かを手で触れて（触覚）、毎日点検することです。軸受部の温度が70℃以下（軸受箱に10秒以上、手で触れられる場合は適温と判断してよい）であれば異常ありません。

　軸受の潤滑法はすべてグリース潤滑が採用され、高級なグリースが適量（軸受内部の空間容積の30〜35％）封入され、このグリースが軸受内部およびシール先端の転動体部を潤滑し、またごみや水分の侵入防止にも役立っています。もちろん密封装置もついているので、グリース漏れもなく、普通の状態ではグリースを補給せずに長期間潤滑効果が維持され、グリース補給の必要はない。しかし環境条件などによって、軸受温度が70〜100℃となる運転温度が高い場合や水滴がかかるといった運転条件では、グリースの劣化によって潤滑能力が低下することがあります。

　このような場合は、だいたい6ヶ月ごとに、設けられているグリースニップルから、グリースガンを用いて適量注入しますが、まずグリースニップルに付着しているごみを除去してから、グリースが均等に入るよう、手でシャフト（回転軸）を回転させながら、徐々に押込むように行うのがコツです。そしてにじみ出たグリースはウエスで拭きます。余分なグリースの排出なのでとくに心配はなく、放置しておくと軸受にごみが付着する原因となります。適正な補給量は運転条件によって異なり、一律に決められませんが、過剰封入とならないよう、封入量の80％が目安とされ、標準補給量はメーカーの資料を参照してください。なお、グリースはメーカーで当初封入しているものと同質のものを補給することが肝要で、異種グリースを補給すると、かえってグリースを劣化させることになります。

　軸受に、はく離、クリープ（時間の経過とともに歪みが増大する現象）、スミアリング（2つの金属が大きな荷重を受けてこすれ、潤滑油膜が破れて直接接触すると接触面に肌荒れのようにある現象）などの異常が発生した場合は、軸受ユニットを取りはずして分解や部品交換などをしますが、軸受ユニットは簡単に取りはずし、取り付けが行えます。軸受ユニットの寿命は、ほぼ2年とされています。

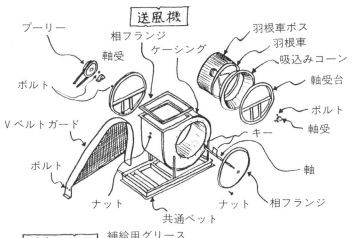

送風機

プーリー
相フランジ
軸受
ボルト
Vベルトガード
ボルト
ナット
共通ベット
ナット
相フランジ
羽根車ボス
羽根車
吸込みコーン
軸受台
ボルト
軸受
キー
軸
ケーシング

主な部品の概略寿命

部品	年数
送風機　本体	10 年
V ベルト	10000 時間 または 2 年
ベアリング	15000 時間 または 3 年
カップリングゴム	3000 時間

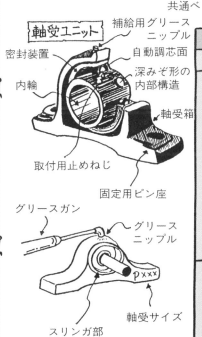

軸受ユニット

補給用グリースニップル
密封装置
自動調芯面
内輪
深みぞ形の内部構造
軸受箱
取付用止めねじ
固定用ピン座

グリースガン
グリースニップル
Pxxx
軸受サイズ
スリンガ部

軸受ユニットの異常とその原因

異常現象	原因
騒音 振動の増大あるいは異常	★ 止めねじ付ユニットの　止めねじの摩耗　あるいは　ゆるみ ★ クリープによる摩耗 ★ 取付ボルトやナット類のゆるみ ★ 過大な荷重による軸受の軌道面の圧痕 ★ 疲労による軌道面の損傷 ★ シールの損傷などによる異物の混入 ★ 封入グリースの汚損
異常な温度上昇	★ グリースの老化 劣化 ★ グリースの過剰補給 ★ シールの損傷　グリースの漏れによる潤滑不良 ★ 心出し不良 ★ ユニット取付台の平坦度不良 ★ 過負荷 ★ すきま過小（温度の影響やアダプタの締め過ぎなど）
外観の異常 グリース漏れ	★ シールの損傷
外観の異常 軸摩耗	★ 軸と内輪のはめあい面のクリープ
外観の異常 軸受箱損傷	★ 取付台の変形や過大な荷重

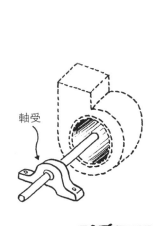

軸受

保全管理のあらまし

快適な室内空気環境を維持するには

空気調和機保全管理のポイント

熱運搬装置のメンテナンス

温熱源設備保全管理のポイント

燃焼装置の安全管理

冷熱源設備保全管理の要点

冷却塔メンテナンスのポイント

38　ダクト系点検のポイントは吹出し口と吸込み口

ダクトは空調や換気の空気を輸送するための通風路をいい、形状から、断面が長方形（矩形）の長方形ダクトとスパイラル状につなぎ断面を円形とした円形ダクト（スパイラルダクト）に大別されます。長方形ダクトを用いダクト内の風速を 15 m/s 未満とする低速ダクトとスパイラルダクトを用い風速を 15 m/s 以上とする高速ダクトに分けられます。おおむね 9 階建て以下など低層階の場合は低速ダクトが用いられ、超高層ビルでは高速ダクトを採用します。騒音も発生しやすいので、吹出し口には消音ボックスが必要です。同じダクトでもその用途に応じた配置箇所によって、送風ダクト（給気ダクト）、還気ダクト、外気取り入れダクト、排気ダクトと呼ばれます。ダクトはビル全体に張り巡らされるわけで、このダクト網には所定箇所に、室内に空調空気を供給するための吹出し口、供給空気量（風量）を調節するためのダンパーが、そして室内空気を送風機側へ戻すための吸込み口、外気を取り入れる開口部である外気取り入れ口、室内の汚染空気を屋外に排出する排気口などが設けられます。

吹出し口と吸込み口の働きは、室内の気流分布を適切な速度にするとともに、気流分布を均一にすることです。吹出し口は天井面または壁面の上部に取り付け、アネモスタット形、ユニバーサル形、ノズル形、パンカールーバー形、パン形、パンチンググリル形など多種あります。吸込み口は壁面の下部（床面から 150〜200 mm ぐらい上）の位置に取り付け、パンチンググリル形、ルーバー形、メッシュスクリーン形などがあります。

ダクト設備は簡単な設備のため、メンテナンスが行われにくい傾向が顕著ですが、点検・保全を怠れば、送風ダクト内といえども粉じんが堆積し、これが室内空気の汚染をきたし、かつ、吹出し口とその周辺を汚します。また吸込み口も汚し、さらに室内の気流分布を乱してしまうなどの弊害を生じることになります。ダクト系設備の点検・保全のポイントは、吹出し口と吸込み口の定期清掃、ダンパーや消音箱の定期点検です。もちろん必要に応じてダクト自体の内部清掃も行わなければなりません。せっかくエアフィルターを通過した空気が、空調機内やダクト内の汚れで室内空気を汚染させては何の意味もありませんね。

●吹出し口や吸込み口付近に物を置いてはだめ！

空調トラブルはいろいろあり、その原因も設備の設計不良、調整不良などありますが、意外と多いのは在室者が勝手に、吹出し口の吹出し気流を妨害するほどの背の高い物を吹出し口付近に配置したり、吸込み口を塞ぐような状態にロッカーや書類ケースなどを配置されることで、とくに後者の例が多いのです。これでは吸込み口を設けている意味がなくなるのは当然です。これは空調設備などに無知識な在室者が、自分たちの仕事を行いやすいようにレイアウトされるためです。このような場合には空調設備の妨害になることをよく説明して、在室者の協力を得て是正することが肝要です。

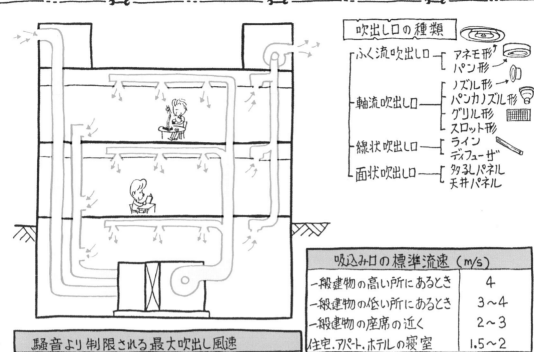

吹出し口の種類

- ふく流吹出し口 ── アネモ形 / パン形
- 軸流吹出し口 ── ノズル形 / パンカノズル形 / グリル形 / スロット形
- 線状吹出し口 ── ライン / ディフューザ
- 面状吹出し口 ── 多孔パネル / 天井パネル

吸込み口の標準流速（m/s）

一般建物の高い所にあるとき	4
一般建物の低い所にあるとき	3～4
一般建物の座席の近く	2～3
住宅.アパート.ホテルの寝室	1.5～2

吸込み口付近で仕事をするのもだめよ

でも 机の位置が動かせないならどうしたらいいのよ

冷房などで足元が寒い

さむいわね～

冷房などで足元が寒い

吸込み口

騒音より制限される最大吹出し風速

場所	許容吹出し風速（m/s）
放送局	1.5～2.5
住宅 アパート 教会 劇場 ホテル 高級事務所	2.5～3.8
個人事務所	4.0
一般事務所	5.0～6.3
映画館	5.0
商店1階	10.0
商店2階以上	7.0

チェックポイント	間隔	起こりやすい現象と故障	故障の原因	整備・作業のポイント
①ダクト吊り金具点検とダクト接続部フランジ部分の点検	1/年	ダクト吊り金具ボルトナットのゆるみとはずれ.フランジ・パッキン不良による空気漏れ	アンカーボルト不良により吊り金具はずれ,ダクト施工時にボルトナット締め忘れと施工不良	定期的にダクト系統を調査して,吊り金具ボルトナット点検・ダクト接続部パッキンの調整
②ダクトサイズ・整流板の点検	1/年	ダクト寸法過少による風量不足,整流板はずれによる風量減少	ダクトサイズ設計値の不良,整流板取付不良により風圧によるはずれ	ダクト施工のやり直し,整流板の取付け直しをする
③風量調整用ダンパの点検	1/週	風量調整用ダンパボルトナットゆるみと開度不足による風量不足	ダンパ調整用セットボルトナットのゆるみと開度調整不良	ダンパ調整用ハンドルおよびセットボルトナットの締付け直しをする
④吹出し口からの騒音の点検	1/週	整流板および風量調整用ダンパ開度不良により騒音発生	送風機軸受不良による騒音発生.風量調整不良による,吹出し口の風速過大	送風機軸受の取替えと整備をする.ダンパにて風量調整する
⑤吹出し口・吸込み口の汚れの点検.給気・排気ダクト内の汚れの点検	1/月	吹出し口気流による汚れおよび換気口周辺の汚れ,エアフィルタの性能低下,室内じんあい発生が多い.換気量・給気量の減少	室内の使用環境がよくない.室内の清掃不十分,室内にじんあい,粉じんの発生源がある.エアフィルタ性能の低下と汚れがひどい	吹出し口・吸込み口は常に清潔にする.室内の使用環境を改善する.室内への粉じん・ほこりの持込み・発生を防止する

保全管理のあらまし

快適な室内空気環境を維持するには

空気調和機保全管理のポイント

熱運搬装置のメンテナンス

温熱源設備保全管理のポイント

燃焼装置の安全管理

冷熱源設備保全管理の要点

冷却塔メンテナンスのポイント

39　吹出し口と吸込み口は定期的に清掃しよう！

　吹出し口・吸込み口とその周辺が汚れる原因は主として、①空調機エアフィルターの捕集不良による粉じんなどの吹付け。②空調機内部やダクト内面の塗料やメッキのはく離による飛散。③ダクトおよびフランジ（ダクトどうしの接続部）の破損によるホコリなどの侵入。④ダクト内部の消音材、保温材のはく離、止金のはずれ。⑤清掃や整備不良によるカーボン、すすなどの付着、飛散。などが挙げられます。とくに吸込み口は壁面下部にあるため、室内で発生するホコリや小さいごみも吸込まれて汚れやすいのです。

　吹出し口の清掃は1年に1回、できれば6ヶ月ごとの定期的に行いましょう。吹出し口は簡単にはずせるようになっているので、取りはずしてその付近のダクト内部を点検し、掃除機などで掃除し、吹出し口金具は中性洗剤溶液水などで洗浄、または拭くようにします。なお、吸込み口金具を取りはずすときはその付近の天井や壁を汚さないように注意しましょう。

　ところで吹出し口はそのものだけが汚れるのではなく、吹出し口が取り付けてあるその周囲の天井や壁なども、粉じんなどが対流するので汚れや変色をきたし、これをスマッシングといいます。スマッシングはまずハタキやすす払いで軽く落としてやるか、掃除機で吸取ることが肝要で、最初から水拭きなどすることは厳禁です。これではかえって汚れを固着し、ひどくすることになるからです。天井材や壁材はプラスター仕上げ、テックス張り、ボード仕上げなど多くの場合、吸湿性があるので、付着粉じんなどの汚れをハタキなどで除去した後、変色などの汚れが残る部分は、ウエスにテレビン油（マツ科の樹木のチップあるいはマツヤニから得られる揮発性の精油）をふくませるか、またはアルカリ洗剤をふくませ、軽く押すか叩いて吸いとるようにして行うのがコツです。

　吸込み口は吹出し口と異なり、風圧がないかわりに誘引性が強く、床面に近い高さにあるので汚れやすく、6ヶ月ごとに行う必要があります。清掃の要領は吹出し口と同様ですが、吸込み口は低い箇所にあるので作業が行いやすくていいですね。

● 吹出し口は冷・暖房に合せて微調整！

　説明するまでもなく、温かい空気は室内上部に滞留しやすく、冷たい空気は下流し、床面に滞留しやすいですね。したがって吹出し口は暖房シーズンには、吹出す暖気が天井部に停滞するのを防止するために、例えばアネモ形吹出し口の場合、アネモコーンの位置を上方に上げて気流到達距離を長く（落下しやすいように）してやりましょう。そして冷房期の前にはアネモコーンを下げて、吹出し気流が水平方向に拡散するようにして冷気の急降下を防ぎ、合理的な冷房を行うようにしましょう。冷房シーズンや暖房開始時期には、同時に吹出し口の清掃・点検を行うのがよいですね。

保全管理のあらまし

快適な室内空気環境を維持するには

空気調和機保全管理のポイント

熱運搬装置のメンテナンス

温熱源設備保全管理のポイント

燃焼装置の安全管理

冷熱源設備保全管理の要点

冷却塔メンテナンスのポイント

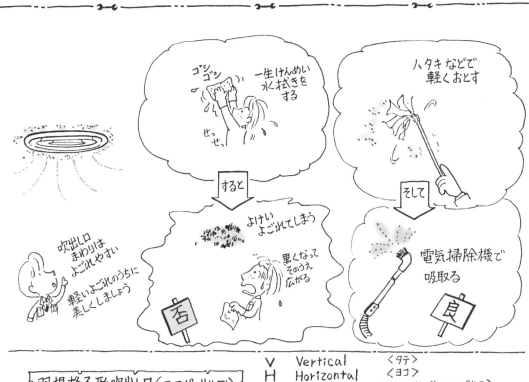

ゴシゴシ　一生けんめい水拭きをする

ハタキなどで軽くおとす

吹出し口まわりはよごれやすい

軽いごれのうちに美しくしましょう

すると

よけいよごれてしまう

黒くなってそのうえ広がる

否

そして

電気掃除機で吸取る

良

羽根格子形吹出し口（ユニバーサル形）

V　Vertical　〈タテ〉
H　Horizontal　〈ヨコ〉
S　シャッター付です（風量の調整ができる）

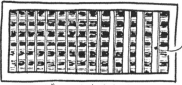

ベーンと称するプレート状の羽根を手で動かして吹出し方向や広がりを変える

グリル形吹出し口
（grill）

VHを総称してグリルと呼ぶ

レジスタ の 薬品洗浄
（register）

VHSはレジスタと呼ぶ

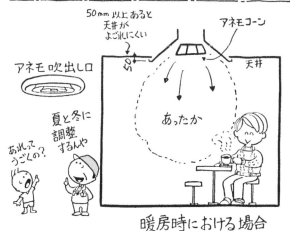

50mm以上あると天井がよごれにくい

アネモコーン

天井

アネモ吹出し口

あれってうごくの？

夏と冬に調整するんや

あったか

暖房時における場合

ひんやり

冷房時における場合

40　ダクト内にねずみの死骸⁉

　ダクトを長期間放置したままにしておくと内部にいろんなものが堆積します。粉じん、漏入してきたごみ、はく離した消音材、粉じんが粒状に固まり、黒いすす状と化したものなど、吹出し口から室内に"黒い雪"のように降ったり、スポンジが吹き飛んできたりするのです。

　このようなものだけならまだましで、ときには吹出し口などからダクト内へ侵入してくるねずみの死骸や、害虫の死骸の集団など、ちょっと常識では考えられないようなものまでが堆積し、悪臭やバイキンまでも室内にばらまくことになるのです。とくに堆積しやすいのはダクトの湾曲部です。

　ダクトには一般的に、ダンパー取付け部や主要部の湾曲部には内部点検のための点検口が設けてあるので、6ヶ月ごとに点検口からダクト内の汚損状況、保温材や消音材などの状態、ダンパーの開閉状態やその開閉操作がスムーズに行えるか否かなどを点検し是正することが肝要です。

　ビル内の天井裏などに迷路のように張り巡らされたダクト内の清掃は確かに難しいようですが、清掃方法の基本的な要領を示すと、次のとおりです。各階系統別に吹出し口の金具（レジスタ）を全部取りはずし、吹出し口のところに集じんフィルターを取付けます。そしてダクト系ごとに風量調節用ダンパーを全開にしてから送風機を運転するのです。いわゆるレジスタがないため、堆積しているごみは集じんフィルターで捕集されるわけで、その後、集じんフィルターを取りはずして掃除機などで吹出し口付近のダクト内を掃除するのです。

　もっとも、このような原始的な方法では完全な清掃を行うのは不可能で、最近では内視鏡でダクト内を精密調査しながら清掃を行うダクト清掃ロボットもできており、汚損状況によっては専門のダクト清掃管理会社に依頼すべきでしょう。

●防火ダンパーにヒューズは必要不可欠！

　防火ダンパーは室内で火災が発生した場合に備える機器です。吸込み口から火炎が還気ダクト内に侵入すれば、空調機そして送風ダクトを介して全館への火災に拡大する恐れがあります。このような災害を防止するため、火災が発生して還気ダクトに侵入しても、火炎の高温によって、70℃ほどでヒューズ（可溶片）が溶解して自動的に閉鎖し、延焼防止を目的とするダンパーです。防火区画を貫通する箇所の還気ダクトや厨房の排気ダクトには、防火ダンパーの設置が義務づけられています。ダクトの清掃作業時などにうっかりして、防火ダンパーを閉止（ヒューズを切断）したときは、必ず所定のヒューズを用いてダンパーを全開に戻してください。ヒューズの代わりに針金で止めて全開にしたら絶対アカンで！　ヒューズの代わりに針金を用いたため、防火ダンパーが閉じず火災が拡大してしまったことが実際にあったんですよ！

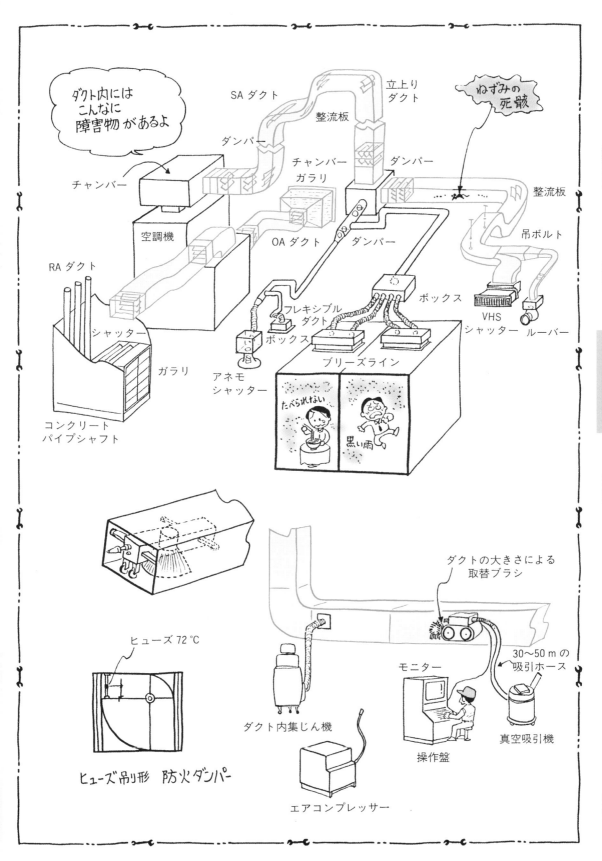

保全管理のあらまし

快適な室内空気環境を維持するには

空気調和機保全管理のポイント

熱運搬装置のメンテナンス

温熱源設備保全管理のポイント

燃焼装置の安全管理

冷熱源設備保全管理の要点

冷却塔メンテナンスのポイント

41　配管系の点検・保全のポイントは管継手部とバルブ

　各種の装置や設備において、所定の位置に配置した各機器を連絡する流体（主として水、油など液体）の通路として、連結し配設された管（導管）のことを配管といいます。なお、管を配置する工事、いわゆる配管工事のことも"配管"と略称されることが多いのです。ちょっとややこしいですね。配管系は管（パイプ）と管継手およびバルブによって構成されます。いずれにしても配管系の点検は、主に視覚（目視）による巡視点検で行います。とくに漏れを生じやすいのは、管継手の結合部分とバルブです。

　管継手は、流体の方向転換、流体の分岐、管の接続、バルブの取付座、管の膨張・収縮の吸収などの目的で用います。管と管継手との接続（結合）方法は目的に応じて多種あり、フランジ式結合、ねじ込み式結合、突合せ溶接式結合、ユニオン式結合に大別されます。保全作業の見地から、バルブの取付部や機器との接続部、そして管の所定長さごとに配管の取りはずしが簡単に行えるように、主にフランジ式結合が用いられ、細管の場合は、ユニオン式結合が用いられることもあります。

　バルブとは、流体を通したり、止めたり、制御したりと、通路を開閉することができる可動機構をもつ機器の総称で、用途、種類、形式などを表わす修飾語がつくものは弁を用い、主に用いられるバルブは玉形弁と仕切弁です。

　空調機関連の配管系としては、蒸気ボイラーから空調機内の加熱器へ蒸気を供給し、放熱後のドレンをボイラーに戻すための蒸気配管、温水発生機から同じく加熱器に温水を供給し、温水発生機へ戻すための温水配管、冷水発生装置から空調機の冷却器へ冷水を供給し、使用済みの冷水を戻す冷水配管があります。いずれにしても空調機関連の配管メンテナンスのポイントは、管継手などの結合部分の漏れ防止とバルブの整備です。

●フランジ式結合方式とは？

　管どうしまたは管と機器の接続に用いるつば状の管継手を管フランジまたはフランジといいます。相対するフランジの間にガスケットと呼ばれる密閉用のシール材（43項）を挟んで面を合わせ、4～8本のボルトとナットを締め付けて接続する方法で、ボルトとナットをはずすだけの簡単な操作で、管の接続部がはずせます。通常、50 mm以上の配管で、取りはずしを要する場合に用いられます。

●ユニオン式結合方式とは？

　フランジと同じく、配管の取りはずしが容易なナットによる組立式管継手で、一方の管にユニオンねじ、ほかの管にユニオンつばを取り付けて両者をユニオンナットで結合します。管を回転させずに、ユニオンナットの回転だけで、接続や取りはずしができるようにしたユニオンによって、管どうしを接続する方法で、一般に50 mm未満の小口径鋼管の接合に用います。

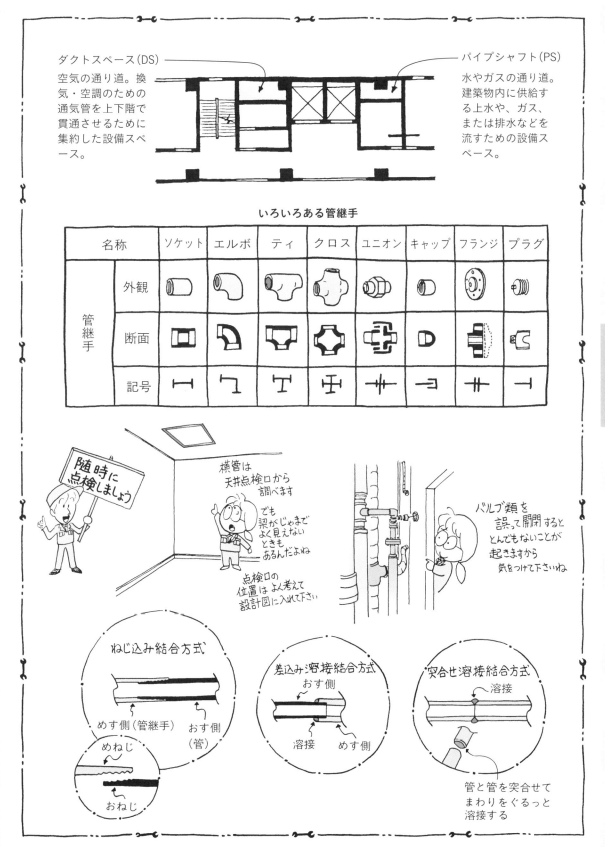

ダクトスペース(DS)
空気の通り道。換気・空調のための通気管を上下階で貫通させるために集約した設備スペース。

パイプシャフト(PS)
水やガスの通り道。建築物内に供給する上水や、ガス、または排水などを流すための設備スペース。

いろいろある管継手

名称		ソケット	エルボ	ティ	クロス	ユニオン	キャップ	フランジ	プラグ
管継手	外観								
	断面								
	記号	├	┐	┬	┼	╫	┒	╫	┤

随時に点検しましょう

横管は天井点検口から調べます

でも梁がじゃまでよく見えないときもあるんだよね

点検口の位置はよく考えて設計図に入れて下さい

バルブ類を誤って開閉するととんでもないことが起きますから気をつけて下さいね

ねじ込み結合方式
めす側(管継手) おす側(管)
めねじ
おねじ

差込み溶接結合方式
おす側
溶接 めす側

突合せ溶接結合方式
溶接
管と管を突合せてまわりをぐるっと溶接する

保全管理のあらまし
快適な室内空気環境を維持するには
空気調和機保全管理のポイント
熱運搬装置のメンテナンス
温熱源設備保全管理のポイント
燃焼装置の安全管理
冷熱源設備保全管理の要点
冷却塔メンテナンスのポイント

4章　熱運搬装置のメンテナンス　　91

42　フランジ結合部の正しい取りはずし方

　ねじ込み式結合部に漏れが生じた、バルブを交換しなければならなくなったなど、配管系に異常を生じた場合は、まず、フランジ結合部の取りはずし作業からはじめなければなりません。取りはずしは、フランジどうしを締め付けているボルトのナットをゆるめ、ボルトを取りはずすのですが、当該ボルトに適合した工具を用いることが大切です。ナット（ボルト）の口幅に合ったスパナまたはモンキーレンチを用います。スパナの場合は口幅（ナットの径）に応じて、適当な長さの柄でつくられていますが、モンキーレンチの場合は適合するサイズを知るのに、習熟する必要があります。

　一般に、ボルト径16 mmでは柄の長さは300 mm、19 mmでは450 mm、22 mmでは600 mm、25 mmでは750 mmが適当とされています。ナットをゆるめる場合、ボルトのねじ山部が錆などで固着しているため、モンキーレンチの柄に、長いパイプを差し込んで継ぎ柄して、ゆるめようとされる方がいますが、この方法ではナットに歪みを生じたり、ボルトを切断してしまったりしかねません。ナットがボルトに固着している場合には、大小2つのハンマーを用いて、大ハンマーをナットの角へ強く押し付けて、対角線側の角を小ハンマーで叩き、数回ずつ場所を変えて叩くと固着がほぐれ、スパナなどでゆるめやすくなります。

　ナットをゆるめる（はずす）場合は、となり合うボルトを1本ずつ順にはずしていくと、フランジやボルトに無理な応力が生じるので、心線上に相向かい合っているナットを互いに徐々にゆるめていくようにします。この方法は反対に、締め付ける場合も必要な配慮です。不良な方法で締め付けていくと片締めとなり、フランジやボルトに無理な応力が生じ、また最初や最後に締めたナットがゆるむことが多く、事故の原因となります。そして、ナットを締め付ける場合も、スパナなどに継ぎ柄して行うのは、やめましょう。ボルトの許容応力を超えて破損することになりかねません。

●管のねじ込み結合部のゆるめ方

　管のねじ込み結合部から漏水が生じた場合、その結合部の管を取りはずすときは、管の径に適したサイズのパイプレンチを使用します。通常はパイプ万力で管を固定して行うのですが、現場でパイプ万力が使用不可能な場合には、2本のパイプレンチを用います。すなわち、管継手などは"メス"ねじ側の管を1本のパイプレンチで固定するように支持し、"オス"ねじ側の管をパイプレンチで左回しに回転させてゆるめ、はずすわけです。なお、ねじ部が固着している場合は、市販の浸透剤をねじ部に噴き込み、一定時間が経過してから行います。このときも継ぎ柄して行うと無理な応力を生じ、オスねじ側の管がねじ部で切断されることになりかねません。

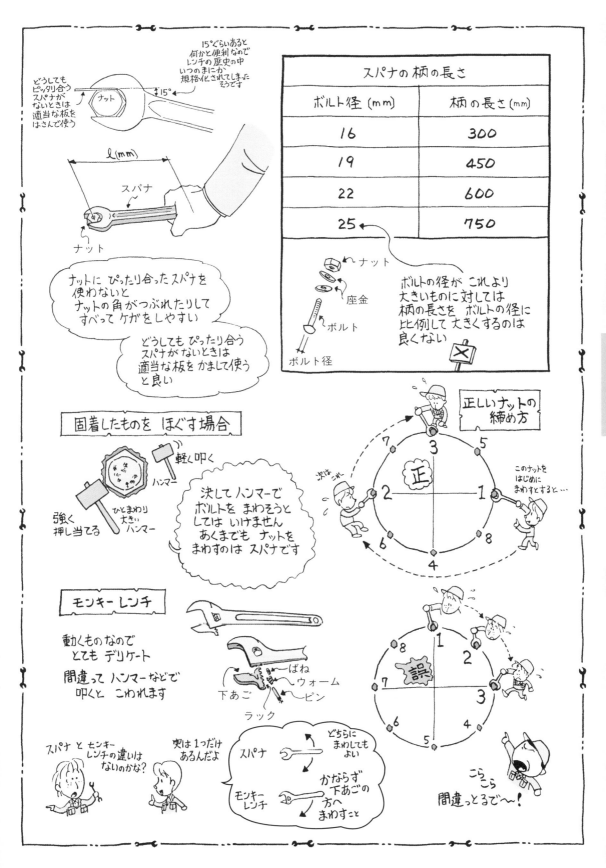

どうしても
ピッタリ合う
スパナが
ないときは
適当な板を
はさんで使う

15°ぐらいあると
何かと便利なので
レンチの歴史の中
いつのまにか
規格化されてしまった
そうです

ナット

15°

ℓ(mm)

スパナ

ナット

スパナ の 柄の長さ	
ボルト径 (mm)	柄の長さ (mm)
16	300
19	450
22	600
25	750

ナット

座金

ボルト

ボルト径

ボルトの径が これより
大きいものに対しては
柄の長さを ボルトの径に
比例して 大きくするのは
良くない

ナットに ぴったり合ったスパナを
使わないと
ナットの角がつぶれたりして
すべって ケガをしやすい

どうしても ぴったり合う
スパナがないときは
適当な板を かまして使う
と良い

固着したものを ほぐす場合

軽く叩く

ハンマー

ひとまわり
大きい
ハンマー

強く
押し当てる

決して ハンマーで
ボルトを まわそうと
しては いけません
あくまでも ナットを
まわすのは スパナです

正しいナットの締め方

3

2 正 1

7 5

6 8

4

このナットを
はじめに まわすとすると…

モンキーレンチ

動くものなので
とても デリケート

間違って ハンマーなどで
叩くと こわれます

下あご

ばね

ウォーム

ピン

ラック

8 1

7 誤 2

6 3

5 4

こらこら
間違っとるで〜!

スパナ と モンキー
レンチの違いは
ないのかな?

実は 1つだけ
あるんだよ

スパナ

どちらに
まわしても
よい

モンキー
レンチ

かならず
下あごの
方へ
まわすこと

保全管理のあらまし

快適な室内空気環境を
維持するには

空気調和機保全管理の
ポイント

熱運搬装置のメンテナンス

温熱源設備保全管理の
ポイント

燃焼装置の安全管理

冷熱源設備保全管理の要点

冷却塔メンテナンスの
ポイント

43　ガスケットの正しい用い方

配管や機器内の流体の漏れ、または外部からの異物の侵入を防止するために用いられる装置を総称して密封装置またはシールといいます。

昔はシールのことを"パッキン"と俗称していました。圧力容器や管など固定した接合面で挟み、ボルト締付けによって流体の漏出を防ぐ可とう性（弾力性がある）のシールを指します。正式名はガスケットまたは固定用シールといいます。そしてポンプなどの回転や往復運動の運動部分の密封に用いる可とう性のシールをパッキンまたは運動用シールというのです。

したがって、配管用フランジのシールにはガスケットを使用するわけですが、基本的には、硬質ゴム板製などの非金属ガスケット、薄い銅板製などの金属ガスケット、金属材料と非金属材料を組み合わせてつくったセミメタリックガスケットに大別されます。ビルの配管系に用いるガスケットとしては非金属ガスケットを用い、これも各種のものがあります。

ガスケットは密封する流体の種類、温度、圧力などにより、それに適した材質のものを使用しなければなりません。給水・給湯配管では一般にゴム質ガスケットが用いられます。ガスケットの厚さは、1〜1.5 mm の薄いものの方が締付け圧が少なく、均一にしやすいので有利で

すが、フランジの接触面の平面度が悪い、つまり、フランジの平面座に傷がついたり、多少のひずみが生じた場合などは少し厚目のものを使用します。一般的なゴム質ガスケットシートの厚さは 0.6〜6.5 mm です。配管のフランジガスケットは、フランジ座の形状により、全面に施す場合と、ボルト面よりも内側にだけ施す場合に大別できます。いずれにしても現場で採寸し、板状のものから所定の形状に切り出してつくります。このときフランジ全面に当てがう全面座はボルト穴によく合わせて、所定の穴あけ工具できれいに打ち抜くことが大切です。ボルト面よりも内側にだけ当てがう部分平面座は、ガスケットの横すべりを防ぐため、各ボルト穴の内側に接触するよう正確な寸法の真円に切ります。そして両者とも、ガスケットの締付け圧で、はみ出す分、流体の流動を妨害することになるので、内径をつくるときは、やや大き目にすることがポイントです。なお、内径やボルト穴の採寸と切り抜きを同時に行おうと、フランジにガスケット板材を当てて内径面やボルト穴部をハンマーで叩いて、いわゆる型取りをする人もいますが、これはガスケットの材質が不均一となり、かつフランジを傷つけることになるので行ってはなりません。

非金属ガスケットの種類・特長

	種類	特長
革ガスケット	油脂、ロウ、合成ゴムなどで処理したもの	空気、水、油などに用いられる。とくに低温性が良い
オイルシート	紙にゼラチン、グリセリンなどをしみ込ませたもの	常温で油に用いられる。低圧に適す
ゴム質ガスケット	天然ゴムや合成ゴムを材料として加圧成型したもの	空気、水、油、ガソリンなどに広く用いられる
合成樹脂ガスケット	PTEE（テフロン）などの合成樹脂	耐熱、耐薬品、耐油性が良く、他のガスケットよりもかたい

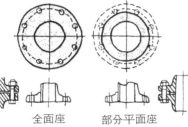

ガスケットの正しい当て方
□部分がガスケット

全面座 部分平面座

この方法を用いたらアカンで～！
ここをハンマーで叩いて打ち抜くのはだめ
ガスケット板材
フランジ

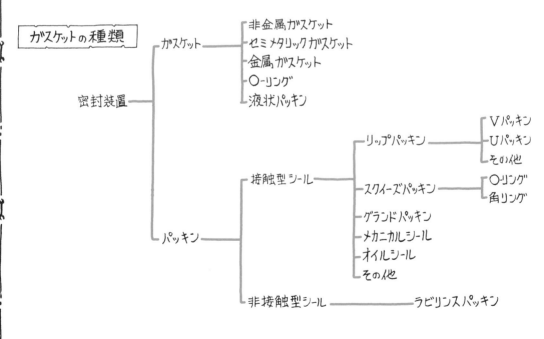

ガスケットの種類

密封装置
├ ガスケット
│　├ 非金属ガスケット
│　├ セミメタリックガスケット
│　├ 金属ガスケット
│　├ O-リング
│　└ 液状パッキン
└ パッキン
　├ 接触型シール
　│　├ リップパッキン
　│　│　├ Vパッキン
　│　│　├ Uパッキン
　│　│　└ その他
　│　├ スクイーズパッキン
　│　│　├ O-リング
　│　│　└ 角リング
　│　├ グランドパッキン
　│　├ メカニカルシール
　│　├ オイルシール
　│　└ その他
　└ 非接触型シール ── ラビリンスパッキン

保全管理のあらまし

快適な室内空気環境を維持するには

空気調和機保全管理のポイント

熱運搬装置のメンテナンス

温熱源設備保全管理のポイント

燃焼装置の安全管理

冷熱源設備保全管理の要点

冷却塔メンテナンスのポイント

44　フランジは正しく取り付けよう！

　フランジを取り付ける、つまり結合させる場合の一般的な注意事項は次のとおりです。

①　古いガスケットは、ていねいに取り除いて、接触面（平面座）をきれいにする。

②　所定の品質・厚さ・形状に仕上げたガスケットを正常な位置に取り付ける。

③　相フランジの各ボルト穴にボルトを差し込み、まず締付けナットを手で締め付ける。ボルトとナットのねじ山部には、錆による固着を防ぎ取りはずしがスムーズに行えるように、光明丹（四三酸化鉛〔Pb3O4〕を主成分とした赤色塗料）や新明丹（鉛を使用していないもの）の粉を油（ボイルドオイル）で練ったものを塗ってから締め付ける。

④　各ナットを手で締め付けた後、所定のサイズのスパナまたはモンキーレンチで、**42**項で述べたように、心線上に相向かい合っているものから順に、かつ徐々に平均に締め付けていく。一気に各ボルトを締め付け片締めとなるのを避ける。

　なお、スパナで平均に各ナットを締め付ける場合、その終了点いわゆる締付けトルク（ボルトの適正締付け力）や各種ガスケットの締付け圧力は理論的に決まっています。これにはトルクレンチを使用して、標準トルク表に近いトルクで締め付ける技能を身につける必要があります。ナットの口幅に合った適正サイズのスパナやモンキーレンチを用い、次の要領で平均的に徐々に締め付けていくとよいでしょう。

* 6 mm 未満のボルト：親指、人差し指、中指の 3 本でスパナをもち、手首の力で回す
* 6 ～ 10 mm のボルト：スパナの柄の頭を握り肘の先だけの力で回す
* 12 ～ 14 mm のボルト：スパナの柄の頭に近いところをしっかり握り、腕の力を十分に使って回す
* 20 mm 以上のボルト：片方の手で支持物にしっかりつかまって体を支え足をふん張り、体重をかけてスパナを回す。このとき手元、足元がすべらないよう十分に注意する。

●管のねじ込み結合部の締め付け方

　まず、管継手のメスねじ部と管のオスねじ部をきれいにし、次に結合するねじ部の防錆、そしてねじ部のすき間をふさぎ、漏れを完全に防止するため、オスねじ部に光明丹や新明丹の粉を油で練ったものを塗布します。あるいはシールテープ（生テープ）を適量巻き付けてから、パイプレンチを用いて、管を管継手側に右回しでねじ込んでいきます。この場合も過大なサイズのパイプレンチを用いたり、継ぎ柄をするなどの無理なねじ込みは避けましょう。なお、管のねじ、ボルトナットのねじなど、ねじは原則として右回し（時計方向）で締まり、左回し（反時計方向）でゆるみます。

$$\boxed{\text{手締めによる締付けトルク〔Kg·cm〕 = 回転半径 } \ell \text{〔cm〕 X 腕の力 F〔Kg〕}}$$

ガスケット選定の指標

材質	P×T	T〔℃〕
ゴ ム	520	150
食物繊維	1,350	120
ゴム引布	4,400	200

※P：作動流体圧力　T：最高使用温度

標準トルク表

ボルト直径〔mm〕	標準トルク〔kg・cm〕
6	64
8	135
10	280
12	490
16	1,200

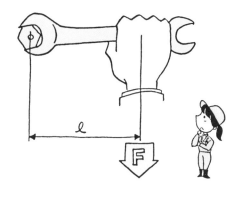

フランジ部拡大図

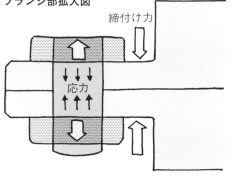

締付け力

応力

錆発生などによる
固着を防止する
のに
いいみたいね

ボイルド
オイル

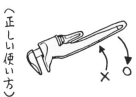

パイプレンチ

（正しい使い方）

モンキーレンチ

イラ イラ

イラ イラ

取れ
にくいなあ

古いガスケットは
ていねいに
取ってや

一気にやるぞ！

一気に
やったらあかん！

ぐい
ぐい

ナットと同じくお酒の一気のみは
たいへん危険だ！

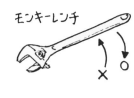

保全管理のあらまし

快適な室内空気環境を
維持するには

空気調和機保全管理の
ポイント

熱運搬装置のメンテナンス

温熱源設備保全管理の
ポイント

燃焼装置の安全管理

冷熱源設備保全管理の要点

冷却塔メンテナンスの
ポイント

45　バルブの外部漏れはパッキン部から

　バルブから内部の流体が外部へ漏れる（漏水）場合は、100％といっても過言でないほどにパッキン（バルブ用パッキン）の摩耗、パッキンの装てん不良など、パッキン部が原因です。バルブ各部のシールにはガスケットとパッキンが用いられます（**43**項）。バルブの弁体を開閉させる操作に必要な弁棒部にもシールを行いますが、ハンドルが回転する運動部に施すシールは、ガスケットでなく、パッキンです。バルブ用パッキンは弁本体内部から外部に貫通する場所に装てんして漏洩を防止するという重要な役割を果たします。

　この箇所からの漏水を発見した場合、まず、2つのパッキン押えボルト用ナットをスパナで交互に、徐々に、ある程度締め付けてください。それでも漏水が止まらない場合は、パッキンの取り替えを行わなければなりません。パッキン交換作業を行う場合は、必ずその前に当該バルブの上流側にあるバルブ（給水弁）を完全に閉じ、管内の流体が流れない状態にします。この措置をとらずに交換作業を行うと、パッキンの充てん部であるスタフィングボックスよりも水が噴出し危険です。バルブ用パッキンの交換（装てん）の要領は次のとおりです。

①　2つのパッキン押えボルト用ナットをスパナでゆるめ、ボルトとナットを取りはずし、パッキン押えをもち上げ、紐などでバルブハンドルにくくり付けるようにして、もち上げた状態にしておく。

②　スタフィングボックス内の古いパッキンを全部取り出してから、ボックス内と弁棒を十分に洗浄し、摩耗や傷がないかを調べ、傷があれば微粒のサンドペーパーで除去し、洗浄などの後処理を十分に行う。

③　パッキンのサイズを決める。弁棒の径y(リングの内径) を測り、次にスタフィングボックスの内径 x（リングの外径）を測り、リングの外径よりもリングの内径を差し引き、2で割った値が必要なパッキンサイズである。パッキンの空隙を完全に満たすサイズを用いる。

④　パッキンの正しい切断法、装てん量、装てん法については **43** 項を参照。バルブパッキンの装てん後はパッキン押えを元に戻し、2つのパッキン押えボルト用ナットを適度にスパナで締め付ける。ただし締め付けすぎると弁棒が回転せず、バルブ開閉の操作が行えなくなるため、注意が必要である。

●バルブ用パッキンの標準サイズ

　最小 1/16 インチ（1.59 mm）で、1.59 mm きざみで大きくなっていきます。もし、1.59 mm 以下のサイズが計測される場合には、一段大きいサイズのパッキンを使用するのが適切です。例えば弁棒の径が 63.5 mm、スタフィングボックスの内径が 87.3 mm の場合、（87.3−63.5）÷ 2 ＝ 11.9 mm となり、12.72 mm のサイズのパッキンを用います。

保全管理のあらまし

快適な室内空気環境を維持するには

空気調和機保全管理のポイント

熱運搬装置のメンテナンス

温熱源設備保全管理のポイント

燃焼装置の安全管理

冷熱源設備保全管理の要点

冷却塔メンテナンスのポイント

パッキンのいろいろな種類

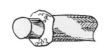
プラスチック芯入編上げ型

袋編み型

ツイスト型

生体溶解性ファイバー芯入編上げ型

インターロックド編上げ型

バルブ用パッキンはみな 正方形の角型につくられるんだ

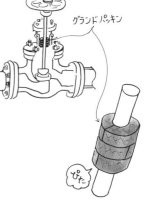
グランドパッキン

ぴた

バルブの構造

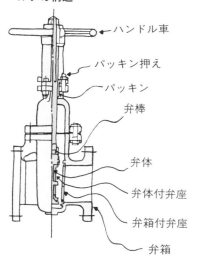
ハンドル車
パッキン押え
パッキン
弁棒
弁体
弁体付弁座
弁箱付弁座
弁箱

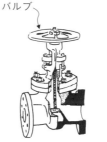
バルブ

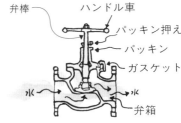
弁棒　ハンドル車
パッキン押え
パッキン
ガスケット
水　水
弁箱

バルブ用パッキンの入替え

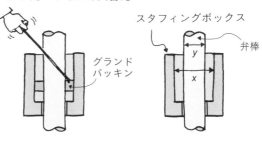
グランドパッキン

スタフィングボックス
弁棒
y
x

古いパッキンを取り出す　　正しい径を測る

バルブ用パッキンの標準サイズ

y弁棒（ステム）サイズ		x パッキンサイズ	
〔インチ〕	〔mm〕	〔インチ〕	〔mm〕
1/4″ 以下	6.35	1/8″	3.18
1/4″ 〜5/8″	6.35 〜15.88	3/16″	4.76
1/2″ 〜3/4″	12.7 〜19.05	1/4″	6.35
5/8″ 〜1 (3/8)″	15.88 〜34.93	5/16″	7.94
1″ 〜1 (7/8)″	25.4 〜47.63	3/8″	9.53
1 (7/8)″ 〜3″	47.63 〜76.2	1/2″	12.7
3″ 〜3 (1/2)″	76.2 〜88.9	5/8″	16
3 (1/2)″ 〜4 (1/2)″	88.9 〜110.7	11/16″	17.46
4 (1/2)″ 〜12″	110.7 〜304.8	3/4″	19
12″ 〜以上	304.8	1″	25.4

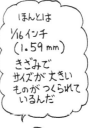
ほんとは
1/16インチ
(1.59 mm)
きざみで
サイズが大きい
ものがつくられて
いるんだ

46　バルブの病気（内部漏れ）は聴診器で診断（点検）!

　バルブを締め切っても配管内の流体の流動が完全に停止しない、つまりバルブの内部漏れをきたすことがあります。家庭における流し台や洗面器の水道の蛇口（給水栓）を完全に止めても、水がポトポト漏れることがありますね。あれと同じというわけです。給水栓の水漏れやバルブの外部漏れは視覚で発見できますが、いわゆるバルブの内部漏れは目視での確認が不可能です。

　触覚での方法はどうでしょうか。例えば、給湯配管や給水配管では、当該バルブの閉止後、その上流側と下流側（流動を停止された側）の管に手で触れてみれば温度差の程度によって、バルブの内部漏れは確認できるはずですが、これらの配管は保温（保冷）が施されているため、触覚による方法も不可能です。

　では、どうやってバルブの内部漏れを発見（点検）すればよいのかというと、それは、聴覚が有効です。当該バルブの閉止後に、その下流側の管（保温されている場合は保温被覆上）に耳を当てて、いわゆるチョロチョロ（蒸気配管ではシュウシュウ）の漏れ流れる音を確認するわけです。

　漏れがひどい場合は管に直接耳を当ててわかりますが、少しの漏れの場合は判明しにくいこ

ともあり、その場合は、お医者さんと同じような聴診器（聴音器）を用います。聴音器を耳に挟み、検音端（探針）を下流側の管に当てると、漏れ流れる音が拡大されて、微妙な音まで聴き分けることができます。

　このように聴音器で点検する場合は、下流側にまったく漏れがない場合の雑音などをよく把握しておくことが肝要ですが、いずれにしても聴音器は携帯に便利で、狭いところや複雑な配管箇所でのバルブの内部漏れ点検のほか、モーターや機械の軸受の点検など、広範囲にわたって利用できます。

　そして、バルブの内部漏れを発見した場合は、バルブの分解清掃を行います。もし、バルブの弁体や弁座に傷がついていたり、腐食が生じている場合には "バルブのすり合せ"（**35 項**）を行う必要があります。

　バルブに内部漏れが生じる主な原因は、弁体や弁座の腐食です。配管内の腐食（錆）による錆片や、流体の成分が析出して生じたスケールやスラッジ、水あかなどが、バルブを閉じた（締め切った）ときに弁座と弁体との間にかみ込み（挟み込まれ）、そこに傷がついた、あるいはそれ自体にスケールやスラッジが析出、付着した場合などが考えられます。

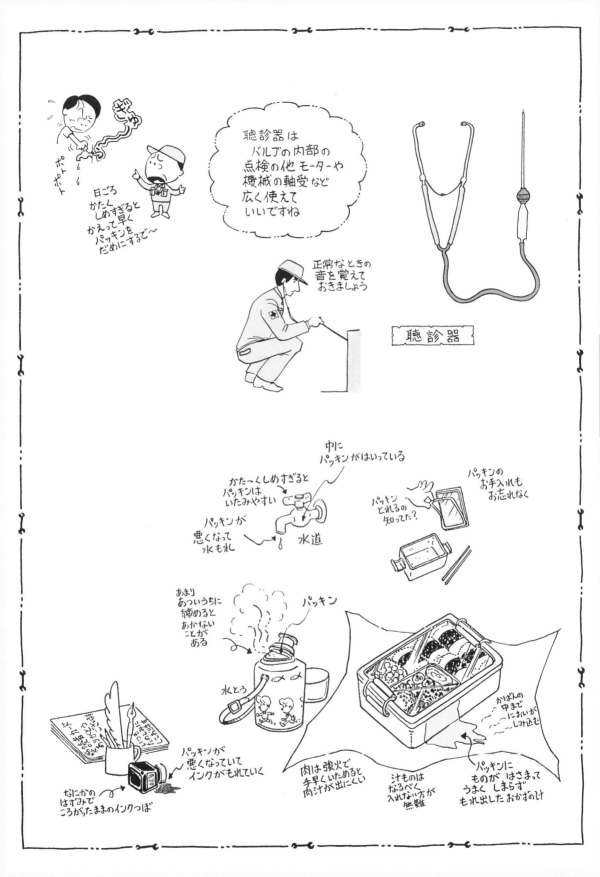

保全管理のあらまし

快適な室内空気環境を維持するには

空気調和機保全管理のポイント

熱運搬装置のメンテナンス

温熱源設備保全管理のポイント

燃焼装置の安全管理

冷熱源設備保全管理の要点

冷却塔メンテナンスのポイント

47　バルブの分解清掃の要領

バルブの内部漏れを認めたときには、まずバルブを分解してみることです。この作業を行う場合は、安全上、当該バルブの上流側および下流側の最短距離に設けてあるバルブを完全に締め切り、この間の管内の流動を完全に遮断してしまうことが肝要です。そして分解のときに流出する、遮断された管内の水を受け入れるバケツを、当該バルブの下部に配置しましょう。バルブの分解手順を示すと次のとおりです。

① バルブのハンドルを回して半開きの状態にする（締め切ったままでは弁体部の取りはずしが困難なため）。そして蓋部のフランジにチョークなどで印す合マークを入れる。これは確実に元どおりに組み立てることができるようにする基本的事項である。

② バルブの蓋ボルトとナットを、スパナでゆるめてはずし、弁体と一体で抜き取る。このとき弁体がはずれて落下しないように、かつ弁座を傷つけないように、十分注意する。

③ 取り出した部分はベニヤ板などの上に、ていねいに置く。そして弁体に付着しているスケール片やスラッジ、錆片や錆こぶなどを、弁体に傷をつけないように、ていねいに取り除いた後、弁体の弁座との接触部（当たり面）に腐食や傷が発生していないか、またその程度を点検する。

④ 管に取り付けたままの弁箱の内部に付着しているスケール片などを、とくに弁座を傷つけないようにていねいに取り除き、弁座面の腐食や傷の状態なども点検する。

⑤ 弁体や弁座に腐食や傷がなければ、元どおりに組み立てる。弁体を弁棒にはめ込んでから蓋部をフランジの合マークに合せて弁箱部に挿入し、蓋ボルトを取り付け、ナットを締め付けていく。このとき蓋部フランジのガスケットが傷ついたり、割れたりしていたら新調する。

⑥ バルブの組み立てが完了すれば、ハンドルを回して全開状態にしてから、閉止している当該バルブの下流側のバルブを全開し、次に上流側のバルブをウォーターハンマー（48項）が発生しないよう徐々に開いて、管内に水を流動させ、しばらくしてから組み立てた当該バルブを完全に締め切る。そして聴診器で調べて、バルブが漏れる（内部漏れ）ことなく完全に水を遮断していれば、分解清掃作業の完了。

漏れが微少な場合は、このバルブの分解清掃だけで止まることが多いのですが、弁体や弁座に腐食や傷、ゆがみが発生している場合には分解清掃後、さらにバルブのすり合せ（48項）を行わなければなりません。しかしこの作業は時間がかかるので、操業に影響を与えないよう、当該バルブは取りはずし、予備のバルブと交換して対応します。

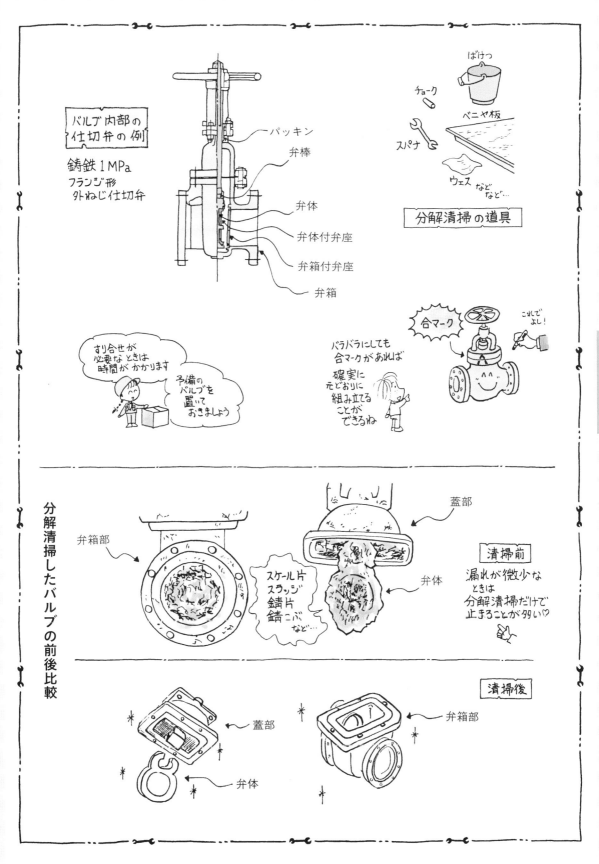

保全管理のあらまし

快適な室内空気環境を維持するには

空気調和機保全管理のポイント

熱運搬装置のメンテナンス

温熱源設備保全管理のポイント

燃焼装置の安全管理

冷熱源設備保全管理の要点

冷却塔メンテナンスのポイント

バルブ内部の
仕切弁の例

鋳鉄1MPa
フランジ形
外ねじ仕切弁

パッキン

弁棒

弁体

弁体付弁座

弁箱付弁座

弁箱

ばけつ

チョーク

ベニヤ板

スパナ

ウェス など…

分解清掃の道具

すり合せが
必要なときは
時間がかかります

予備のバルブを
置いておきましょう

合マーク

バラバラにしても
合マークがあれば
確実に元どおりに
組み立てることが
できるね

これでよし!

分解清掃したバルブの前後比較

弁箱部

蓋部

スケール片
スラッジ片
錆片
錆こぶ
など…

弁体

清掃前

漏れが微少なときは
分解清掃だけで
止まることが多い♡

清掃後

蓋部

弁体

弁箱部

48 "バルブのすり合せ"って難しそうだね

　そうなんです。難しいんです。バルブのすり合せは、たんにすり合せともいわれますが、バルブや安全弁などで、弁体（弁）や弁座が腐食したり、傷ついたり、ゆがんだりして漏れが生じた場合に、傷などによる隙間をなくして、弁と弁座が全体的にびっしりと密着し、バルブを閉じたときに流体が完全に遮断するように、修正（整備）を行うことをいいます。これは包丁の切れ味が悪くなった場合に砥石で研ぐ、あるいは鋸が切れなくなれば鋸の刃を目立てするのと同じようなことです。

　すり合せは、まず仕切弁や玉形弁など、当該バルブの形状や大きさに適した定盤（すり合せのための水平な台）という治具の上に、研磨粉と油を溶いて薄く全面に塗ります。弁体の弁座との当たり面に均等に力が加わるように軽く押し当てて研磨（すり合せ）し、かつ弁箱部の弁座には特殊な定盤を用いてすり合せを行います。小さなバルブの場合は、共ずりという方法もあります。バルブのすり合せは相当の経験と熟練を必要とします。下手にすり合せを行うとかえって漏れがひどくなることが多いからです。

　したがって、バルブに漏れが生じた場合、すり合せの要否（弁体や弁座の傷が大きい場合はすり合せを行ってもだめで、そのバルブは廃棄しなければなりません）、すり合せの正しい作業方法などに関しては熟練した先輩から現場で教わりましょう。

●ウォーターハンマーは恐ろしい現象です！

　ウォーターハンマーは水配管において、バルブで管内の水の流れを急に閉じると、閉じたバルブの上流で発生する異常圧力上昇または圧力低下が圧力波として水中に伝わる現象をいいます。この現象はバルブを急開したときにも発生します。ウォーターハンマーが発生すると、圧力波は管内をズシーン！ズシーン！と異様な恐ろしい音をたてて往復し、配管全体を振動させながら、その圧力が減衰するまで続き、ときには管継手やバルブなどを破壊させることもあります。ウォーターハンマーを発生させないコツはバルブやコックの開閉操作を徐々にゆっくり行うことに尽きます。バルブの急開、急閉は厳禁！です。なお、蒸気配管においてもバルブを急開した場合、ウォーターハンマーによく似た現象が発生し、この場合はスチームハンマーと呼びます。

●共ずりとは？

　定盤を用いることなくすり合せを行う方法です。バルブの弁座面に研磨粉と油を溶いて塗り、その上に弁（弁体の弁座面との当たり面）をのせ、弁を押さえながら回転させ、弁と弁座を研磨するものです。この共ずりは簡単な方法ですが、弁と弁座との芯が出にくく（弁と弁座が密着しにくく）漏れが止まらないことが多いのです。このため共ずりは小さいバルブの場合にしか行ってはだめで、特に、安全弁の共ずりは厳禁です。

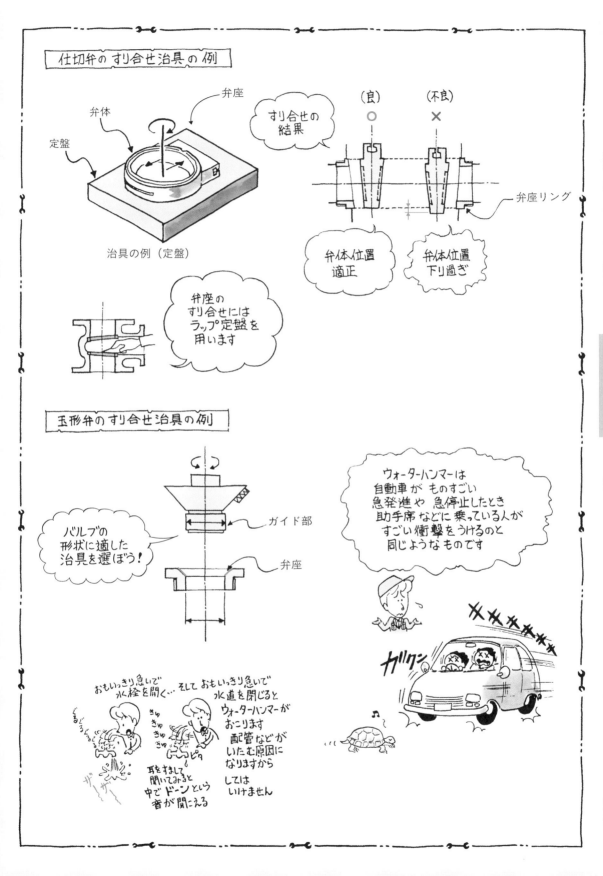

仕切弁のすり合せ治具の例

弁座

弁体

定盤

治具の例（定盤）

すり合せの結果

（良）○　（不良）×

弁座リング

弁体位置適正

弁体位置下り過ぎ

弁座のすり合せにはラップ定盤を用います

玉形弁のすり合せ治具の例

ガイド部

弁座

バルブの形状に適した治具を選ぼう！

ウォーターハンマーは自動車がものすごい急発進や急停止したとき助手席などに乗っている人がすごい衝撃をうけるのと同じようなものです

ガクン

おもいっきり急いで水栓を開く…

そしておもいっきり急いで水道を閉じるとウォーターハンマーがおこります配管などがいたむ原因になりますからしてはいけません

ぎゅぎゅぎゅぎゅ　ピタ

耳をすまして聞いてみると中でドーンという音が聞こえる

保全管理のあらまし

快適な室内空気環境を維持するには

空気調和機保全管理のポイント

熱運搬装置のメンテナンス

温熱源設備保全管理のポイント

燃焼装置の安全管理

冷熱源設備保全管理の要点

冷却塔メンテナンスのポイント

49　ポンプ点検・保全の要は、五感による日常監視

モーターから機械的エネルギーを受け、水にエネルギーを付与して、高所や遠方へ供給する機械をポンプといいます。ビルの給水設備では、1階または地階の受水槽の水を、屋上の高置水槽（給水槽）に揚水する揚水ポンプを用いるのが主流です。揚水ポンプは原則としてタービンポンプが用いられ、受水槽の配置条件などによっては、水中モーターポンプを用いることもあります。このほか、給排水衛生設備に関連するポンプとしては、給湯設備の温水循環用ポンプとして渦巻きポンプが、排水ポンプとしては水中モーターポンプが用いられます。いずれの用途であっても、ポンプの原理構造は大同小異なので、そのメンテナンスの要領もほぼ同じといえます。

ポンプの点検・保全の基本は人間の五感による日常監視です。したがって、正常運転の状態を五感で把握しておくことが肝要です。主な異常状態とその原因の概略を示すと次のとおりです。

①　吸込み側の圧力計（真空計）の針が振れている場合は、吸込み管の詰まりか、吸込み管のどこからか空気を吸い込んでいる。

②　吐出し側の圧力計の針が振れている場合は、ポンプ内に異物が詰まっているか、吐出し配管に詰まりを生じている。真空計や圧力計には正常な圧力値に青マークを付けておく。

③　制御盤の電流計の針が振れている場合は、ポンプ内で片当たりや異物のかみ込みなどがある。

④　定格電圧の±10%以内の電圧で使用しなければならない。定格電圧が適正でないとモーターが焼損する。モーター駆動中や正常温度は外気温度＋50℃以下。電圧計や電流計には定格値に青マークを付けておく。

⑤　軸受温度は約60℃以下が正常で、軸受部に3秒以上、手を触れられれば正常。この場合カップリング（軸継手）などに手を巻き込まれないよう十分注意する。異常発熱は軸継手の芯狂い、給油量の不足、油の劣化などが考えられる。

⑥　異常な振動、騒音を発する場合は、軸受の損傷、ポンプ内の片当たり、軸継手の芯狂い、キャビテーションなどが考えられる。

⑦　スタフィングボックスも約60℃以下が正常で、異常発熱はグランドパッキンの締めすぎ、パッキン押えの片締め、軸（シャフト）の振れなど。

⑧　グランドパッキンの水漏れは、漏れ量が毎分30滴、あるいは250mℓ/min程度が良好。漏れ量が多い場合はグランドパッキンの増締めを行い、それでも解消できないときはパッキンの交換が必要となる。

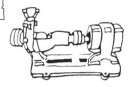

日常の点検箇所

渦巻きポンプ　　　　タービンポンプ

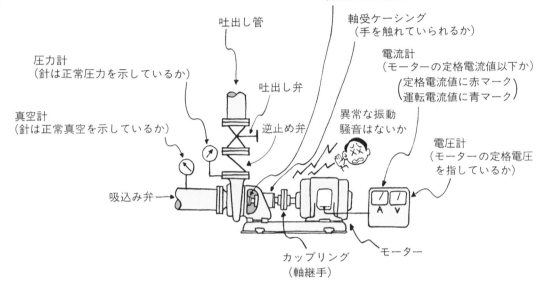

スタフィングボックス
（水漏れは適量か）

軸受ケーシング
（手を触れていられるか）

電流計
（モーターの定格電流値以下か）
（定格電流値に赤マーク）
（運転電流値に青マーク）

吐出し管

圧力計
（針は正常圧力を示しているか）

吐出し弁

逆止め弁

異常な振動
騒音はないか

電圧計
（モーターの定格電圧
を指しているか）

真空計
（針は正常真空を示しているか）

吸込み弁→

カップリング
（軸継手）

モーター

日常／定期点検のチェックリスト

項目	点検内容	日常点検	定期点検
吸込み側圧力	指示圧力は正常か 針の振れはないか	○	
吐出し側圧力	指示圧力は正常か 針の振れはないか	○	
電流計の指示	定格電流値以下か 針の振れはないか	○	
電圧計の指示	定格電圧の ±10％以内か	○	
軸受温度	軸受ケーシングに手を触れていられるか	○	
振動、騒音	異常な振動、騒音はないか	○	
スタフィングボックス	水濡れは適量か	○	
各部の温度	軸受部で室温＋40℃以下 スタフィングボックス部で60℃以下		○
軸継手の芯狂い	外周の段違いは、大きくないか 両面の間の誤差は大きくないか		○
電動機の絶縁抵抗	1MΩ以上あるか		○
軸受油	濁り、異物の混入はないか		○

保全管理のあらまし

快適な室内空気環境を維持するには

空気調和機保全管理のポイント

熱運搬装置のメンテナンス

温熱源設備保全管理のポイント

燃焼装置の安全管理

冷熱源設備保全管理の要点

冷却塔メンテナンスのポイント

50　グランドパッキンの交換要領

　ポンプなどの軸封装置をシールする場合に、スタフィングボックス内に詰められ、パッキン押え（グランド）で締め付けられた断面四角形のコイル状に成形したパッキンをグランドパッキンといいます。パッキンの材質には木綿（もめん）、合成繊維などが用いられ、これらの細い糸を編んで 10〜50 mm ぐらいの角形の断面をもったロープをつくり、潤滑性をもたせるために牛脂などの油をしみ込ませます。グランドパッキンは、高速回転部の軸封に用いる消耗品ですから、増締めをしても水漏れ量が適量にまで減少しない場合は交換する必要があります。理想的には、毎日 8 時間運転する場合で 6 ヶ月ごと（定期的）に交換するのがよく、少なくとも 1 年に 1 回は交換しなければなりません。なお、メカニカルシール（**51 項**）の場合は水漏れが生じたときと、定期的には 1 年ごとに交換します。

●グランドパッキンの交換要領

① 作業の安全上、制御盤のスイッチを切り、必ず「作業中入れるな」の表示をする。これはいずれの機械整備作業でも実行のこと。

② 吐出し管には逆止め弁が設けてあるが、念のために吐出し弁を完全に閉じる。

③ グランドナットをゆるめてグランドを取りはずし、スタフィングボックス内の古いパッキンをていねいに取り出す（この要領は **44 項**を参照）

④ グランドパッキンのサイズはスタフィングボックスのパッキン封入部と同径、またはこれに最も近いものを用いる。ボックス内は通常、パッキンが 3〜6 本程度入るようになっており、1 リングに要するパッキンの長さは、その両端の切口を回転軸に巻き付けた場合、ちょうど合致するように切る。

⑤ 正しく切断したパッキン数本のうち、まず 1 本を回転軸に巻き付け、グランドによってスタフィングボックスに注意深く押し込み、その次の各パッキンからはおのおのの切口（パッキン接合点）が、その前にはめ込んだものに対し、90°程度ずれるようにし、1 本ずつ同じ要領でボックスに押し込んでいく。

⑥ 最後のパッキンは斜めに抜けないように、グランドの入る場所として少なくとも 5mm の余裕を残しておく。これはグランドが傾くと回転軸と接触し、事故につながるからである。

⑦ すべてのパッキンをはめ込むと、グランドナットを手で軽く締める程度にしておく。最初からスパナできつく締めない。そしてカップリング部を手で回し、回転軸（ポンプ）の回転が重すぎないことを確認してから（ポンプはいつもカップリングが手で軽く回るのが良好）、パッキンが軸になじむまで約 20 分程度ポンプをならし運転する。

⑧ スタフィングボックス部からの水漏れ量が過大な場合は、漏水量が適量（毎分 30 滴ぐらい）に減少するようにグランドを増締めする。このとき左右のグランドナットをスパナで交互に回し、同等の力で徐々に締める。決して片締めを行わないこと。

保全管理のあらまし

快適な室内空気環境を維持するには

空気調和機保全管理のポイント

熱運搬装置のメンテナンス

温熱源設備保全管理のポイント

燃焼装置の安全管理

冷熱源設備保全管理の要点

冷却塔メンテナンスのポイント

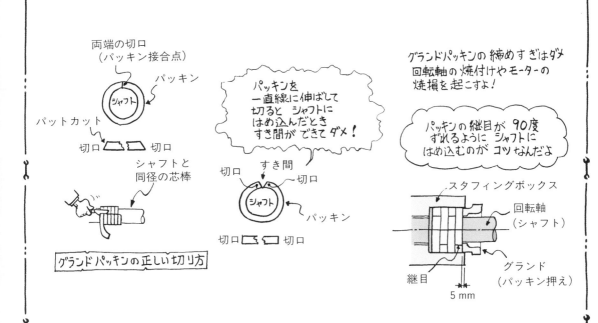

ポンプの消耗部品と交換の目安

消耗部品		交換の目安	交換周期
グランドパッキン		・スタフィングボックスからの水漏れが多くなったらパッキンを増締めする ・増締めしても水漏れが止まらない場合にはパッキンを交換する 　※このとき、スリーブが摩耗している場合は、これも交換する必要がある	半年に1度
メカニカルシート		・グランド部から水漏れし始めたらメカニカルシールを交換する	1年に1度
軸継手ゴム		・ゴムが劣化したとき ・ゴムが摩耗したとき ・ゴムが片減りしたとき	1年に1度
オイルシール		・潤滑油の漏れがあったとき	1年に1度
Vリング		・分解点検時のたび（定期点検時）	―
Oリング		・分解点検時のたび（定期点検時）	―
ガスケット		・分解点検時のたび（定期点検時）	―
軸スリーブ		・スリーブ表面が摩耗したとき	1年に1度
ころがり軸受		・騒音が激しくなったときや、異常振動があったとき ・定期点検で異常が認められたとき	2〜3年に1度
軸受メタル		・騒音が激しくなったときや、異常振動のあったとき ・定期点検で摩耗したとき	2〜3年に1度
潤滑油	油	3ヵ月ごとにチェックし、運転後1年間の管理データをもとに交換時期を決める ・変色したとき ・沈殿物があるとき ・粘度・水分・色相・全酸化のチェックで異常と認められたとき	試験運転開始300時間後その後4ヵ月ごと
	グリース	・劣化して変色したとき ・異物が混入して黒ずんだとき ・酸化したとき	試験運転開始300時間後その後4ヵ月ごと

51　振動や故障の原因となる軸継手の芯狂い

一般に、ポンプ類の動力伝達は、ポンプの回転軸とモーターの回転軸とを結合する継手、いわゆる軸継手で行います。軸継手は一般にカップリングといい、ポンプのカップリングには、振動・騒音の発生を防止するため、カップリング材としてゴム・皮革などが装着された、たわみ軸継手（フレキシブルカップリング）を用います。カップリング材はゴムなどの消耗品なので、原則として１年ごとに新品と交換する必要があります。カップリング材は内外部から徐々に損耗するのが普通ですが、楕円形になるなど偏った減り具合が見受けられるときは、軸継手の芯狂い、つまりポンプ軸とモーター軸の芯出しが不良であることを示しています。軸継手の芯狂いは６ヶ月ごとに点検するのが理想的ですが、せめて毎年のカップリング材交換のときには、必ずチェックしましょう。芯狂いには次の２つ誤差の種類があり、それぞれに検証方法があります。

①軸継手外周の段違い

物差しなどを用いて、右図のように寸法Sを軸継手の周囲４ヶ所で測定し、0.05mm以内であれば良好。

②軸継手面間の誤差

右図のように、スキマ（隙間）ゲージまたはテーパゲージを用いて、隙間Aと反対側の隙間Bを測定して、誤差（A−B）が0.1mm以内であれば良好（ちなみに、一般にAは２〜４mm）。

なお、こうした軸継手は軸封装置でシールをしますが、38項のグランドパッキンシール以外にもメカニカルシールで密封する場合もあります。

●呼び水とは？

ポンプは、ポンプ内部および吸込み管内に空気がまったくなく、かつ水が充満、つまり満水状態でなければ運転しても揚水せず、空運転となります。このため空運転状態に至ったときはポンプ本体と吸込み管内の空気を排除し、満水としてやらなければなりません。この操作や満水状態の水のことを呼び水といいます。呼び水は空気抜きコックを開き、呼び水コックを開いて呼び水じょうごから注水します。すると空気は空気抜きコックから排除されます。ときどき手でポンプ（カップリング）を回して行うのがコツです。満水となれば呼び水コックおよび空気抜きコックは完全に閉じましょう。

●メカニカルシールとは？

回転軸に取り付けられた従動リング（典型的なのはOリング）とケーシングに固定されたシールリングとの接触圧力によって、回転部分の密封を行う軸封装置をメカニカルシールといいます。メカニカルシールは水漏れしてはならず（30分に１滴程度はよい）、水漏れが生じた場合は交換しなければなりません。なお、ビルでのポンプ軸封装置としては、メカニカルシールはほとんど用いられず、原則としてスタフィングボックス（パッキン箱）内にグランドパッキンを封入するグランドパッキンシール（50項）が用いられます。これはパッキン部に少量の水が流動（スタフィングボックスより水滴が落下）することにより、軸封を行うとともに軸封部の潤滑を行い、過熱を防ぐ役目を果たします。

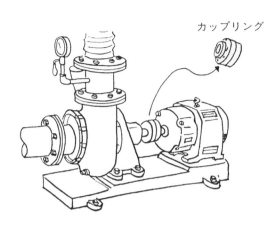

カップリング

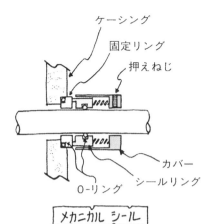

ケーシング
固定リング
押えねじ
カバー
シールリング
O-リング

メカニカル シール

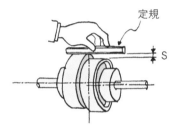

定規

S

Sをカップリングの周囲
4箇所で測定し、0.05 mm
以内であれば良好

軸継手外周の段違い

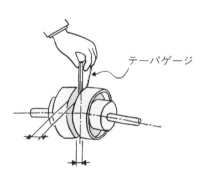

テーパゲージ

スキマゲージまたはテーパ
ゲージでA、Bを測定し
（A－B）が 0.1 mm 以内
であれば良好。
Aはふつう 2〜4 mm

軸継手面間の誤差

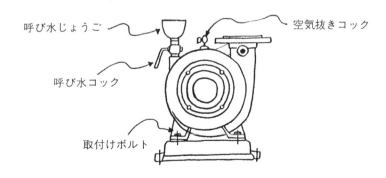

呼び水じょうご
空気抜きコック
呼び水コック
取付けボルト

保全管理のあらまし

快適な室内空気環境を維持するには

空気調和機保全管理のポイント

熱運搬装置のメンテナンス

温熱源設備保全管理のポイント

燃焼装置の安全管理

冷熱源設備保全管理の要点

冷却塔メンテナンスのポイント

52　ポンプの事故に多い、キャビテーションと空運転

キャビテーションは空洞現象ともいい、水車やポンプなどで流水の断面が急変したり、流れの方向が変わったりすると、その付近に空洞ができて圧力が低下し、その空洞部の水温が常温なのに沸騰して、蒸気（泡）をつくったり消えたりして渦を起こす現象です。キャビテーションはポンプの揚水量減少などの能力低下、騒音や振動の原因になります。さらに、キャビテーションによって液体流路に生じた空洞や気泡が消滅するとき、その部分に突入する流体によって局部的に衝撃的高圧を受けてポンプが損耗するというキャビテーション侵食をきたし、ポンプの耐用寿命を縮めることにもなりかねません。キャビテーションは温度の低い水の場合にも発生しますが、とくに温水の場合に起きやすいので、注意が必要です。

キャビテーションの一般的な防止対策を示すと次のとおりです。

① ポンプの吸込み側の抵抗損失をなるべく少なくする。吸込み配管の管径は無理のない太さとし、エルボによる急激な曲り部をなくす。ストレーナを設ける場合は吸込み側を避け、吐出し側に配置する。ポンプの水量調節は吸込み弁ではなく必ず吐出し弁で行う。

② ポンプの水頭に必要以上の余裕をとらない。なお、軽いキャビテーションを起こしたときには、吸込み側のピーコックバルブを開け、ポンプ内に空気を少し吸い込ませて真空を破ることにより、振動や騒音を抑制することができます。

ポンプの空運転というのは、ポンプを運転（駆動）しても揚水しない、または揚水量が著しく減少する状態をいいます。空運転を長時間続けるとポンプが異常発熱し、最悪の場合にはポンプの焼損につながりかねません。

ポンプの空運転の原因は、

● 吸込み管の継手などから空気が漏入している。
● 呼び水が不十分なためポンプ内部に空気溜まりがある。
● フート弁が不良のため呼び水が漏出する。
● 吸込み揚程が高すぎる、つまり吸込み管が長すぎる（吸込み揚程の高さは 6 m 以下とするべき）。

などです。ポンプを起動した直後しばらくは、動力制御盤のポンプ用電流計の指針が規定値を指しているか、吐出し側の圧力計によってポンプ吐出し圧力が適正値を示しているかを確認する習慣を身につけましょう。電流値が低くかつ吐出し圧力が低い場合は、空運転というわけです。空運転を認めたときはポンプを停止し、呼び水（51 項）を行ってから再起動しましょう。

ポンプの故障の原因と対策

現象	原因	対策
モーターが回らない モーターがうなって回らない	モーターが故障している 電源関係に異常がある 回転部分が接触している。錆付いている。焼き付いている 摺動部が異物をかみ込んでいる	モーターを修理する 点検、修理する 手回しする。組み直す。専門工場で修理する 異物を除去する
呼び水できない	フート弁に異物が詰まっている フート弁シートが摩耗している 吸込み配管から水が漏れる 吸込み配管・軸封部から空気を吸込んでいる	異物を除去する シートを取り替える 点検・修理する 点検・修理する
回転するが水が出ない 規定流量が出ない	呼び水されていない 仕切弁が閉じている。半開である 回転方向が逆である 回転数が低い ・電動機の極数が異なっている ・50 Hz 地区で 60 Hz 用ポンプを運転している ・電圧が低下している 羽根車が詰まっている 配管が詰まっている 空気を吸込んでいる フート弁や吸込み管の末端が水中に沈んでいない 吐出し配管に漏れがある 羽根車が腐食している 羽根車が摩耗している ライニングが摩耗している 配管の損失が大きい。吸込み揚程が高い。吐出し揚程が高い。液温が高い。揮発性の液である キャビテーションが発生している	呼び水する 弁を開ける 矢印で調べ、結線を正しくする 回転計で調べる ・銘板を調べる ・銘板を調べる ・電源を調べる 異物を除去する 異物を除去する 吸込み管、軸封部を点検・修理する 吸込み管を伸ばし末端 2D 以上水中に沈める 点検・修理する 液質を調べ、材質を変える 羽根車を交換する ライナリングを交換する 計画を再検討する 専門家に相談する
始め水が出るがすぐ出なくなる	呼び水が十分でない 空気を吸い込んでいる 吸込み配管に空気がたまっている 吸込み揚程が高い	呼び水を十分にする 吸込み管、軸封部を点検・修理する 配管を再施工する 計画を再検討する
過電流になる	回転数が高い ・電動機の極数が異なっている ・60 Hz 地区で 50 Hz 用ポンプを運転している 揚程が低い、水量が流れすぎている 軸受が損傷している 回転部分が当たる、軸が曲がっている 液の比重、粘度が大きい	回転計で調べる 銘板を調べる 銘板を調べる 吐出し弁を絞る 軸受を交換する 専門工場で修理する 計画を再検討する
ポンプが振動する 運転音が大きい	軸受が損傷している 水量が流れすぎている 羽根車が詰まっている 回転方向が逆である 長時間締切運転をしている 回転部分が当たる、軸が曲がっている キャビテーションが発生している 配管が共振している	玉軸受を取り替える 吐出し弁を絞る 異物を除去する 矢印で調べ、結線を正しくする 締切運転をやめる 専門工場で修理する 専門家に相談する 配管を改良する
軸受が熱くなる	潤滑油が不足している 潤滑油が多すぎる 潤滑油の不適正 潤滑油が劣化している。または汚れている 軸受が損傷している 回転部が当たる。軸が曲がっている 芯出し不良 長時間締切運転をしている	適正油面まで補充する 適正油面まで抜き取る メーカー指定品に取り替える 取り替える 軸受を交換する 専門工場で修理する 芯出しのし直しをする 締切運転をやめる
軸封部から水が漏れすぎる	グランドパッキンの取付け不良または損傷 軸あるいはスリーブが摩耗している 押込み圧力が高すぎる 軸が曲がっている 注水圧が高すぎる メカニカルシールが破損している	グランドパッキンを取り付け直すか取り替える 軸あるいはスリーブを取り替える 計画を再検討する 専門工場で修理する 適正圧力に調整する メカニカルシールを交換する
軸封部が発熱する	グランドパッキンを締めすぎている グランドパッキンを片締めしている 注水圧力・流量が適正でない 冷(却)水が通水されていない 軸スリーブが摩耗している 溝リングの位置が悪い 押込み圧が高すぎる	パッキン押えをゆるめる 両側を適正にゆるめ直す 計画を再検討する 点検、通水してやる 軸スリーブを、取り替える 適正位置に付け直す 計画を再検討する

保全管理のあらまし

快適な室内空気環境を維持するには

空気調和機保全管理のポイント

熱運搬装置のメンテナンス

温熱源設備保全管理のポイント

燃焼装置の安全管理

冷熱源設備保全管理の要点

冷却塔メンテナンスのポイント

53　ボイラー技士でなければボイラーの運転管理はできない

ボイラーとは密閉された容器内の水あるいは熱媒を、燃料の燃焼熱や電熱などの熱源によって加熱し、大気圧を超える圧力の蒸気または温水を発生させ、これをほかに供給する機械をいいます。ボイラーは密閉された容器内に大きなエネルギーを蓄積した大気圧を超える飽和水や飽和蒸気を発生、保有するので、その取り扱いを一歩誤ると大惨事に至ります。

万一、圧力超過などでボイラー本体が破裂すると、内部の飽和水は0.1秒にも満たない一瞬のうちに、大気中に放出され、かつ、その相当量が気化して蒸気に変じ、体積は数百倍から千数百倍に大膨張するという、再蒸発の性質をもっています。ボイラー内の飽和水は"火薬の一種"に相当するといわれるほど恐ろしい巨大エネルギーをもっているのです。したがって、最悪の事故であるボイラー本体の破裂事故、いわゆるボイラー破裂が発生すれば、ボイラー本体やボイラー室などだけではなく、建築物の相当部分を破壊してしまう災害となります。たとえば、地下2階に設置されているボイラーが破裂事故を起こし、4階部分まで被害が及んだ実例があるのです。そのためボイラーは、その製造、設置、取り扱いなど全般に関して、労働安全衛生法およびこれに関連する「ボイラー及び圧力容器安全規則」などによって厳しく規制され、その運転管理は原則としてボイラー技士の有資格者でなければ行えません。そして、運転管理の規制段階はボイラーの伝熱面積の大小によります。

ボイラーも構造上、多種に分類されますが、建築物に設置されるボイラーの最大の利用目的は暖房用および給湯用、そして吸収冷凍機の熱源としてであり、工場のように高温・高圧の蒸気を必要とせず、熱量のうちで潜熱を多く含む低圧の蒸気でよいのです。そのため、建築物に設置されるボイラーは蒸気圧力が49〜68.7kPaの蒸気を発生する鋳鉄ボイラーが最も多く、大型ビルや超高層建築物で大量の蒸気を必要とする場合は、蒸気圧力が0.49〜0.98MPaで構造が比較的簡単で熱容量の大きい炉筒煙管ボイラーが主に用いられます。

●ボイラー技士となるには？

ボイラー（小規模ボイラー以下のボイラーを除く）を取り扱うために必要な資格がボイラー技士で、（財）安全衛生技術試験協会が実施するボイラー技士免許試験に合格しなければなりません。ボイラー技士は二級、一級、特級の3ランクに区別されていますが、初段階の二級ボイラー技士になればどのような大きなボイラーでも取り扱うことができます。二級ボイラー技士の受験資格は実務経験や学歴に関係なく、（社）日本ボイラ協会が実施する3日間わたるボイラー実技講習を修了することが条件です。

●ボイラー取扱作業主任者とは？

当該ボイラーについて、ボイラー取扱者（ボイラー技士）の中からその安全管理について、その責任の所在を明確にするため、その責任者として選任し労働基準監督署長に報告するボイラー技士をいい、当該ボイラーの大きさによって二級、一級、特級のいずれかのボイラー技士でなければなりません。

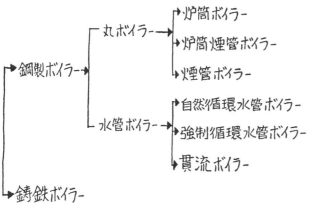

ボイラーの分類

鋼製ボイラー
├ 丸ボイラー
│　├ 炉筒ボイラー
│　├ 炉筒煙管ボイラー
│　└ 煙管ボイラー
└ 水管ボイラー
　　├ 自然循環水管ボイラー
　　├ 強制循環水管ボイラー
　　└ 貫流ボイラー

鋳鉄ボイラー

ボイラー技士免許試験と取得できる資格

級の区分にかかわらず、すべてのボイラーを取り扱うことができるが、取扱者を統括する立場の作業主任者は、次の区分に応じた級の免許が必要。

（1）特級ボイラー技士：すべての規模のボイラー取扱作業主任者となることができる。

（2）一級ボイラー技士：伝熱面積の合計が 500㎡未満（貫流ボイラーのみを取り扱う場合において、その伝熱面積の合計が 500㎡以上のときを含む）のボイラー取扱作業主任者となることができる。

（3）二級ボイラー技士：伝熱面積の合計が 25㎡未満のボイラー取扱作業主任者となることができる。

作業主任者の選任、取扱いのできるボイラー設備

資格	伝熱面積 500m² 以上		伝熱面積 25m² 以上 500m² 未満		伝熱面積 25m² 未満（小規模を超える）		小規模ボイラー（注 2 参照）	
	作業主任者	取扱	作業主任者	取扱	作業主任者	取扱	作業主任者	取扱
特級ボイラー技士	○	○	○	○	○	○	○	○
一級ボイラー技士	×	○	○	○	○	○	○	○
二級ボイラー技士	×	○	×	○	○	○	○	○
ボイラー取扱技能講習修了（ボイラー技士資格ではない。また、ボイラー実技講習とは異なる）	×	×	×	×	×	×	○	○

注1）ボイラー及び圧力容器安全規則による伝熱面積の合計とは、

一　貫流ボイラーについては、その伝熱面積に十分の一を乗じて得た値を当該貫流ボイラーの伝熱面積とすること。

二　廃熱ボイラーについては、その伝熱面積に二分の一を乗じて得た値を当該廃熱ボイラーの伝熱面積とすること。

三　令第二十条第五号 イからニまでに掲げるボイラーについては、その伝熱面積を算入しないこと。

四　ボイラーに圧力、温度、水位又は燃焼の状態に係る異常があつた場合に当該ボイラーを安全に停止させることができる機能その他の機能を有する自動制御装置であって厚生労働大臣の定めるものを備えたボイラーについては、当該ボイラー（当該ボイラーのうち、最大の伝熱面積を有するボイラーを除く）の伝熱面積を算入しないことができること。

注2）令第二十条第五号

イ　胴の内径が 750 ㎜以下で、かつ長さが 1300 ㎜以下の蒸気ボイラー

ロ　伝熱面積が 3 ㎡以下の蒸気ボイラー

ハ　伝熱面積が 14 ㎡以下の温水ボイラー

ニ　伝熱面積が 30 ㎡以下の貫流ボイラー（気水分離器を有する場合は、その内径が 400 ㎜以下で、かつ容積が 0.4 ㎡以下のものに限る）

保全管理のあらまし

快適な室内空気環境を維持するには

空気調和機保全管理のポイント

熱運搬装置のメンテナンス

温熱源設備保全管理のポイント

燃焼装置の安全管理

冷熱源設備保全管理の要点

冷却塔メンテナンスのポイント

54　ボイラーの起動時はとくに注意しよう！

　ボイラーの起動時には自動制御盤の押ボタン式運転スイッチ（給水ポンプおよびバーナーの起動スイッチ）をONにします。起動、運転は自動的に行われ、ボイラーを完全停止させるときも押ボタン式停止スイッチをOFFにするだけでよいのです。その間は自動発停・運転が完全に行われ、ボイラー水位や蒸気圧力は所定値に維持されるようになっています。しかし、この自動制御装置を過信し、頼り切るような運転は避けるべきです。運転中は五感による日常監視を行うことが肝要です。とくにボイラーを起動する前は、各部で運転開始前の準備や操作を欠かさず、すべてONしても良い状態になっているか必ず点検します。細かくは先輩の指導を仰ぐとして、スタート時の主な留意点を以下に示します。

　ボイラー水位が標準水位（所定範囲の水位内）にあることをガラス水面計で確認します。水面計の水位はガラス管の長さの1/2の高さが標準ボイラー水位とされ、一般的にはガラス管の長さの1/2の高さ、つまり標準水位よりも1

〜2cm低いところまでボイラー水位が低下した時点て、給水ポンプが自動駆動して給水します。水位がガラス管の約3/5の高さまで上昇すると、給水ポンプが自動停止（給水停止）するように制御されています。ボイラー水位が水面計のガラス管の最下端にある場合を安全低水面といい、もし、安全低水面よりも低い水位、つまり、ボイラー水位が水面計でまったく見えなくなった状態でボイラーの運転（バーナーの燃焼）を行うとから釜（低水位事故）という大事故に至ります。なお、無圧時のホットスタート（下記、コラム参照）の起動においてガラス管内が泡で充満し水位がまったく見えないことがあります。これは停止中にボイラー内に残っていた蒸気が凝縮して復水したために真空状態になり、このときガラス水面計の水コック部の隙間から空気が漏入するためです。このような状態では水位が確認できないので、ガラス水面計の水および蒸気コックを閉じ、漏れ部（ガラス管下部のパッキン充てん部）のパッキンを交換し、泡を消し（空気の漏入を止め）ましょう。

● コールドスタート、ホットスタートとは？

　ボイラーの起動方式は2つあります。ホットスタートとは、例えば事務所建築物で、火〜金曜日の朝など、ボイラー（ボイラー水）が常温以上、つまり、熱い状態にあるときの起動方式です。起動時（バーナーの燃焼開始時）から高燃焼（当該バーナーの最大燃焼量で燃焼）を行って蒸気を発生させます。コールドスタートは事務所建築物で連休明けの月曜日の朝など、ボイラーを2〜3日以上停止し、ボイラーが常温状態（冷却された状態）にある場合の起動

方式で、起動時から蒸気圧力が所定の圧力に上昇するまでの長時間（1〜2時間）にわたり低燃焼（当該バーナーの最小燃焼量で燃焼）を行って、徐々にボイラーを加熱します。急加熱によるボイラーの悪影響を避けるためで、とくに鋳鉄ボイラーはコールドスタートで行うことが肝要です。コールドスタートは制御盤の高燃焼・低燃焼の切替スイッチを低燃焼側に入れ、所定時間後に高燃焼側に戻せばよいのです。

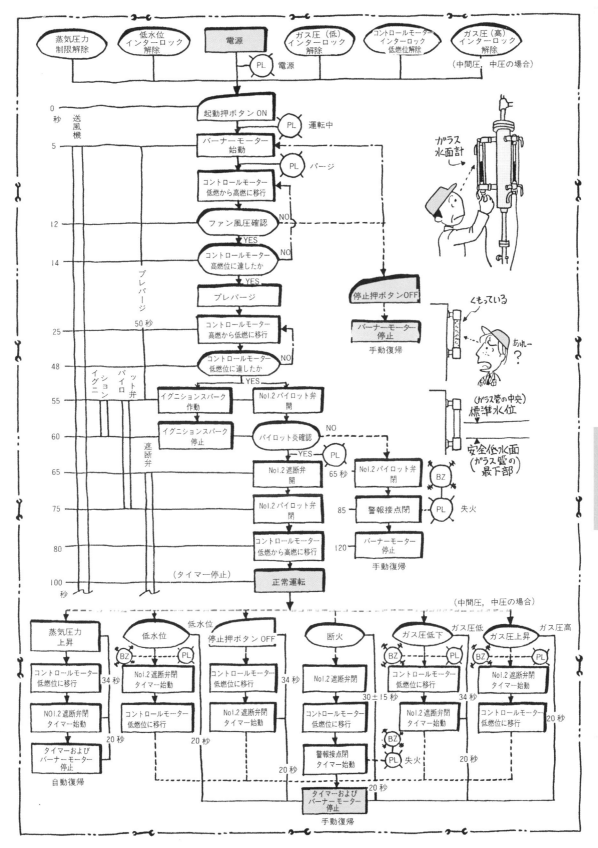

保全管理のあらまし

快適な室内空気環境を維持するには

空気調和機保全管理のポイント

熱運搬装置のメンテナンス

温熱源設備保全管理のポイント

燃焼装置の安全管理

冷熱源設備保全管理の要点

冷却塔メンテナンスのポイント

55　ボイラーに関する事故災害

　ボイラーは、その取り扱いを誤ったり、保全管理を怠ると思わぬ災害事故をきたします。最悪の惨事である異常圧力超過などによるボイラー本体が破裂するボイラー破裂ですが、この大惨事は、ボイラー製造技術の進歩や厳格な法規制によって、ほとんど発生しなくなりました。しかし、ガス爆発や、から釜（がま）などの事故は相当発生し、残念ながら、死亡者や多数の負傷者が出ているのが現状です。ボイラーは正しい運転と取り扱いを行い、保全管理を十分に施せば安全な機械なのです。ここでは、ボイラーの主な事故災害について、その概要を勉強しておきましょう。

　ガス爆発：これはボイラー破裂に準ずるほどの惨事になる事故で、とくにバーナーの点火操作時にボイラーの燃焼室内や煙道において、滞留、充満していた未燃ガス（ガス燃料の場合はガス、灯油や重油ではバーナーでこれが霧化されたもの）が、一気に爆発・燃焼し、大膨張する現象です。最悪の場合にはバーナーやボイラーの燃焼室などだけではなく、ボイラー室をも破壊し、室内にいるボイラー技士も吹き飛ばされてしまいます。そして、小規模のガス爆発の場合は、火炎が猛烈な勢いで燃焼室の入口を破壊し、その破壊箇所から噴き出してきます。この現象をバックファイアー（さか火）といいます。ちなみに、バックファイアーは吸気側に爆発炎が逆流する現象なのに対して、排気管から盛大に炎を吹き出す現象をアフターファイアーといいます。

　前述したような事故を防止するには正しい燃焼操作を行うことが重要です。つまり、ボイラー運転前に煙道ダンパーを全開します（ボイラー運転中は全開しておきます）。バーナー点火操作前に十分なプレパージ（後述）を行い、かつ正確な点火操作が肝要です。とくに、バーナー不着火の場合は、そのまま点火操作を繰り返さず、必ず点火操作を打ち切り、不着火の原因を是正してから、再びプレパージを行って、点火を行うことが肝要です。そしてバーナー停止時には十分なポストパージ（後述）を行い、さらにバーナー停止中に燃焼室内へバーナーノズルからの燃料を漏らさないことが重要です。プレパージというのは、バーナー点火操作の前に燃焼室内に滞留している未燃ガスを煙突から大気中に排出するため、バーナー用の送風機で空気を送り、炉内換気することです。一般的に30秒間行います。ポストパージは、バーナー停止時に消火後も20秒程度、送風機によって未燃ガスが滞留しないよう炉内換気を行うことをいいます。なお、ガス爆発やバックファイアー事故はボイラーだけでなく、直焚き吸収冷凍機や温水発生機など燃焼装置を必要とする機器に必ずまつわるものですから、この点もよく理解しておいてください。

●爆発戸とは？

　万が一ガス爆発事故が発生したとき、その瞬間に爆発ガスを自動的に大気中に排出させ、燃焼室などの破壊を防ぐための装置（戸）を爆発戸といいます。爆発戸は鋼板または鋳鉄板で、普段は戸の自重で、完全に閉じ、スムースに開くようにしておかねばなりません。なお、爆発戸の位置がボイラー技士の作業場所から2m以内にしか設けられない場合は、ダクトを設け、爆発ガスを安全なところへ逃がす措置が必要です。

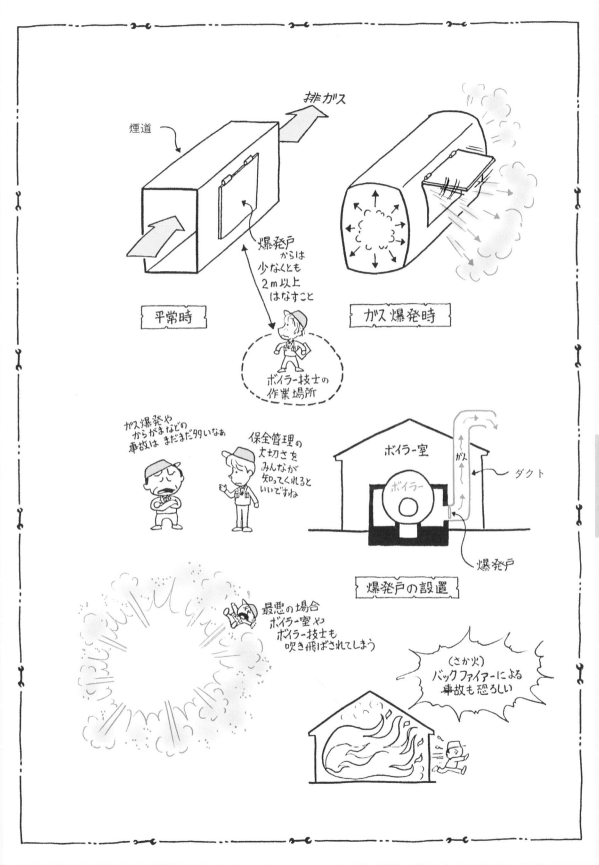

保全管理のあらまし

快適な室内空気環境を維持するには

空気調和機保全管理のポイント

熱運搬装置のメンテナンス

温熱源設備保全管理のポイント

燃焼装置の安全管理

冷熱源設備保全管理の要点

冷却塔メンテナンスのポイント

56　ボイラーの過熱事故も恐ろしい！

過熱はオーバーヒートともいい、正常な運転時におけるボイラーの伝熱面における鋼材の温度は、ボイラー水の飽和温度よりも30〜50℃高いのが普通ですが、何らかの原因でボイラー板や管が、ボイラー材（軟鋼）の許容温度である370℃程度よりも高温になり、強度が低下する現象です。過熱をきたすとボイラーの膨出、圧壊、割れ、破裂などの事故災害につながります。過熱事故の主な原因はボイラーの水処理不良です。伝熱面のボイラー水側にスケールが析出して、厚く付着した場合、スケールは断熱材に匹敵するほどの熱の不良導体なので、燃焼熱のボイラー水への熱伝達が著しく阻害されます。すると、伝熱面の鋼材が過熱されてしまうのです。このようなプロセスによる"過熱"事故を一般に"過熱"といいます。

過熱事故をきたすもう1つの原因は、ボイラー水位の異常低下（安全低水面よりもボイラー水位が低下する）に気付かず、燃焼（ボイラーの運転）を続けた場合です。このプロセスによる過熱事故のことを低水位事故といい、から釜（がま）と俗称されます。

いずれにしても、過熱事故に気付いたときは直ちにバーナーを停止（ボイラーの運転を停止）し、ボイラー本体を徐々に冷却することです。一度、過熱事故を起こすと大部分のケースでは使用不能となり、大幅なボイラー改修を行わなければなりません。過熱事故を防ぐにはつねに正しいボイラーの水処理を行い、スケールや、釜泥（かま）を析出、付着させないことと、ボイラーの給水制御を正しく行って、ボイラー水位の異常低下をきたさないことです。

●ボイラーの水処理とは？

建築物におけるボイラー用水としては原則として水道水を用いますが、あの透明できれいな水道水でも、ボイラーにとっては有害な成分が多種含まれ、とくに水中に溶けている固形不純物である塩化カルシウム、硫酸マグネシウム、重炭酸カルシウム、炭酸カルシウム、炭酸マグネシウムなどの熔解塩類です。これらはボイラー内の伝熱面部での部分的な蒸気発生により、次第に各塩類の溶解度以上に濃縮され、飽和状態となって析出し、伝熱面に焼き付いていわゆるスケールとなって付着し、ボイラーの大きな事故をきたす原因となるのです。この溶解塩類のことを溶解固形分、または硬度成分といい、硬度成分が多く含まれる水を硬水、きわめて少ない水を軟水といいます。

硬水中の硬度成分をスケールとして、析出しない成分に換え、いわゆる無害な成分にすることを軟水処理または給水処理といいます。ただし、軟水を給水してもトラブルを完全に防ぐことはできず、軟水に所定の薬品を添加する処理をボイラー水処理といいます。添加する薬品をボイラー清浄剤、または清かん剤と称します。給水処理やボイラー水処理を行っても、清かん剤などで置換された成分はボイラー内で濃縮されるので、毎日、ボイラー水の一部を吹出し装置の吹出し弁を開いてボイラー外に排出する吹出し（ブロー）を行うことが肝要です。なお、軟水処理はNa形イオン交換樹指による硬水軟化法によって行います。

●古典落語「かま泥（釜泥）」

古典落語の演目のひとつにかま泥（釜泥）というのがあります。釜茹での刑で処罰された泥棒・石川五右衛門を供養するため、江戸中の釜を盗む泥棒が現れる事件が題材です。大事な商売道具の釜を何度も盗まれて憤る豆腐屋の爺さんは、ついに釜の中に入って寝ずの番をします。しかし酒を飲んで寝込んだ爺さんも釜と一緒に盗まれてしまいます。泥棒の逃走中、揺れる釜の中で地震が起きたと勘違いして顔を出した爺さん。驚いた泥棒は釜を投げ出して立ち去ります。放り出された一面の野原で爺さんが発した「しまった、今度は家を盗まれた」という台詞で締めくくられる落語です。

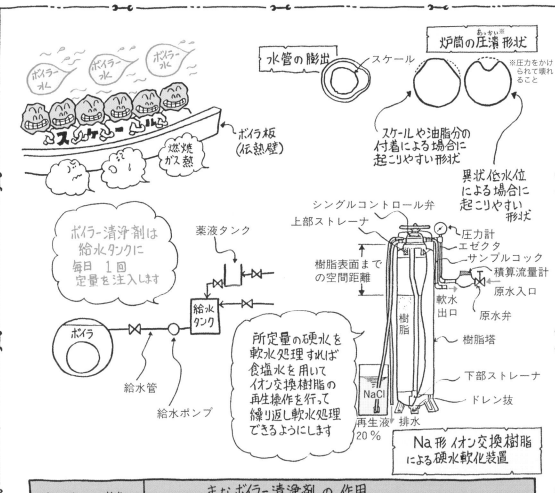

炉筒の圧潰形状[※]

※あっかい

水管の膨出 — スケール

※圧力をかけられて壊れること

スケールや油脂分の付着による場合に起こりやすい形状

異状低水位による場合に起こりやすい形状

ボイラ板（伝熱壁）

燃焼ガス熱

ボイラー清浄剤は給水タンクに毎日1回定量を注入します

薬液タンク

シングルコントロール弁
上部ストレーナ
圧力計
エゼクタ
サンプルコック
積算流量計
原水入口
原水弁

樹脂表面までの空間距離

軟水出口

樹脂

給水タンク

ボイラ

給水管

給水ポンプ

所定量の硬水を軟水処理すれば食塩水を用いてイオン交換樹脂の再生操作を行って繰り返し軟水処理できるようにします

樹脂塔

下部ストレーナ
ドレン抜

NaCl

再生液 20％　排水

Na形イオン交換樹脂による硬水軟化装置

清浄剤の成分	主なボイラー清浄剤の作用			
	スケールの防止	腐食の防止	適用	
炭酸ソーダ（ソーダ灰）Na_2CO_3	軟化効果良好 スケール防止	ボイラー水中で苛性ソーダに転化し アルカリ度を高めて防食	一般の水	中・低圧のボイラー
りん酸第三ソーダ $Na_3PO_4 \cdot 12H_2O$	軟化効果 特に良好 スケール防止の作用大	りん酸イオンをボイラー水中に止められれば 防食効果大 アルカリ度を高めて防食	一般の水	各圧のボイラー
りん酸第二ソーダ $Na_2HPO_4 \cdot 12H_2O$	ボイラー水中でりん酸第三ソーダに転化し 同上の作用	ボイラー水中で りん酸第三ソーダに転化して同上の作用	やゝアルカリ性の水	各圧のボイラー

保全管理のあらまし

快適な室内空気環境を維持するには

空気調和機保全管理のポイント

熱運搬装置のメンテナンス

温熱源設備保全管理のポイント

燃焼装置の安全管理

冷熱源設備保全管理の要点

冷却塔メンテナンスのポイント

57　危険をともなう吹出し作業

　吹出しはブローともいい、ボイラー水は蒸発によって、次第に浮遊物や溶解固形塩類などの濃度を増し、スケールの析出や、釜泥の堆積、腐食の発生など、いろいろなトラブルの原因です。このような障害を防止するひとつの手段、つまり、ボイラーの水処理の一環として、ボイラー水の一部を排出して、新しい水と入れ替えて濃度を下げる、またボイラー水処理によって堆積するかま泥（釜泥）やスケール片を排出する操作をいいます。

　吹出しは、その吹出し量の程度や吹出し箇所や位置、吹出しの目的などにより、全吹出し、一部吹出し、間欠吹出し、連続吹出し、表面吹出し、胴底吹出しなどに分けられます。

　建築物のボイラーにおける"吹出し"といえば、胴底吹出し、一部吹出し、間欠吹出しをひっくるめた方法、つまり、ボイラー胴底部に設けられた吹出し装置（胴底吹出し装置）からも毎日1回と間欠的に、ボイラー水の一部（ガラス水面計の水位が1/3～1/2低下する量）を排出する、いわゆる胴底吹出しを行えばよいのです。

　吹出し（胴底吹出し）は毎日行い、ボイラー停止後1時間程度してボイラー水中のスラッジなどが胴底に沈堆した状態で実施します。蒸気圧力は49～98kPaで残っています。吹出しはボイラー水が飽和水の状態のときに行わなければならないので、いろいろな危険性を招きやすく、非常に注意を要します。このため法令上も「ボイラーの吹出しを行う者は1人で同時に2以上のボイラーの吹出しを行ってはならない。かつ吹出しを行う者は吹出しを行う間は他の作業を行ってはならない」と規定されています。

　吹出しを行う際はガラス水面計の水位に注視し、決して安全低水面まで水位を低下させてはなりません。吹出し管（胴底吹出し管）には原則として急開弁（またはコック）と漸開弁の2個を備えていますが、吹出しの操作に際しては急開弁を閉切り用、漸開弁を吹出し量調節用として用います。つまり、吹出しのため吹出し弁を開く場合は、まず閉切り用である急開吹出し弁（わずかのハンドル操作で急速に開閉できる構造のバルブ）を全開し、次に漸開弁（全開から全閉まで、またその逆の操作にハンドルを5～6回以上回転させなければならないバルブ、一般のバルブは大部分漸開弁）を徐々に静かに開いていき、所定量のボイラー水を排出した後、先に漸開弁を閉じ、次に急開弁を閉じて吹出し操作は終了です。

　吹出し時に急開弁と漸開弁の開閉の順序を逆に行うと、ボイラー水にショックを与え、事故の危険性が高くなるので、十分注意してください。なお、鋳鉄ボイラーの場合、正しいボイラーの用い方をしていれば原則としてこの吹出しを行う必要はありません。

　また場合によっては、Y形弁を採用します。Y形弁は、流体の流れ方向を制限し、逆流を防止でき、気密性を保持でき、吹出しによる漏洩は増締めで即座に止めることができる特徴があります。

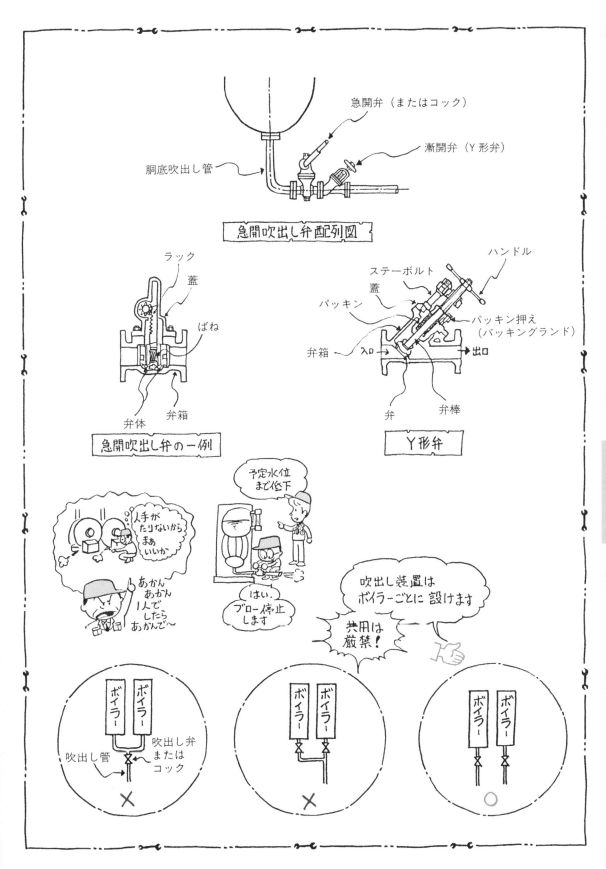

急開弁（またはコック）

漸開弁（Y形弁）

胴底吹出し管

急開吹出し弁配列図

ラック

蓋

ばね

弁体

弁箱

急開吹出し弁の一例

ハンドル

ステーボルト

蓋

パッキン

弁箱

入口

出口

パッキン押え
（パッキングランド）

弁

弁棒

Y形弁

予定水位
まで低下

人手が
たりないから
まぁ
いいか

あかん
あかん
1人で
したら
あかんで〜

はい。
ブロー停止
します

吹出し装置は
ボイラーごとに 設けます

共用は
厳禁！

ボイラー　ボイラー

吹出し弁
または
コック

吹出し管

×

ボイラー　ボイラー

×

ボイラー　ボイラー

○

保全管理のあらまし

快適な室内空気環境を維持するには

空気調和機保全管理のポイント

熱運搬装置のメンテナンス

温熱源設備保全管理のポイント

燃焼装置の安全管理

冷熱源設備保全管理の要点

冷却塔メンテナンスのポイント

58　から釜事故防止は毎日の水面計の機能点検から！

　ボイラーは、その安全確保のため取り扱い保全管理上からも種々、法令によって規制されていますが、その中でも、ボイラー運転中は毎日欠かさず実施しなければならないのが、次の重要事項です。

　ガラス水面計の機能点検：ガラス水面計はボイラー水位を確認するための重要な計測器ですが、ボイラー水の釜泥、いわゆるスラッジやスケール片などは、とくにガラス管下部や水コックで詰まりやすく、そのため、水面計にボイラー水位が現れないことがあります。かつガラス管内が汚れると正確なボイラー水位の確認が行えず、このため給水制御が不確実となり、から釜（あるいはから焚き）事故につながりやすいのです。

　ガラス水面計の機能点検の要領は、①水面計の蒸気コックおよび水コックを閉じ、ドレンコックを開いてガラス管内のボイラー水を全部排出する。②次に蒸気コックを開いて蒸気の噴出状態をみる。この場合、蒸気側連絡管や蒸気コックに異常がなければ排水口から噴出する蒸気は小さい角度の末広がり状態で水滴を含んでい

ない。③いったん蒸気コックを閉じ、水コックを開いてボイラー水の噴出状態をみる。この場合、水側連絡管や水コックに異常がなければ、水滴を大量に含んだ蒸気が、大きい角度の末広がりで排水口から噴出する。これはボイラー水（飽和水）が大気圧下に放出された瞬間に自己蒸発するため。④次に水コックを閉じ、ドレンコックも閉じる。⑤最後に蒸気コックを少しずつ開いてガラス管をあたためながら全開し、そして水コックを開く、この場合、異常がなければ、ボイラー水はガラス管内をボイラー水位のところまで勢いよく上昇させる。

　なお、ガラス水面計が水柱管に取り付けてある場合は、水面計の機能点検を行う前に必ず水柱管の吹出しを行いましょう。これは水柱管自体がスラッジなどで詰まってしまうと、当然、正しいボイラー水位を示さないからです。水柱管の吹出しでは、排水弁を全開にしてボイラー水や蒸気を噴出させます。その勢いで水柱管内の不純物が排出され、あわせてボイラー水や蒸気の噴出量や勢いによって異常の有無も判断できます。

●低水位遮断器の機能点検

　これは俗に低水位遮断テストといい、運転中、実際にボイラー水位を低水位遮断器の安全低水面（低水遮断水位）まで低下させ、その時点で低水位遮断器が確実に作動し、燃焼が自動停止するとともに、低水位警報が発せられ、いわゆる低水位インターロックが確実に動作することを確認するための機能点検です。運転中は、必ず1日1回は実施しなければなりません。遮断器の設置方法ごとに、適したテス

ト手法がありますが、基本的にはボイラー運転中にポンプのスイッチを切り、給水を停止し、ボイラー水位が安全低水面にまで低下した時点で遮断器が作動すればよいわけです。テスト直後には内部にたまり、その作動を誤らせるスラッジなどの不純物の排除も大切です。水柱管の吹出しと同じ要領で、低水位遮断器の吹出しを行ってからポンプをON し、正常運転に戻しましょう。

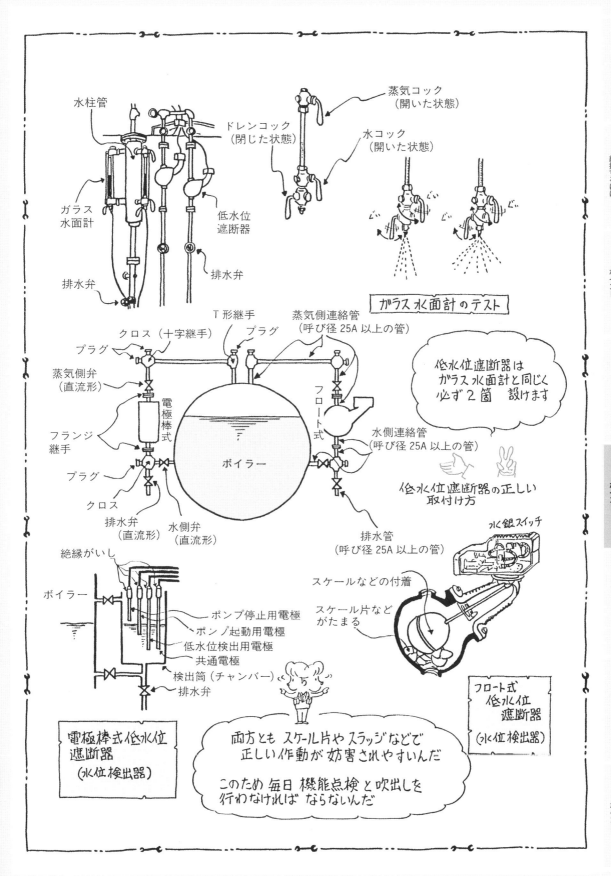

水柱管

ドレンコック
（閉じた状態）

蒸気コック
（開いた状態）

水コック
（開いた状態）

ガラス
水面計

低水位
遮断器

排水弁

排水弁

ガラス水面計のテスト

クロス（十字継手）

プラグ

T形継手

プラグ

蒸気側連絡管
（呼び径25A以上の管）

蒸気側弁
（直流形）

電極
棒式

フランジ
継手

プラグ

クロス

ボイラー

フロート式

水側連絡管
（呼び径25A以上の管）

排水弁
（直流形）

水側弁
（直流形）

排水管
（呼び径25A以上の管）

低水位遮断器は
ガラス水面計と同じく
必ず2箇　設けます

低水位遮断器の正しい
取付け方

水銀スイッチ

スケールなどの付着

スケール片など
がたまる

絶縁がいし

ボイラー

ポンプ停止用電極
ポンプ起動用電極
低水位検出用電極
共通電極
検出筒（チャンバー）
排水弁

電極棒式低水位
遮断器
（水位検出器）

両方とも　スケール片やスラッジなどで
正しい作動が妨害されやすいんだ

このため　毎日　機能点検と吹出しを
行わなければ　ならないんだ

フロート式
低水位
遮断器
（水位検出器）

保全管理のあらまし

快適な室内空気環境を
維持するには

空気調和機保全管理の
ポイント

熱運搬装置のメンテナンス

温熱源設備保全管理の
ポイント

燃焼装置の安全管理

冷熱源設備保全管理の要点

冷却塔メンテナンスの
ポイント

59　ガラス水面計のガラス管は割れないように注意しよう

　ボイラー運転中に水面計のガラス管が割れることがあります。もちろん、この箇所からボイラー水が猛烈な勢いで噴出します。その噴出音は、かなりすさまじいので初体験の方は「ボイラー破裂⁈」とおどろき、慌てふためいて処理を誤り火傷などしないようにしてください。日常から適当な長さの水面計コック止め用のフック棒や防水手袋などを用意しておき、かつ相当離れたところから水面計コックを閉じる訓練をしておきましょう。

　ガラス管が破損するのは次の事項が単独で、あるいは条件が重なった場合です。①上下の金具の芯が一直線に出ていない場合。②サイズや長さが合致しないガラス管の無理な取り付け、パッキンの入れすぎ、または袋ナットを締めすぎている場合。③ガラス管の肉厚が摩耗、腐り減りした場合。④工具などが当たり、ガラス管に衝撃を与えた場合。⑤水面計の機能点検時などにガラス管に急激な温度変化を与えた場合などです。

　破損した場合だけでなく、ガラス管は消耗品ですから、少なくとも1年ごとに取り替えることが肝要です。このため所定サイズに切ったガラス管、これに適応した輪ゴムパッキンの予備を揃えておきましょう。

●ガラス管の取換え要領

① 　ガラス管防護具を取りはずし、上下金具のガラス管取付け部の袋ナットを完全にゆるめほどき、これをガラス管とともに取りはずします。

② 　そして金具内部に付着したり残っているパッキン片やガラスの割れくずなどをていねいに完全に取り除きます。

③ 　新しいガラス管は上下金具取付け位置に対し適当な長さで、かつ、その内径は10mm以上で、外径はパッキン押え金具の穴よりもやや細く、その両端を直角に切ったものを用意します。

④ 　そのガラス管に上下金具のガラス取付け部の袋ナット、パッキン押え、輪ゴムパッキンを、順に通します。

⑤ 　これらを通したガラス管を上下金具と一直線になるように、まずガラス管上部を上部金具の穴へ入れ上げ、次にガラス管下部を下部ガラス管そう入穴へ下げるようにして入れ、ガラス管下端を金具の底部に落ちつかせます。

⑥ 　次に上下のガラス管穴とガラス管のすき間にゴム輪パッキンをていねいに差し込み、さらにナイロン糸など適当なパッキンを適量補充挿入し、バッキン押えを押し、その上から袋ナットを手でいっぱい締める程度に締めます。さらにガラス管防護具を取り付けます。

⑦ 　ガラス管の取換えが一応終わったら、蒸気コックを少し開いてからドレンコックを全開し、蒸気を少し吹き出した後、ガス管を温めます。

⑧ 　ドレンコックを閉じ、水コックを少し開き、ガラス管内の水位が一定に落ち着いた後、蒸気コックと水コックを全開します。

⑨ 　その後、上下のパッキン部袋ナットをスパナで蒸気あるいは水が漏れない程度に軽く増し締めし、適当な間隔をあけて2～3回軽く増し締めを繰り返します。一気に強締め付けることは厳禁です！

保全管理のあらまし

快適な室内空気環境を維持するには

空気調和機保全管理のポイント

熱運搬装置のメンテナンス

温熱源設備保全管理のポイント

燃焼装置の安全管理

冷熱源設備保全管理の要点

冷却塔メンテナンスのポイント

60　定期自主検査はボイラー技士が実施

ボイラーはその安全確保の見地から、ボイラー運転期間中は1ヶ月に1回以上、一定期間ごとに、各部を点検しては、異常の有無を確認し、異常点を整備・改修するよう、法令で義務づけられています。これを定期自主検査といい、その点検項目、点検事項および点検要領を右の表に示しておきます。この定期自主検査は月例点検と俗称され、その結果を記録し、3年間保存しなければなりません。

この月例点検は、ボイラーの運転をわざわざ停止させて行う必要はなく、ボイラー運転中も含めて、主にボイラー技士の五感によって行えばよく、もちろん異常点を認めた箇所によってはボイラーを停止し、整備しなければなりません。

●火炎検出器の点検要領は？

フレームアイと俗称され、燃焼室内で燃料が燃焼しているか否かを感知し、燃焼中に何らかの原因で火が消える。滅火（消炎や断火ともいう）時、または起動時（バーナーの点火操作時）にバーナーの着火失敗や不能、つまり不着火の場合に、燃料遮断弁（電磁弁）を閉じてバーナーへの燃料の供給を停止し、警報を発するための装置です。このような状態を放置し、バーナーから燃料の噴出を続けていると、ガス爆発という大惨事に至ります。フレームアイは光電管によって火炎の発光、つまり、光の有無を検出する方式ですので、その点検方法は光電管への光を遮閉する方法が一般的で簡単です。すなわち、バーナー起動前に光電管を黒紙で覆って、いわば目隠ししてから、バーナーを起動します。すると所定通りのシーケンスでバーナーが着火しても、光電管（フレームアイ）が光を検出することができず"不着火"と判断し、バーナーを自動停止させてしまうのです。もし、この方法でバーナーが着火し燃焼を続ければ、当然、光電管を新品と交換しなければなりません。

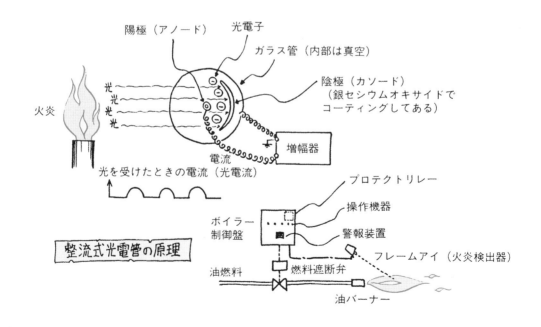

整流式光電管の原理

定期自主検査

項　　　目		点　検　事　項
ボ イ ラ 本 体		損　傷　の　有　無
燃焼装置	油加熱器および燃料送給装置	損傷の有無
	バーナー	汚れまたは損傷の有無
	ストレーナ	詰まりまたは損傷の有無
	バーナータイルおよび炉壁	汚れまたは損傷の有無
	ストーカおよび火格子	損傷の有無
	煙道	漏れその他の損傷の有無および通風圧の異常の有無
自動制御装置	起動および停止の装置，火炎検出装置，燃料遮断装置，水位調節装置ならびに圧力調節装置	機能の異常の有無
	電気配線	端子の異常の有無
付属装置および付属品	給水装置	損傷の有無および作動の状態
	蒸気管およびこれに付属する弁	損傷の有無および保温の状態
	空気予熱器	損傷の有無
	水処理装置	機能の異常の有無

ボイラの点検要領

点　検　項　目		点　検　事　項	点　検　方　法
ボ イ ラ ー 本 体		1.胴，鏡板，炉筒等の腐れ，漏れ，ふくれの有無	使用中に点検するときは，のぞき窓，焚き口などから点検すればよい
		2.水管，煙管の汚れの状態と漏れ，曲がり，ふくれの有無	同　上
		3.外囲い（ケーシングまたはれんが壁の漏れ，割れの有無）	
		4.過熱器，節炭器の汚れの状態と漏れ，腐れの有無	1.に同じ
		5.安全弁の作動状態および漏れの有無	作動状態は，テストレバーにより蒸気の吹出し状態を点検する
		6.圧力計（または温度水高計）の指度の狂いと連絡管の状態	指針の狂いは，蒸気圧力が0のとき，圧力計の指針が0をさしていることを点検する
		7.吹出し装置の損傷と漏れの有無	
燃焼装置	油加熱器および燃料送給装置	作動状態の良否，漏れ，損傷の有無	作動状態は，運転中に油温計と吐出し圧力を点検する
	バ ー ナ ー	汚れの状態 損傷および異常音の有無	バーナーチップのカーボン付着，バーナーコーン，アトマイザのファンの損傷，ベルトのゆるみなどについて点検する
	ス ト レ ー ナ	詰まりおよび損傷の有無	
	バーナータイルおよび炉壁	カーボン付着の状態，耐火物のこわれ，割れ，ふくれの有無	使用中に点検するときは，のぞき窓，焚き口などから点検すればよい
	ストーカおよび火格子	ストーカの運転状態 火格子損傷の有無	
	煙　　　　道	すすおよび灰の付着，堆積状態 煙道のこわれ，煙道への空気の漏入および通風圧の異常の有無	
自動制御装置	起動および停止の装置	機能の異常の有無	
	火炎検出装置	汚れの状態，機能の異常の有無	
	燃料遮断装置	燃料弁の漏れの有無，機能の異常の有無（とくに低水位遮断装置の作動水位）	
	水位調節ならびに圧力調整装置	水位調節装置の水側の汚れの有無 機能の異常の有無	
	電 気 配 線	端子のゆるみ 接点の汚れと絶縁の状態	
付属装置・付属品	給 水 装 置	損傷と漏れの有無 作動の状態	
	蒸気管およびこれに付属する弁	損傷と漏れの有無 保温の状態	
	空 気 予 熱 器	汚れの状態，腐れと漏れの有無	
	水 処 理 装 置	損傷，漏れ，汚れの有無 樹脂の長さおよび状態の良否	

61　ボイラーは1年ごとに性能検査に合格しなければならない

性能検査というのは厚生労働大臣の指定を受けた検査代行検査機関である（一社）日本ボイラ協会、（公社）ボイラ・クレーン安全協会、損害保険会社のいずれかによって行われるボイラーの検査をいい、変形の有無、損耗状況など、設備全般について各部を点検、検査し、引続き一定期間使用できるかどうかを判定するものです。性能検査に合格すればボイラー検査証の有効期間（原則として1年）が更新され、その使用が公認されます。もし、不合格となれば検査証の有効期間は更新されず、その使用は禁止され、当該ボイラーは法的にはたんなるスクラップに過ぎなくなってしまうのです。性能検査を受けるには、検査証の有効期間満了の1ヶ月前に所定の手続きによって申請を行い、指定された日時に検査を受けます。性能検査はいわば自動車の車検のようなものですが、原則として1年ごとに受検し、合格しなければなりません。

性能検査を受けるには前もって、ボイラー本体の内外部の清掃（内部のスケールやスラッジなどの除去、伝熱面外面のすす掃除など）を行うとともに、安全弁や吹出し弁あるいは低水位遮断器などの分解、鋳鉄ボイラーの場合にはさらに水圧試験の準備など、所定の準備や整備を行っておかなければなりません。そして、これらの準備・整備作業および検査合格後の運転可能状態にまで復旧する作業は、原則としてボイラー整備士でなければ行えません。

しかしながら、担当のボイラー技士、とくにボイラー取扱作業主任者も、受検準備の整備作業前および整備作業後には必ずボイラー内外部をよく点検してください。その状況をよく把握し、今後の正しい運転、保全管理のための情報共有が肝要です。そして、検査合格後、運転可能な状態に復旧すればコールドスタートで運転に入るわけですが、1〜2日運転して、休止した（蒸気圧が0になった）ときに、マンホール、安全弁などの取付けフランジ部、ガラス水面計のガラス管上・下端など、ガスケットやパッキンを充てん（交換）した箇所は必ず増締めを行うのを忘れてはなりません。

●ボイラー整備士とは？

ボイラーおよび第一種圧力容器の整備業務、すなわち使用を中止し、ボイラー水を排出または本体を開放して行う本体および付属設備の内外部の清掃作業ならびに付属装置などの整備の作業を行える有資格者です。ボイラー整備士になるにはボイラーや第一種圧力容器の整備の業務の補助（見習い業務）に6ヶ月以上従事した者で、かつ（財）安全衛生技術試験協会の実施するボイラー整備士試験に合格しなければなりません。

●増締めとは？

新しくガスケットやパッキンを充てんした部分は、温度上昇や回転などによってガスケットやパッキンが硬化（収縮）し、ボルトのナットがゆるんだ状態になり、漏れを生じます。このためボルト用ナットを注意して平均的に締め直す必要があり、この作業を増締めといいます。

性能検査を
受けるということは
長い航海を前にした
出航準備の
ようなものだ

受検準備の
整備作業の前後には
ボイラー技士は
検査官になったつもりで
よく点検（検査）
しておこう

検査	検査の内容
内部検査	1 スケールの生成付着の状態 2 胴内部の腐食や割れの有無とその程度 3 ボイラー内取付物の状態 4 煙管や水管の状態とその取付部の状況 5 該当ボイラーの構造や形式上特に損傷を生じやすい箇所の精密な検査 6 節炭器内部の状況
外部検査	1 胴外部の腐食や割れ過熱などの損傷の有無とその程度 2 煙管や水管の外面および取付部の状態 3 給水管 吹出し管 水面計などの取付部の状態 4 ボイラー外面各部からの水や蒸気漏れの有無とその程度 5 ボイラーの据付けの狂いの有無 6 熱による膨張収縮を妨げられている箇所の有無 7 燃焼ガスの短絡 空気の炉内煙道内への漏入の有無とその程度 8 煙道内の湿気の状態 9 過熱器や節炭器 空気予熱器の状況 10 ダンパーの状況
付属品検査	1 圧力計 水面測定装置 給水装置 吹出装置などやそれらの連絡部の良否 2 蒸気管やこれに付随する弁などの良否 3 水処理装置の良否 4 安全弁の機能の良否 5 燃焼装置全般に関する異常の有無とその程度 6 自動制御装置全般に関する異常の有無とその程度

ボイラー整備士試験の内容

試験科目・試験時間

試　験　科　目	出題数（配点）
・ボイラー及び第一種圧力容器の整備の作業に関する知識	10問（30点）
・ボイラー及び第一種圧力容器の整備の作業に使用する器材、薬品等に関する知識	5問（20点）
・関係法令	5問（20点）
・ボイラー及び第一種圧力容器に関する知識	10問（30点）

免除科目

科目の免除を受けることができる者	免除科目
ボイラー技士（特級、一級、二級）免許を受けた者	ボイラー及び第一種圧力容器に関する知識
普通職業訓練（設備管理・運転系ボイラー運転科）又は普通職業訓練（ボイラー運転科）を修了した者	
旧養成訓練、旧能力再開発訓練、旧専修訓練課程普通職業訓練のボイラー運転科を修了した者	

保全管理のあらまし

快適な室内空気環境を維持するには

空気調和機保全管理のポイント

熱運搬装置のメンテナンス

温熱源設備保全管理のポイント

燃焼装置の安全管理

冷熱源設備保全管理の要点

冷却塔メンテナンスのポイント

62　鋳鉄ボイラーの特性と使用方法

　炉筒煙管ボイラーや水管ボイラーなど鋼製（軟鋼製）ボイラーは、建築物だけではなく工場など、いわゆる産業用として広く用いられますが、鋳鉄ボイラーは、主として建築物に用いられます。その理由は建築物におけるボイラー（蒸気や温水）の使用目的が暖房用や給湯用で、68.6 kPa 程度のごく低圧の蒸気や 50 ～ 80℃の温水しか必要とせず、構造上、5 ～ 18 枚のセクション（鋳鉄製）を組み合わせてボイラー本体を構成するので、建築物の地下室（ボイラー室）への搬入が容易となり、その容量（大きさ）の増減が簡単に行え、建築物用として適しているからです。いいかえれば建築物用ボイラーとして開発されたものなのです。鋳鉄ボイラーは、前述したように、いくつかのセクションを増減させることも可能なので、セクショナルボイラーともいわれます。

　また、「鋳鉄製」とは読んで字のごとく、鋳鉄ボイラーのセクション部分の材料である鋳鉄は軟鋼に比べて、腐食しにくく、かつ複雑な任意の形状につくりやすい（鋳造しやすい）特徴があります。一方、極めて脆いという特性もあります。そのため、鋳鉄ボイラーは形状が複雑で、本体内部に人が入ることは無論のこと、見て点検することもできません。このような特性から法令上、鋳鉄ボイラーは、①蒸気ボイラーとして使用する場合は最高使用圧力は 98 kPa 以下。②温水ボイラーとして使用する場合は最高水頭圧 50 m（50 mAq、圧力に換算して 490 kPa）以下で、かつ最高使用温度が 120℃未満の条件でしか使用が許可されていません。

　ともかく鋳鉄ボイラーは材質上、急冷急熱は禁物で、内部は著しく狭くて複雑なので、使用開始時に給水したボイラー水を循環し、繰り返し使用するボイラー水の密閉循環使用法のみで運用するしかない宿命にあります。この理由は、ボイラーで発生させ、供給した蒸気や温水を使用後、これを廃棄し、その分だけ新しい水を補給（給水）するということを繰り返すと、水中に含有する各種の不純物がボイラー内で濃縮、析出され、過熱事故や割れ（破裂）をきたしやすいのです。鋼製ボイラーでは一連の水処理を行って、このトラブルをなくせるのですが、鋳鉄ボイラーは構造上、この対策の実施がほとんど不可能です。

　ところが多くのボイラー技士が、鋳鉄ボイラーは超低圧だからと甘くみて、常にホットスタートをし、さらにボイラー水の循環使用を原則とする蒸気ボイラーの場合に、その蒸気を空気調和の加湿用や、ホテルではクリーニング用などとして放出使用してしまいます。また温水ボイラーの場合も加湿用などとして温水を放出使用し、新しい水を補給（給水）するといった杜撰な取り扱いをされるケースは非常に多いのです。そのため、スケールの析出、付着による過熱や、ホットスタートの繰り返しによる急冷急熱が起き、本体セクション部分の割れという事故が多発するのです。

　鋳鉄ボイラーはボイラー水の密閉循環使用法という正しい取り扱いをすれば、軟水処理、ボイラー清浄剤の使用、ボイラー水の吹出しなど一連のボイラー水処理を行うことなく 20 ～ 30 年の長期にわたって十分に使用できるのです。

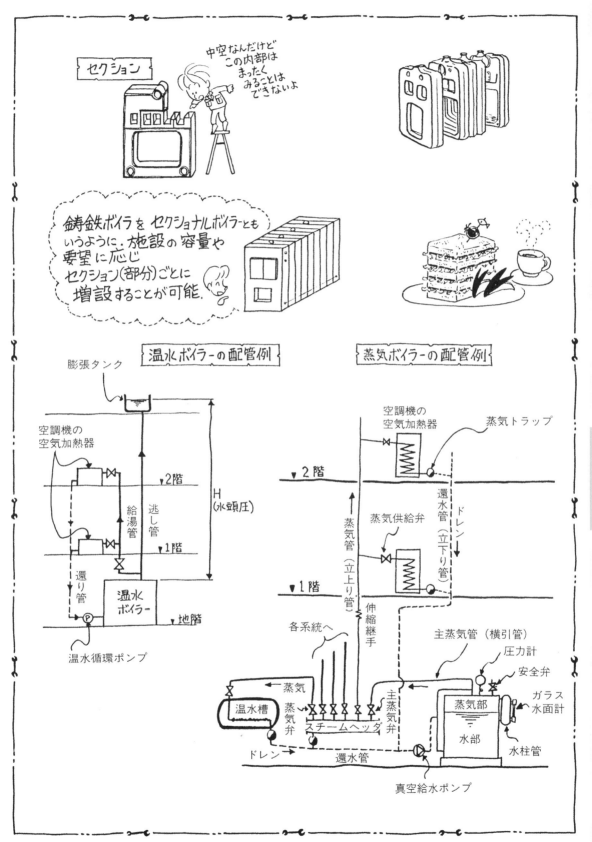

セクション

中空なんだけど
この内部は
まったく
みることは
できないよ

鋳鉄ボイラを セクショナルボイラーとも
いうように、施設の容量や
要望に応じ
セクション(部分)ごとに
増設することが可能.

温水ボイラーの配管例

膨張タンク

空調機の
空気加熱器

逃し管

給湯管

H
(水頭圧)

▼2階

▼1階

還り管

温水
ボイラー

▼地階

温水循環ポンプ

蒸気ボイラーの配管例

空調機の
空気加熱器

蒸気トラップ

▼2階

蒸気供給弁

還水管
(立下り管)

ドレン

蒸気管
(立上り管)

▼1階

伸縮継手

各系統へ

主蒸気管(横引管)

圧力計

安全弁

ガラス
水面計

蒸気

蒸気部

温水槽

蒸気弁

スチームヘッダ

主蒸気弁

水部

水柱管

ドレン

還水管

真空給水ポンプ

保全管理のあらまし

快適な室内空気環境を
維持するには

空気調和機保全管理の
ポイント

熱運搬装置のメンテナンス

温熱源設備保全管理の
ポイント

燃焼装置の安全管理

冷熱源設備保全管理の要点

冷却塔メンテナンスの
ポイント

63 鋳鉄ボイラー運転上の留意点

蒸気ボイラーとして用いる場合の留意点

　炉筒煙管ボイラーなどの鋼製ボイラーは原則として蒸気ボイラーとして使用します。スタート後、蒸気圧力が常用圧力にまで上昇した時点で各蒸気機器へ蒸気を供給する、いわゆる送気を行います。まず、ボイラー本体の主蒸気弁をゆっくり開き、スチームヘッダへ蒸気を送ります。さらにスチームヘッダの各系統への蒸気管ごとで、蒸気供給弁を徐々に開き、蒸気管を暖める暖管を行い、ゆっくり送気します。これは蒸気管でスチームハンマー（ウォータハンマー）を発生させないためです。しかし、鋳鉄ボイラー（蒸気ボイラー）は、主に空調用や給湯加熱用として用い、ボイラー水の密閉循環使用法として真空還水方式を採用するのが通常です。もし、現在の鋼製蒸気ボイラーと同様の送気開始操作を行えば、当初は相当量の蒸気を送り出しても、この蒸気が空気加熱器などで放熱してしまい、凝縮したドレンが真空給水ポンプにすぐ戻りません。つまり、送気量に見合ったドレン給水が行えず、ボイラー水位が著しく低下したままの状態がしばらく続き、から釜（空焚き）事故につながります。かつ、間をおいてから大量に送気すると、蒸気は一気に空気加熱器などでドレンと化し、冷たい状態で真空給水ポンプに戻って給水され、ボイラーが急冷されることになります。そのため、鋳鉄蒸気ボイラーの運転期間中は、常に本体の主蒸気弁やスチームヘッダ各系統の蒸気管の蒸気供給弁は開いたまま

にしなくてはなりません。条件によってホットスタートまたはコールドスタートで起動し、この状態で常用圧力にまで圧力が上昇した時点で空調機などを稼働させればよいのです。

温水ボイラーとして用いる場合の留意点

　この場合には、ボイラー水の密閉循環使用法として温水強制循環方式を用いますが、ボイラー本体の主温水弁や、常に給湯を行わなければならない系統の給湯管の温水供給弁は開いたままにしておきます。さらに重要なことは、温水ボイラーの起動前に、必ず温水循環ポンプを駆動させることです。温水ボイラー→給湯管→空気加熱器（貯湯槽なども含む）→還り管→温水ボイラーと冷たい水の状態で循環させながら、ボイラーを運転させ、ボイラー水を加熱して、温水をつくらなくてはなりません。この理由は、温水ボイラーの主温水弁などを閉じたままボイラーを運転し、例えば80℃などに上昇させてからバルブを開き、かつ温水循環ポンプを駆動（温水を供給）すると、給湯を始め、温水循環ポンプが駆動した瞬間に、空気加熱器や還り管内にある冷水が多量にボイラー内に戻ってきます。こうしてボイラーが急冷された結果、本体のセクション部分の破損事故が引き起こされます。とくに、鋳鉄温水ボイラーが冷却状態にある場合は、必ずコールドスタートで起動すること、そしてボイラーの起動前に必ず温水循環ポンプを駆動させてください！

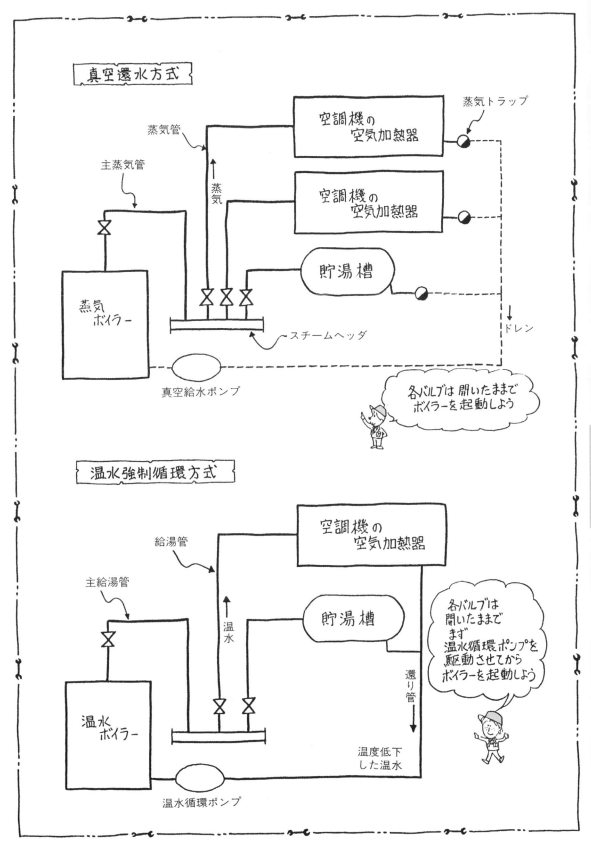

真空還水方式

空調機の空気加熱器

蒸気トラップ

蒸気管

主蒸気管

蒸気

空調機の空気加熱器

貯湯槽

蒸気ボイラー

スチームヘッダ

ドレン

真空給水ポンプ

各バルブは 開いたままで ボイラーを起動しよう

温水強制循環方式

空調機の空気加熱器

給湯管

主給湯管

温水

貯湯槽

各バルブは 開いたまま まず 温水循環ポンプを 駆動させてから ボイラーを起動しよう

還り管

温水ボイラー

温度低下 した温水

温水循環ポンプ

保全管理のあらまし

快適な室内空気環境を維持するには

空気調和機保全管理のポイント

熱運搬装置のメンテナンス

温熱源設備保全管理のポイント

燃焼装置の安全管理

冷熱源設備保全管理の要点

冷却塔メンテナンスのポイント

64　真空給水ポンプに起こりやすいトラブル

　鋳鉄ボイラーを蒸気ボイラーとして用いる場合は真空還水方式を採用しますが、この方式に必要不可欠なのが真空給水ポンプです。空気調和機器などからの凝縮水（ドレン）とともに、漏入空気および蒸気を吸引し、空気および蒸気はポンプ外へ排出するため、還水管の最終端（根元）に配置して、還水管およびポンプの還水タンク内部を真空に維持する役割だけでなく、還水タンク内に所定量のドレンが溜まれば、これを給水ポンプで自動的にボイラーに給水する役目も果たします。一般に、真空度は1万3332〜2万6664 Pa（ちなみに、大気圧は10万1325 Pa）を維持するように、真空ポンプが自動制御されます。なお、真空給水ポンプは真空ポンプ・給水ポンプ・還水タンクをベースに、自動制御装置などで構成されます。

　真空給水ポンプで起こりやすいトラブルは、還水タンクや還水管内の真空度が上がらないという事態です。そのために、空調機器などの蒸気トラップから排出されるドレンを還水タンクに強制的に吸引する能力（還水量）が著しく減少し、ボイラー給水量も減少してしまうのです。真空度が上がらない原因は、①真空ポンプにある場合、②還水管系統の配管設備にある場合とに大別できます。したがって、真空度が上がらない状態を真空計の指針で認めたときは、いずれに原因があるかを、まず究明することが肝要です。

　この判断の方法が、真空ポンプテストの実施です。①まず、水槽（還水タンク）のガラス水面計の中央まで手動補給水弁を開き、給水して閉じます。②次に、主還水弁を閉じ、さらにボイラーの給水管の止め弁を閉じ、真空給水ポンプと配管との連絡を遮断してから、真空ポンプを自動運転で稼働します。③それでも真空度が上がらず、真空ポンプが運転を続ける、あるいは真空度が上がり真空ポンプは自動停止しますが、すぐ真空度が低下し、短時間にオンオフ運転を繰り返す場合は、真空ポンプ自体に異常があります。④そして、すぐ真空度が上がり真空ポンプが自動停止し、長時間真空度が低下しない場合は、真空ポンプ自体の異常ではなく、還水管系統に異常があると判断できます。なお、この還水管系統の異常としては、空調機器出口の蒸気トラップの不良などによって蒸気が漏入している場合と、還水弁のグランドパッキン部などの気密不良によって、空気が漏入している場合が考えられます。なお、還水管系統での蒸気漏入の場合は、還水管は原則として保温しない"裸管"なので、各系統の還水管を順次手で触れていき、熱い還水管系に蒸気漏入を確認します。

●還水管を保温しないのはなぜかな？

　空調機の空気加熱器などの蒸気トラップで排出されるドレン（飽和水）は、保温されると、高温のまま真空状態の還水管内で再蒸発現象を起こし、蒸気に変わってしまいます。いわゆる再蒸発蒸気が発生して、還水管内に蒸気が漏入するのと同じ状態となり、還水管の真空度が上がらなくなるからです。そのため、原則として保温はせず、裸管のままとして放熱させ、還水管内における蒸気を完全にドレンとさせることが肝要です。

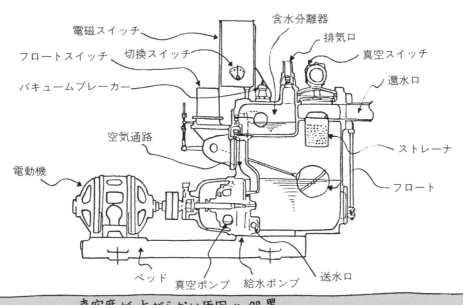

電磁スイッチ
フロートスイッチ　切換スイッチ
バキュームブレーカー
空気通路
電動機
ベッド　真空ポンプ　給水ポンプ　送水口
含水分離器
排気口
真空スイッチ
還水口
ストレーナ
フロート

真空度が上がらない原因と処置		
真空ポンプテストによる現象	原因	処置
真空度が上がりポンプが停止する（還水管側に異常がある）	配管に空気が漏入する スルース弁のグランドから空気漏入 トラップから蒸気が漏れる バイパス弁の気密不良 バイパス弁の開き放し 凝縮水温度が高い	漏入を防止する グランドを締める 修理　取りかえ 修正　取りかえ 弁を閉じる 真空度調整範囲を下げる
真空度が上がらずポンプが連続運転する（ポンプに異常がある）	水戻し弁の空気漏れ 真空ポンプの封水不足 グランドから空気漏入 ポンプ逆流防止弁が開かない 回転方向が反対 反対側ポンプの排気通路のポンプ 逆流防止弁　不良 真空ポンプの摩耗	分解掃除 封水穴の掃除 グランドの増締め 分解調整 結線をかえる 分解掃除　修正 部品の取りかえ
真空度が上がりポンプは停止するがすぐ低下して再び起動する（ポンプに異常がある）	排気通路のポンプ逆流防止弁がもれる グランドより空気漏入	分解掃除 グランドの増締め

保全管理のあらまし

快適な室内空気環境を維持するには

空気調和機保全管理のポイント

熱運搬装置のメンテナンス

温熱源設備保全管理のポイント

燃焼装置の安全管理

冷熱源設備保全管理の要点

冷却塔メンテナンスのポイント

65　還水管内へ空気漏入する箇所を見つけるのは大変！

　真空度が上がらない原因が真空ポンプではなく、還水管側にある場合は蒸気が漏入している可能性が濃厚です。**64**項で説明したとおり、漏入系統（漏入箇所）の発見は容易なのですが、空気漏入の場合、その箇所を見つけるのは大変です。ここでは、還水管系統のバルブのグランドパッキン部や管継手など、気密不良による空気漏入箇所を見つけるコツを示しましょう。

　まず、多くの還水管系統のいずれの系統で空気漏入が生じているかを見つけます。これには各系統の還水弁をすべて閉じ、主還水弁を開いて、真空ポンプを自動運転させます。こうして真空度が上がり真空を維持している場合は、主還水弁のグランド部からの空気漏入など主還水管系統に異常はなく、気密不良箇所はいずれかの系統の還水管にあるはずです。

　これを発見するには例えば、まず1階系統の還水弁を開きます。真空度があまり低下せず真空ポンプが停止のまま、または再起動してもすぐに真空度が上がり、真空ポンプが停止して相当時間、真空度が維持されるようであれば、1階系統は異常ないということになります。このような要領で順次各系統の還水管を点検していき、例えば、6階系統の還水弁を開いたとき真空低下が速く、真空ポンプが再起動しても真空度が上がらず連続運転しておれば、6階系統の還水管のいずれかに気密不良箇所があると判断できるわけです。

　これで"捜査範囲"が狭まり"犯人逮捕（原因発生箇所の発見）"が近づいたわけです。その還水管系統の管継手部などをよく点検しましょう。この場合、聴診器（聴音器）を用いると早く犯人が逮捕できますよ。あなたは"名探偵"になれるかも？

●真空ポンプの作動原理

　真空ポンプとしては、一般に回転形水封じ真空ポンプが用いられます。右図に示すように、ローター、シリンダー、ベーンなどからなり、シンプルな構造で出力には限界がありますが、低真空領域で大きな排気速度が得られます。

　ローターが回転すると、ベーンは遠心力の作用で外側にスライドし、シリンダーと接触しながら回転します。ローターが回転する内部では、吸気口から圧縮されたガスが入ってきて、排気口から吐き出されます。

　空気の逆流（シリンダーとローターの隙間から入る）は避けられないオイルレスポンプですが、ベーンがあることによって、逆流を多少抑制することができます。

　なお、この方式の真空ポンプは、しゅう動部分（動く部分）による発熱が多くなるため、冷却も重要です。

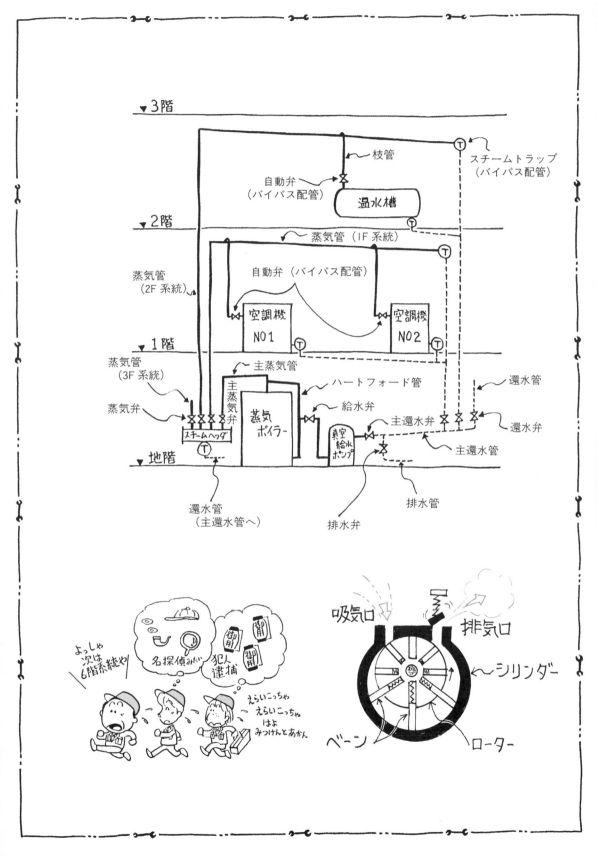

▼3階

枝管

スチームトラップ
（バイパス配管）

自動弁
（バイパス配管）

温水槽

▼2階

蒸気管（1F系統）

蒸気管
（2F系統）

自動弁（バイパス配管）

空調機
NO1

空調機
NO2

▼1階

蒸気管
（3F系統）

主蒸気管

ハートフォード管

還水管

蒸気弁

主蒸気弁

蒸気ボイラー

給水弁

真空給水ポンプ

主還水弁

還水弁

スチームヘッダ

主還水管

▼地階

還水管
（主還水管へ）

排水弁

排水管

よっしゃ
次は
6階系統や

名探偵みたい

犯人逮捕

御用

御用

御用

えらいこっちゃ
えらいこっちゃ
はよ
みつけんとあかん

吸気口

排気口

シリンダー

ベーン

ローター

保全管理のあらまし

快適な室内空気環境を維持するには

空気調和機保全管理のポイント

熱運搬装置のメンテナンス

温熱源設備保全管理のポイント

燃焼装置の安全管理

冷熱源設備保全管理の要点

冷却塔メンテナンスのポイント

66　蒸気トラップの "糞詰まり"

蒸気トラップは蒸気中のドレンだけを自動的に外部に排除して、蒸気は漏らさないようにする一種のバルブで、蒸気配管系や蒸気によって、間接加熱する空調機の空気加熱器や給湯器の加熱コイルなどの出口側に必ず設けなければならないもので、蒸気ボイラーの関連設備に必要不可欠なものです。蒸気トラップのトラブルとしては、次の3つがあります。

① フンズマリ（糞詰まり）：これは閉塞などともいい、蒸気トラップの弁がまったく作動せず（開かず）、ドレンを排出しない故障で、例えば、空気加熱器出口の蒸気トラップがフンズマリを起こすと、その空気調和機のサービスエリアの室の人から「暖房が利いていない、寒い！」とクレームが出ます。フンズマリの原因は、蒸気トラップ自体の部品の不良、異状発生にある場合と、蒸気障害や空気障害といった外的要因による場合とがあります。実際にフンズマリが起こった際には、トラップの新品との交換か、専門家の診断を必要とするケースも多いのです。しかしながら多くの場合、トラップ自体に原因があるのではなく、実はトラップのバイパス配管に設けてあるストレーナに錆片やゴミなどが詰まっていたり、トラップ前後に配置されている入口弁と出口弁のいずれかを開き忘れている（閉じたまま）などのケースが意外と多いのです。したがって、フンズマリが疑われたら、すぐに蒸気トラップを分解せず、まずトラップバイパス配管の入口弁と出口弁が開いているか否かを点検します。開いていればストレーナを点検して洗浄し、詰まっているゴミなどを

排除してください。この場合、バイパス弁を少し開き、入口弁と出口弁を完全に閉じて行えば、空気調和機を停止させることなく作業が行えます。

② 吹放し：これは蒸気トラップの弁が閉じず開いたままとなり、ドレンも蒸気もトラップを連続的に素通りしてしまう状態の故障をいい、吹放しになると、空気調和温度や給湯温度の制御不能となり、故障系統の還水管が熱くなり、「部屋が暑い！」とのクレームが出ます。この吹放しも、トラップ自体の故障よりも、実はバイパス配管のバイパス弁の閉じ忘れ（開いたまま）のケースが意外と多いので、気をつけましょう。

③ 蒸気漏れ：これは文字通り蒸気トラップから蒸気が漏れる故障で、吹放しに準じたようなトラブルです。原因は吹放しと同じくトラップ部品における異常発生などですが、意外と多いのはバイパス弁が完全に閉じていないケースか、バイパス弁の故障により、蒸気が漏洩するケースです。いずれにしても蒸気トラップに故障を生じさせない基本は、ボイラーからの送気操作を正しく行い、スチームハンマー（ウォータハンマー）を起こさないことです。日常監視も大切です。バイパス配管の各弁の開閉を正しく行うこと、ストレーナは3ヶ月ごとに定期洗浄を行うこと、当該トラップの正常な作動音を把握しておき、狭い箇所などでは聴音器を用いるなどして聴覚による方法と、還水管に手を触れるという触覚で行いましょう。

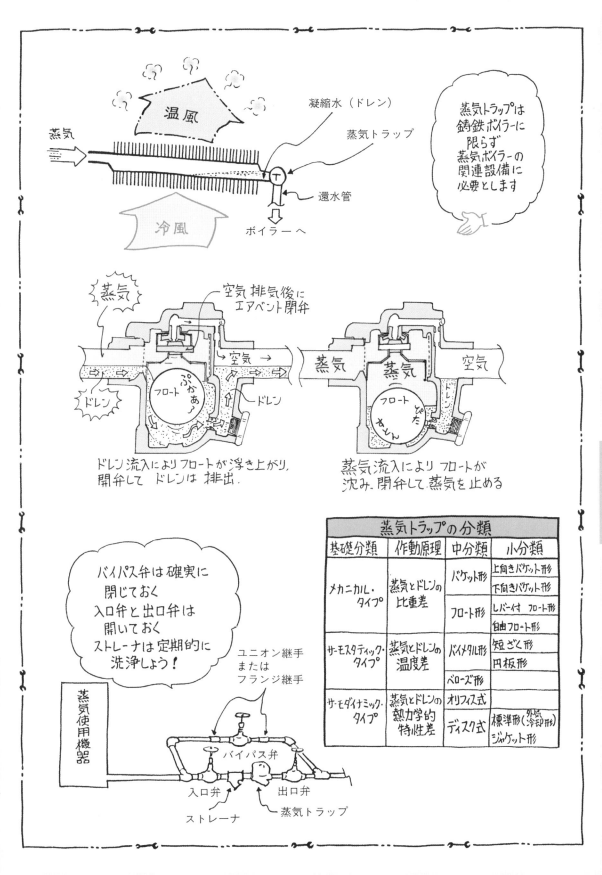

凝縮水（ドレン）

蒸気トラップ

温風

蒸気

還水管

冷風

ボイラーへ

蒸気トラップは
鋳鉄ボイラーに
限らず
蒸気ボイラーの
関連設備に
必要とします

空気排気後に
エアベント閉弁

蒸気

空気 →

ドレン

フロート

ドレン

ドレン流入によりフロートが浮き上がり、
開弁してドレンは排出.

蒸気

蒸気

空気

ドレン

フロート

蒸気流入によりフロートが
沈み.閉弁して蒸気を止める

バイパス弁は確実に
閉じておく
入口弁と出口弁は
開いておく
ストレーナは定期的に
洗浄しよう！

蒸気使用機器

ユニオン継手
または
フランジ継手

バイパス弁

入口弁

出口弁

ストレーナ

蒸気トラップ

蒸気トラップの分類

基礎分類	作動原理	中分類	小分類
メカニカル.タイプ	蒸気とドレンの比重差	バケット形	上向きバケット形
			下向きバケット形
		フロート形	レバー付フロート形
			自由フロート形
サーモスタティック.タイプ	蒸気とドレンの温度差	バイメタル形	短ざく形
			円板形
		ベローズ形	
サ・モダイナミック.タイプ	蒸気とドレンの熱力学的特性差	オリフィス式	
		ディスク式	標準形（外点冷却形）
			ジャケット形

保全管理のあらまし

快適な室内空気環境を維持するには

空気調和機保全管理のポイント

熱運搬装置のメンテナンス

温熱源設備保全管理のポイント

燃焼装置の安全管理

冷熱源設備保全管理の要点

冷却塔メンテナンスのポイント

67　メインは水圧試験！ 鋳鉄ボイラーの性能検査

水圧試験は密閉したボイラー（本体）内に水を充満させ、さらに水を手押しポンプで加圧（圧入）し、本体に漏れ、割れなどの異常が発生していないかを調べるための手段です。性能検査の際、鋳鉄ボイラーでは必ず水圧試験を実施します。鋳鉄ボイラーの性能検査は水圧試験のことを意味しているといっても過言ではないほどですが、炉筒煙管ボイラーなど鋼製ボイラーでは、原則実施しません。鋳鉄ボイラーに限って行われるのは、何度か解説したように、鋼製ボイラーとは異なり形状が著しく複雑で、狭く、人間が本体内部に入ったり、覗くなどのいわゆる目視による点検、確認がまったく不可能なためです。

性能検査の際の水圧試験における水圧力は、当該ボイラーの最高使用圧力の1.0〜1.3倍ですが、必要に応じて2倍に水圧力を上げるように、検査官から指示されることもあります。性能検査時には所定の準備をし、ボイラー内を満水状態としておき、検査官到着と同時に水圧力を加える作業に入り、所定の水圧力にまで上昇させ、加圧を停止します。この所定値の水圧力が加わった状態で30分間経過しても水圧低下がなければ"異常なし"、つまり、ボイラー本体に漏れ箇所はないということです。一方、水圧が低下すれば、漏れ（割れ）の発生を意味し、割れが発生しているセクションは新品と交換しなければなりません。セクションは鋳鉄製で修理は不可能だからです。

水圧試験の詳しい準備や段取り、方法などについては、先輩やボイラー整備士の指導を受けるとして、そのポイントを述べます。

① 安全弁や低水位遮断器などは取りはずし、その取付けフランジ部はガスケットをはさみ、密閉用フランジで密閉します。

② 水圧試験の加圧用の水は、水温が大気温度よりも低くないことが条件です。とくに夏期のように、高温高湿のとき、井戸水など低温の水をそのまま用いると、ボイラー外面に空気中の水分が凝縮して水滴を生じ、結露して、これが流下し、ボイラーの気密不良箇所の漏水と区別がつかなくなり、漏れ部（割れ発生箇所）やその程度が確認できなくなるためです。

③ 水圧力は急激に加えることは厳禁で、圧力計を注視しながら徐々にゆっくり昇圧させ、所定圧力を超えて上昇させてはなりません。誤って急激にかつ、最高使用圧力の2倍を超える水圧力を加えるとボイラーを破壊させる恐れがあります。

④ 水圧試験が終了し、水圧力を下げる場合も徐々に圧力低下させましょう。

なお、鋳鉄ボイラーの水圧試験は性能検査のときだけではなく、自主的に行うことが肝要です。過熱やから釜（空焚き）事故などを起こしたときは、時間をかけてボイラーを冷却、いわゆる自然冷却させてから、割れなどが発生していないか、そのボイラーが引き続き使用できる状態か否かを判断します。

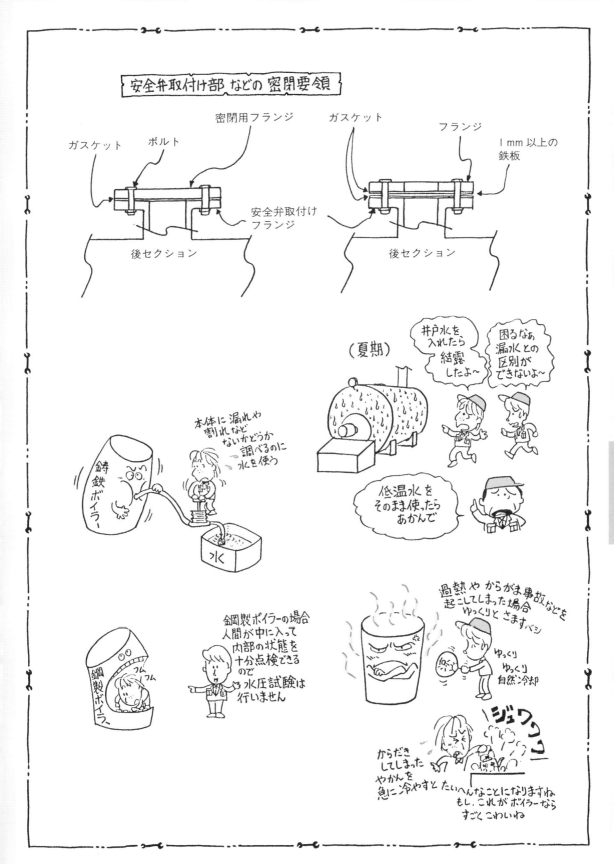

保全管理のあらまし

快適な室内空気環境を維持するには

空気調和機保全管理のポイント

熱運搬装置のメンテナンス

温熱源設備保全管理のポイント

燃焼装置の安全管理

冷熱源設備保全管理の要点

冷却塔メンテナンスのポイント

68　ボイラーは運転中よりも休止中にトラブルを生じやすい

　建築物におけるボイラーの主な用途は暖房です。このため、事務所建築物では、ボイラーを運転するのは、原則、11月下旬から翌年の4月上旬の5ヶ月間の、いわゆる暖房シーズンだけで、シーズン以外は設置ボイラーのすべてを休止させます。一方、ホテルや百貨店などの用途は暖房のほか、給湯・厨房などでも用いるので、年間を通じてボイラーを運転します。例えば、暖房シーズンは3基すべてのボイラーを運転するけれども、暖房シーズン以外は1基しか運転せず、2基は休止させるなどで工夫します。

　いずれにしても建築物用ボイラーは、工場設置のボイラーの場合とは異なり、使用せず、休止させる期間も長いのです。ボイラーは、使用を休止させる場合でも、無為無策でただ漠然と休止させていると、ボイラー内外面が腐食したり、炉内を変質破壊させることがあります。極端な場合には運転（使用）中よりも休止中の方が著しくボイラーを損傷あるいは腐食させ、寿命を著しく短縮させるのです。

　また、休止ボイラーの運転再開に備えて、内部点検しようと、ボイラー内へ入ったボイラー技士が、内部の空気が酸欠状態のため、窒息死したという事故もあり危険です。

　したがって、ボイラーを2ヶ月以上の長期にわたり休止して保存する場合は、運転中のそれに劣らぬほどの対策や注意が必要であり、正しい休止保存方法をよく認識してください。

●建築物内の環境を良好に維持するには？

　建築物の室内は、ボイラーなど暖房機器を運転する暖房期、空調機器を運転する冷房期、冷房、暖房を使用しない中間期に分けることができます。いずれの期間でも、建築物の室内を人間にとって衛生的かつ快適な環境空間を維持する必要があります。そのための基準を生活環境基準といい、次の3種類があります。①環境に対して、人間の生理的反応もしくは感覚の度合を定める条件の水準である環境生理基準。②生理基準をもとにして経済性、技術上の水準など諸条件を考慮した設計上の水準である環境設計基準。③在室者が健康的に生活・労働を続けるため、室内環境の諸要素が維持されるべき水準である環境維持基準。

　そして環境維持基準は質的レベルによって、次の3段階に分けられるのです。①実現可能な最適（最高）の水準である最適レベル。②最適レベルと許容最低レベルとの中間の水準である中間レベル。③法的基準の段階である人間の安全、健康を確保するため必要な最低基準である許容最低レベル。

　建築物の空気環境や飲料水の水質維持など、いわゆるビル設備管理を行う場合は、とくに環境維持基準の3段階の質的レベルの組合せによって、環境づくりを行うことが肝要です。例えば、空気中の二酸化炭素（CO_2）含有率の法的規制値（許容最低レベル）である1000 ppmさえクリアすればよい、これでクリーンな空気環境が維持できるというような考えで設備管理を実施しているならば、実際にはクリーンで安全な環境は実現しにくいのです。つまり、せめて中間レベルの環境維持に努める心構えと、常に改善を提案できるフィードバックできる体制づくりや、設計変更、設備、運転方式の改善をはかるべきです。

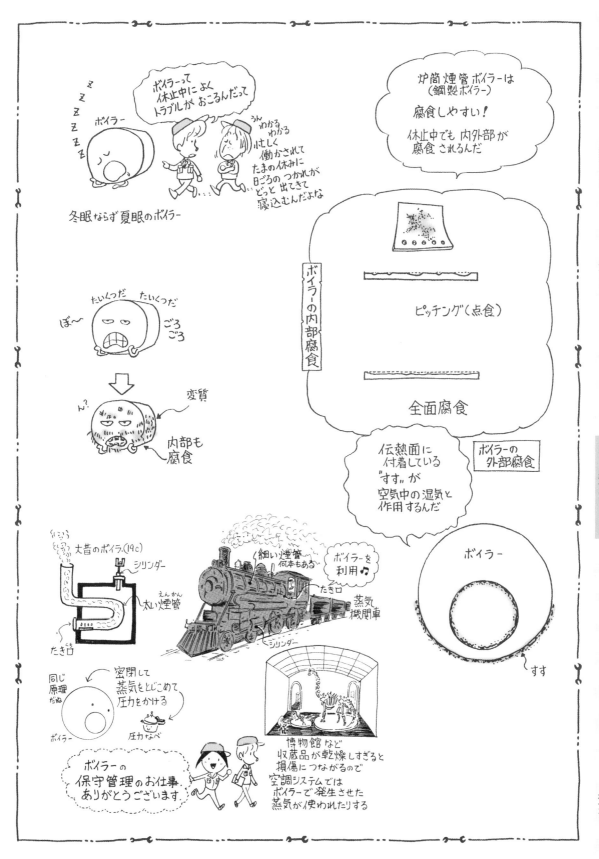

保全管理のあらまし

快適な室内空気環境を維持するには

空気調和機保全管理のポイント

熱運搬装置のメンテナンス

温熱源設備保全管理のポイント

燃焼装置の安全管理

冷熱源設備保全管理の要点

冷却塔メンテナンスのポイント

69　休止保存方法は満水保存法と乾燥保存法がある

休止中のボイラーを腐食させる要因は空気（酸素）と水です。これがボイラー内に共存していると水と酸素が作用して、ボイラー内面（鉄）を腐食させるわけです。したがって、ボイラーの長期休止保存の基本は、ボイラー内に空気と水を共存させないことです。ボイラーの休止保存法には乾燥保存法と満水保存法があります。

乾燥保存法とはボイラー水を全部排出し、ボイラー内外面を掃除して乾燥させた後、生石灰やシリカゲルといった乾燥剤（吸湿剤）をボイラー内に入れる保存法です。その量は一般的にボイラーの内容積 1 m³ 当たり、生石灰では0.25 kg、シリカゲルでは 1 〜 1.3 kg の割合で、この乾燥剤を洗面器のような底の浅い容器に入れてボイラー内の数ヶ所に分散配置した後、ボイラーを密閉して休止する方法です。乾燥保存法は炉筒煙管ボイラー（鋼製ボイラー）に適し

た方法です。

一方、満水保存法は鋳鉄ボイラーのように、内部が著しく狭くかつ複雑で、内部の掃除はもちろん乾燥剤の配置も不可能で、十分な乾燥状態が維持できない場合に採用されます。満水保存法は鋳鉄ボイラー専用の保存法と考えればよいでしょう。すなわち、ボイラー内に水を充満させた状態で密閉し保存するもので、その水は通常の清水でもよいが内部の防錆上の見地から、水 1t 当たり苛性ソーダ（水酸化ナトリウム）を 300g の割合で溶かし、その水を pH10 程度のアルカリ性として用います。なお、寒冷地でかつ冬期にボイラーを休止させなければならない場合、満水保存法は用いてはなりません。水（液体）が凍結して氷（固体）となると体積が9/100 増加するので、ボイラーを破壊する恐れがあるためです。

●真空給水ポンプ保存法

鋳鉄ボイラーを蒸気ボイラーとして用いる場合、鋳鉄ボイラーの休止は同時に真空給水ポンプも休止することを意味し、このポンプの休止に際しても所定の措置が必要です。真空給水ポンプの休止保存に際してのポイントは、ポンプの還水タンク（受水槽）の掃除と乾燥を実施することです。つまり、タンク内を十分に洗浄した後、十分乾燥させ、乾燥剤を適量、皿などに入れタンク内に配置し、タンク掃除口の蓋を閉じるという手順です。乾燥保存法と同様の保存措置です。

●ボイラー日誌をつけよう！

ボイラー運転中における一定の運転時間ごと（原則として1時間ごと）に、ボイラーの各部の状態、蒸気発生量、燃料消費量などを点検し、記録するものをボイラー日誌といいます。ボイラー日誌を正しくつけ記録することは、ボイラー運転・保全管理上は、無論のこと、省エネルギー管理の見地からも大切なことで、重要な資料となります。"三日坊主"でなく毎日忠実に記録し、3年間は保存するのがよいでしょう。

ボイラー日誌

	課　長	熱管理士	主　任

平成　　年　　月　　日（　曜）天候　午前／午後

時間	気温[℃] 外気	室内	蒸気圧[kg/cm²]	ボイラー水位	給水量[ℓ]	油使用量（燃料）[ℓ]	油温度[℃] 加熱器入口	加熱器出口	火災状態	排温ガス度[℃]	CO_2[%]	ばい煙濃度（リンゲルマン標準濃度）[%]	通風圧[mmAq]	給水温度 ブロー[ℓ] 節炭器 入口	出口	胴底	連続	効率[%] ボイラー効率[%]	すすき吹き	管理事項
4																				重油理
5																				
6																				ボイラー水
7																				
8																				
9																				
10																				
11																				
12																				
13																				自動制御装置
14																				
15																				
16																				
17																				
18																				
19																				
20																				
21																				
22																				
23																				

担当ボイラー技士	自至 時　分 時　分	種　別	本日計	本月合計	特記事項
	自至 時　分 時　分	重油使用量			
	自至 時　分 時　分	給水量			
	自至 時　分 時　分	作業時間			

重油理
| 本日残量 |
| 入荷量 |
| 添加剤投入量 |
| 温度 |

ボイラー水
| ブロー量 |
| Mアルカリ度 |
| Pアルカリ度 |
| pH |
| 清浄剤注入量 |

自動制御装置
| 起動蒸気圧 |
| 停止蒸気圧 |
| プリパージ時間 |
| ポストパージ時間 |
| 低水遮断水位 |
| 高水遮断水位 |
| 給水ポンプ起動水位 |
| 給水ポンプ停止水位 |
| 主バーナー不着火 |
| 主バーナー減火 |
| 電源電圧 |

保守点検項目

附属品および附属装置
| 安全弁 |
| 水面計 |
| 蒸気管および弁 |
| 給水装置 |
| 水処理装置 |

燃焼装置
| 主バーナー |
| 点火用バーナー |
| 油加熱器 |
| 送給油装置 |
| ストレーナ |
| 配管 |
| 煙道 |

自動制御装置
| 火炎検出装置 |
| 燃焼遮断装置 |
| 水位調節装置 |
| 圧力調節装置 |
| 自動発停装置 |
| 電気配線 |

保全管理のあらまし
快適な室内空気環境を維持するには
空気調和機保全管理のポイント
熱運搬装置のメンテナンス
温熱源設備保全管理のポイント
燃焼装置の安全管理
冷熱源設備保全管理の要点
冷却塔メンテナンスのポイント

70　温水ヒーターのメンテナンスはボイラーと同じ

　鋳鉄ボイラーや炉筒煙管ボイラーと同様の形状、構造でありながら、法的には"ボイラー"に該当しない装置で、60〜80℃程度の温水を発生させ供給する装置を温水ヒーターまたは温水発生機といい、無圧式と真空式があります。温水ヒーターは機内に系統ごとの給湯コイル（熱交換器）を設け、1基の温水ヒーターで暖房用の温水と厨房用温水、洗面や入浴用温水、温水プール用の温水など何系統もの温水供給が可能です。なお、JIS（日本産業規格）などでは、温水ヒーターは「温水発生機」と称されます。

　無圧式温水ヒーターはいわばボイラー（容器）の上部に安全蓋を設け、容器内が大気圧となる状態とし、これに水（熱媒水といい水道水でよい）を満水状態に維持しながら、バーナーで熱媒水を80℃程度に加熱します。容器内上部に配置された給湯コイル群の管内に熱媒水を流動させ、コイル内の水を60℃程度に間接加熱し、この温水を空調用や給湯用温水として供給するもので、容器（ヒーター）内が無圧（大気圧）であるため法的にはボイラーではなく、規制は受けません。

　真空式温水ヒーターは真空ボイラーと俗称され、いわば蒸気ボイラーを、真空ポンプ（抽気装置）内部を所定の真空状態に維持しながら、熱媒水を蒸発させて真空蒸気（減圧蒸気）を発生させ、この蒸気でヒーター内の蒸気部（減圧蒸気室）に配置した給湯コイル群内を流動する水を間接加熱し、温水として供給するものです。内部が真空状態にあるので、法的にはボイラーに該当せず規制を受けません。しかし厚生労働省の通達によって、ユーザー側での安全装置の作動調整などは禁止されていて、これはメーカーでしか行えません。

　温水ヒーターは法的にボイラーでないほか、ヒーター内の熱媒水はヒーター内でしか循環しないので、内面にスケールなどが析出し付着することがないので、相当長期間にわたって、ヒーター内部の清掃いわゆるスケール除去を行う必要はないメリットがあります。このメリットを除いては、温水ヒーターはボイラー同様のものですので、その運転や保全管理などはボイラーと同様の要領で行えばよいのです。

●伝熱面掃除とは？

　燃料を燃焼させる場合、実際には完全燃焼は不可能なため、発生するすすがボイラーの伝熱面に付着します。すすは断熱材と同様の熱不良導体なので伝熱面に付着すると、ボイラー水や熱媒水への熱伝達が阻害され、放置しておくと燃料の損失を多くします。このため、伝熱面全体に付着したすすを除去・掃除しなければならず、この業務を伝熱面掃除といいます。性能検査時には必ず行い、長期間休止する場合も行います。すすを発生しやすい油焚きで通年

運転する場合は、6ヶ月ごとに行うのがよいでしょう。伝熱面掃除はボイラー整備士が担当します。

●煙管掃除とは？

　炉筒煙管ボイラーの主要伝熱面である煙管に付着したすすを、ボイラー運転中は月1回除去します。煙管内径と同径のワイヤーブラシで清掃します。これを煙管掃除といい、鋳鉄ボイラーもこれに準じた方法で行います。なお、ガス焚きの場合はほとんどすすが発生しないので、原則行いません。なお、煙管掃除要領は先輩の指導を受けましょう。

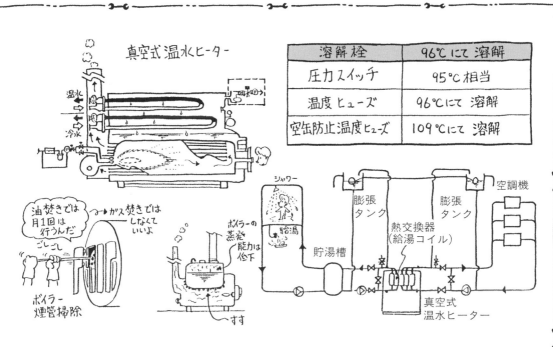

真空式温水ヒーター

溶解栓	96℃にて 溶解
圧力スイッチ	95℃相当
温度ヒューズ	96℃にて 溶解
空缶防止温度ヒューズ	109℃にて 溶解

油焚きでは月1回は行うんだ ゴシゴシ
→ガス焚きではしなくていいよ

ボイラー煙管掃除

ボイラーの蒸発能力は低下

すす

シャワー
給湯
貯湯槽
膨張タンク
膨張タンク
熱交換器（給湯コイル）
空調機
真空式温水ヒーター

保守管理項目	内　容	周　期	
		日常点検	定期保守
真空度の チェック	・缶体内が 真空に 保持されているかどうか 付属のゲージ圧力計を見て チェックします　常温（20℃）で 0.1MPa 程度を示していれば正常	◎	
熱媒水の水位	・冷缶時に 水面のぞき窓に 水面を 見ることができれば 正常です 密閉系とは言っても 自動排気する時に 一部熱媒水も缶外へ排出 されますので 長年の使用で 水面低下することがあります	◎	◎
燃焼調整 （燃焼装置）	・バーナーを開けフレームファンネル デフューザ ノズル 点火電極 パイロットバーナー ストレート 火炎検出器 などの点検 清掃を行って下さい ・バーナーののぞき窓から炎の色 および形状　燃焼音などの燃焼 状態を点検チェックして下さい ・点火 および 消火の良否も点検チェックして下さい　不良の場合は 調整を行って 下さい	◎	◎
伝熱面掃除	・定期的（年一回程度）に燃焼ガス側の伝熱面の 掃除を して下さい　これにより 効率良い 運転が維持できます また 休止中に 伝熱面に すすを付けたまま 放置すると, 湿気により腐食が 進行し寿命を短くします　掃除の方法は 掃除用ブラシによるか 水洗いで 行います		◎
操作盤	・盤内機器の取付けの良否　過熱および異臭の有無を点検します 過熱または異臭がある場合は 専門業者に 調査を 依頼して下さい ・端子の変色 発錆 汚れを点検し　汚れがある場合は 清掃して下さい ・運転時の盤内部の温度　結露水の有無を点検します 発熱部品の交換　換気などが必要となる場合があります ・表示灯の点灯　警報器の発鳴の良否を点検します 点灯不良な場合は 電球を交換します 発鳴不良の場合は 専門業者に 調査を 依頼して下さい	◎	◎

保全管理のあらまし

快適な室内空気環境を維持するには

空気調和機保全管理のポイント

熱運搬装置のメンテナンス

温熱源設備保全管理のポイント

燃焼装置の安全管理

冷熱源設備保全管理の要点

冷却塔メンテナンスのポイント

71　温水ヒーター保全管理のポイントは給湯コイルにあり！

　温水ヒーターは多くのメリットがありますが、ひとつ大きな泣き所があります。それは容器内に設けられている熱交換器、つまり給湯コイルです。熱交換器の加熱コイル、つまり、給湯コイルは銅管で腐食しにくく、かつコイルの外側から熱媒水や真空蒸気で加熱されるので、管外側もトラブルは発生しません。しかし、管内はスケール生成の原因となる溶解塩類などの不純物を含んだ新しい水が補給されながら管内を流動するため、使用時間の経過とともに、管内にスケールの付着やスラッジが堆積していきます。空調用回路の給湯コイルは回路内を密閉循環しているので、このトラブルはさほど問題になりませんが、厨房用回路や入浴・洗面用回路などの給湯回路においては、湯の使い捨てという使用目的からとくに顕著です。スケールなどでコイル内が閉塞され、使用不能の事態に至るケースもあります。いずれにしても熱の不良導体であるスケールが生成、付着すると温水加熱が妨害され、給湯機能の低下につながります。

　コイル内の閉塞を防止し、効率よく安全に使用するには、定期的に給湯コイルの点検と管内掃除を実施しなければなりません。そのサイクルは使用水の水質に大きく左右され、一概にいえませんが、一般的には、新設して1年間は3ヶ月ごとに行います。水質および使用頻度によりますが、スケールの付着状態を把握した時点で、その後の点検掃除サイクルを決定します。

　一般的には、次の要領でスケールの付着の程度を予測します。コイル内にスケールが付着すると伝熱効率が低下し、給水と給湯との温度差が小さくなります。したがって、コイル入口側に流量計と温度計、出口側にも温度計を設け、新設当時に調べておいた所定給湯量における給水温度 (T_4)、給湯温度 (T_3) および給水と給湯の温度差 (T_3-T_4) に対し、その温度差をチェックすることでスケール付着状態を予測できます。

　給湯コイル内に1mm以上スケールが付着した場合はこれを除去する必要があります。継手をはずした後、コイルフランジ部のボルトを緩めると、給湯コイルは簡単に取りはずせます。

　コイル内面のスケール除去は酸洗いという化学洗浄法によってしか行えず、酸洗いに必要な設備や配管を施しておくことが望ましいです。しかしながら、この酸洗いは危険を伴い、かつ専門知識を必要とするので専門業者に依頼するか、十分な指導を受けて実施しなければなりません。なお、コイル内がスケールで完全に閉塞されてしまった場合は酸洗いも実施できず、新品と交換するしか方法がありません。したがって適当なサイクルでスケールが厚く付着しないうちに、軽く酸洗いするのがおすすめです。

スケールの種類	鉄錆	Ca Mg塩スケール	硅酸塩スケール	泥状スケール(バクテリア・藻などの有機物)	鉄スケールと泥状スケールが共存	鉄と硅酸塩が共存	CaMg塩と硅酸塩が共存	鉄分とCaMg塩が共存
スケールの性状	赤褐色の硬いスケール	灰白色のスケール 比較的軟質で指で粉状になる 酸を添加すると激しい泡を生じる	灰白色のスケール 硬質で指では粉状とならない 酸を添加しても溶解しない	緑色 灰黒色 黄褐色 非常にやわらかい 粘性がある	黄褐色 やわらかい 粘性がある	黄褐色 比較的やわらかい (軟泥状)	灰白色 強固なスケール 酸を添加すると若干泡を生じる	赤褐色 比較的硬い
予想される主な水源	水道水に多い	水道水地下水に多い	地下水に多い					水道水に多い

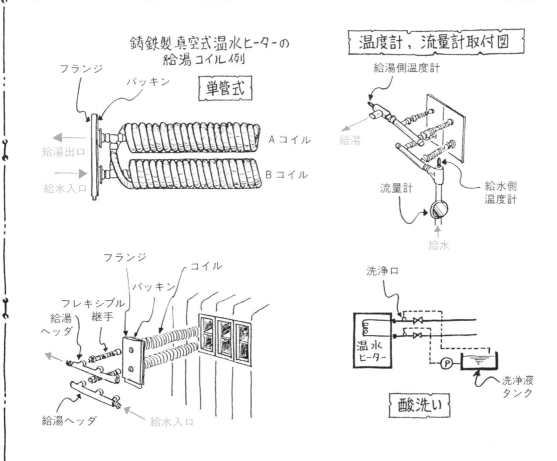

鋳鉄製真空式温水ヒーターの給湯コイル例

単管式

フランジ　パッキン

給湯出口　給水入口

Aコイル　Bコイル

温度計，流量計取付図

給湯側温度計

給湯

流量計　給水側温度計

給水

フランジ　コイル　パッキン　フレキシブル継手　給湯ヘッダ

給湯ヘッダ　給水入口

洗浄口

温水ヒーター

酸洗い

洗浄液タンク

72　油燃焼装置保全の基本は法令順守

ものを効率よく加熱する基本的な手段は、燃料を燃焼させて発生する燃焼熱を利用することで、これは人類が昔からよく生活に利用してきた方法です。現在、建築物で主として用いる燃料は、良質のA重油と灯油です。これらは特性上きわめて引火しやすい引火性液体であるため、消防法で第4類危険物に指定されます。灯油はその第2石油類、重油は第3石油類に該当し、前者では1000ℓ以上を後者は2000ℓ以上を貯蔵し取り扱うには、危険物取扱者の資格を必要とするなど厳しい法規制を受けます。

燃料を効率よく燃焼させる装置を燃焼装置といい、灯油や重油を燃料とする油燃焼装置と都市ガスや液化石油ガス（LPガス）を燃料とするガス燃焼装置に大別されます。建築物の主要装置で燃焼装置を必要とするのは、ボイラー、温水ヒーター、直焚き吸収冷凍機で、いずれも主として油燃焼装置が用いられます。

油燃焼装置は灯油や重油を噴霧燃焼させる器具である油バーナーと貯油タンクおよびこの間を連絡し、コントロールする油配管、油ポンプ、自動制御装置などで構成されます。建築物における油燃焼装置の油バーナーは、歯車ポンプに分類される油圧ポンプが用いられます。ひとつは、0.98～6.86 MPaに加圧した燃料油自体の圧力エネルギーによって、高速度でバーナーチップから噴霧させる小容量の1～3本（複数本）の圧力噴霧バーナー（油圧噴霧バーナーともいう）を、送風機、点火装置、制御盤などをセットにした圧力噴霧ガンタイプバーナー。もうひとつは、アトマイジングカップという円すい状の霧化筒を高速回転させ、その遠心力で燃料油を霧化させる回転式バーナー（ロータリバーナー）です。

● **危険物取扱者とは？**

引火性液体など指定数量以上の危険物を貯蔵、取り扱うには、保安確保の資格が必要です。危険物取扱者は甲種、乙種、丙種のランクに区分されます。甲種危険物取扱者は全類（すべて）の危険物を取り扱うことができ、かつ危険物保安監督者になれます。

乙種危険物取扱者は第1～6類危険物のうち、試験に合格した類のみの危険物の取り扱いおよび危険物保安監督者になれます。

丙種危険物取扱者は第4類危険物のうちガソリン、灯油、軽油、第3石油類（重油、潤滑油および引火点130℃以上のものに限る）だけが取り扱え、危険物保安監督者や立会い（無資格者の作業監督）などはできません。危険物取扱者の資格（免状）を取得するには、（一財）消防試験研究センターが実施する各種別の試験に合格しなければなりません。受験資格は甲種以外、つまり乙種と丙種は、学歴・経験などに関係なくだれでも受験できます。

建築物では乙種第4類危険物取扱者の免状を取得すればその職務は完遂できます。

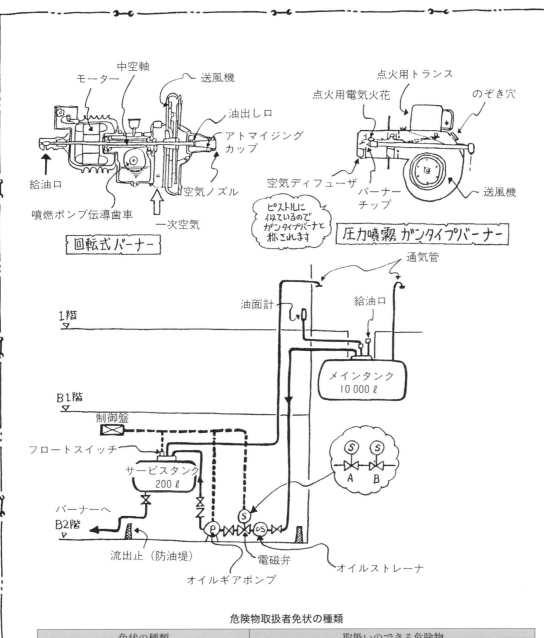

モーター
中空軸
送風機
油出し口
アトマイジングカップ
空気ノズル
給油口
噴燃ポンプ伝導歯車
一次空気

回転式バーナー

点火用トランス
点火用電気火花
のぞき穴
空気ディフューザ
バーナーチップ
送風機

ピストルに似ているのでガンタイプバーナと称されます

圧力噴霧 ガンタイプバーナー

通気管
油面計
給油口
1階
メインタンク
10 000 ℓ
B1階
制御盤
フロートスイッチ
サービスタンク
200 ℓ
A　B
バーナーへ
B2階
流出止（防油堤）
オイルギアポンプ
電磁弁
オイルストレーナ

危険物取扱者免状の種類

免状の種類		取扱いのできる危険物
甲種		すべての種類の危険物
乙種	第1類　酸化性固体	塩素酸塩類、過塩素酸塩類、無機過酸化物、亜塩素酸塩類等
	第2類　可燃性固体	硫化リン、赤りん、硫黄、鉄粉、金属粉、マグネシウム等
	第3類　自然発火性物質及び禁水性物質	カリウム、アルキルアルミニウム、黄りん等
	第4類　引火性液体	ガソリン、アルコール類、灯油、軽油、重油、動植物油類等
	第5類　自己反応性物質	有機過酸化物、硝酸エステル類、ニトロ化合物等
	第6類　酸化性液体	過塩素酸、過酸化水素、硝酸等
丙種		引火性液体

保全管理のあらまし

快適な室内空気環境を維持するには

空気調和機保全管理のポイント

熱運搬装置のメンテナンス

温熱源設備保全管理のポイント

燃焼装置の安全管理

冷熱源設備保全管理の要点

冷却塔メンテナンスのポイント

73 油燃焼装置は保全上、点検・整備項目が多い!

　油燃焼装置は保全上、点検・整備しなければならない項目が多いのです。主なものを油バーナーと油サービスタンクに大別して、右の表に示します。現場では必ず先輩の指導を受けてから実施してください。

　油燃焼装置の点検・整備における基本事項としては、安全作業上、必ずバーナー装置を完全停止した状態で、かつ動力制御盤のスイッチを

オフに、ボイラー室やメインタンク室など関連する室の換気を十分に行うことです。もちろん喫煙しながらの作業なんて論外で火気厳禁です!　また箇所によっては、作業時に装置内の燃料油が漏れたり、こぼれたりするので受皿として洗面器や、すぐ拭き取れる木綿製のやわらかいウエスを用意しましょう。

●オイルストレーナ清掃に水はダメ!

　水配管や蒸気配管などに設けるストレーナの金網に詰まった不純物を取り除くいわゆるストレーナ清掃は水か温水で行うのですが、油燃焼装置に設けるストレーナ(オイルストレーナ)の清掃いわゆるオイルストレーナ清掃を水で行うことは厳禁です。必ず軽油など所定の洗い油で行いましょう。洗い油を洗面器などに適量入れ、ストレーナから取りはずした、ろ過網(金網)を沈殿させます。しばらくして金網に付着している重油スラッジなどの不純物がほぐれてくれば、油内で軽くゆするようにして除去するのがコツです。ワイヤーブラシなど金属金具で物理的な力を加えて除去することは厳禁です。

●バーナーノズル清掃は慎重にね!

　燃焼不良の場合、バーナーノズル(回転式バーナーではアトマイジングカップ、圧力噴霧バーナーではチップ)にはカーボン(すすのかたまり)が付着し、トラブルの原因となります。ノズルにカーボンの付着を認めた場合はその原因を追求し是正してから、ノズルの汚れや付着カーボンの除去、いわゆるノズル清掃を行いますが、この場合も水を用いることは厳禁で、軽く汚れている場合は、やわらかい木

綿のウエスに洗い油を浸み込ませ、軽くこするように掃除しましょう。カーボンなどが固着している場合はノズル部を取りはずし、オイルストレーナ清掃と同じく洗い油内に沈め、汚れをほぐしてからウエスでていねいに拭き取ることが肝要です。固着したカーボンをワイヤーブラシなどの金具で物理的に力を加え除去しようとすると、ノズルを傷つけてしまい、余計に燃焼状態を悪化させることになります。もし物理的に除去しなければならないほど固着している場合でも、必ず竹ベラなど竹や木製の器具を用いて行います。圧力噴霧ガンタイプバーナーで2個以上のチップが設けられている場合、チップ清掃(ノズル清掃)では一度に複数のチップ全部を取りはずして清掃することは避け、例えばNo.1のチップを取りはずして清掃し、取り付けてから、No.2のチップ清掃を行うという具合に、1つずつ順番に行いましょう。これはチップの穴、つまり燃料噴霧量がそれぞれ異なるためです。全部のチップを同時に取りはずし、No.1のチップをNo.3のところに取り付けてしまうと、燃焼制御上トラブルをきたすので、注意しましょう。

保全管理のあらまし

快適な室内空気環境を維持するには

空気調和機保全管理のポイント

熱運搬装置のメンテナンス

温熱源設備保全管理のポイント

燃焼装置の安全管理

冷熱源設備保全管理の要点

冷却塔メンテナンスのポイント

オイルバーナーのチェックポイント

チェックポイント	点検基準				起こりやすい現象と故障	故障の原因	整備作業のポイント
	日	週	月	年			
バーナーノズル、エアノズルの点検		○			バーナー不着火、燃焼状態不良、不完全燃焼	バーナーノズル異物付着、バーナーノズルの詰まり	ストレーナ金網を定期的に清掃、ノズルを定期的に清掃手入れを行う
フレームアイ、スタックリレーの点検		○			バーナー着火不良、バーナー不着火	フレームアイの汚れ、スタックリレーのバイメタルにすすの付着	定期的にフレームアイのガラスおよびスタックリレーのバイメタルの清掃を行う
オイル電磁弁の点検			○		電磁弁の作動不良によるバーナーへの油送不良、弁座不良による油漏れ	電磁弁の電源回路通電不良、弁座に不純物の付着	電源回路の導通テストを行う。定期的に弁座を点検して清掃する
点火用バーナーの点検			○		点火プラグの不良と点火用燃料切れ	点火用プラグ電源不良、点火用燃料の補給不足による	点火用プラグ電源回路のチェック、点火用燃料のサービスタンクの燃料保有量の確認
一次空気ダンパー開度の点検	○				一次空気量不足による不完全燃焼によりボイラー性能不良、ボイラー出力低下	ダンパー調整用機構不良による調整用ボルトナットのゆるみ	一次空気ダンパー機構の整備と各部ボルトナットの締付け具合を確認、モーターダンパーの調整
オイルバーナーの分解調整、流量計の分解調整				○	オイルの噴霧不良による燃焼状態不良	バーナー・ギアポンプの歯車摩耗による油送不良、油量調整用バルブ開度不良	ボイラ性能検査の時期に合わせて分解調整を行い、ボイラーの燃焼状態に対応して油量調整バルブをチェックする。流量計の整備
ストレーナを定期的に分解点検する		○			ストレーナの詰まりにより油送不良となり、バーナーの性能低下、ボイラ出力低下	ストレーナ金網の目詰まりによる	定期的に分解してストレーナを清掃する
バーナー油の噴射角度の点検			○		バーナー不良による燃焼状態不良	バーナーノズルの不良およびバーナー取付角度不良	バーナーの改造を行う。バーナーノズルの整備をする

オイルサービスタンクのチェックポイント

チェックポイント	点検基準				起こりやすい現象と故障	故障の原因	整備作業のポイント
	日	週	月	年			
フロートおよびフロートスイッチの点検			○		フロートの作動不良によりメインタンクからサービスタンクへの油欠となり、また、フロート作動不良によりサービスタンクから油が溢油する。オーバー給油	フロート内に油が混入してフロートの浮力がなくなり作動しない。またはフロートスイッチ接点の不良	フロート内の油を抜き取り、フロートの穴を補修する。フロートの電源回路の導通を点検するとともにフロートの作動テストを行う
オイルヒーターの温度を定期的にチェックする			○		油の温度がセットされた温度内に収まらないで、高すぎたり低すぎたりする	セット温度の不良、温度セットのバイメタル不良による電源不足	規定温度にセットする。バイメタルの取替えを行う。電源修理
オイルポンプを定期的に分解・調整する（ギアポンプ）				○	ギアの摩耗によりメインタンクの油がサービスタンクに流入しないで給油不足となる	ギアポンプの歯車不良によるポンプ性能低下、ギアポンプに異物が絡み込む	定期的にオーバーホールするとともにギアポンプのギアの不純物を取り除く。メインタンクからの引き込み配管のストレーナを清掃する

オイルバーナ点検整備
ふきふき

フロートスイッチ
通気口
オーバーフロー
温度計
レターン

感熱棒取付口
通気口
温度計
給気口
給油口（バーナーへ給油）
加熱コイル

フロートスイッチ
注油口（メインタンクより送油）
オーバーフロー
油面計
フロート
ドレン抜き

74　貯油タンクのドレン抜きを定期的に実施しよう！

重油は製造過程や輸送中、油内に多少の水（これをドレンという）が混入することは避けられず、ドレンが混入する重油がバーナーに供給されると不着火や滅火といったトラブルの原因となり、かつ歯車ポンプの一種である油ポンプ内部の錆でギア（歯車）の摩耗も早くなります。

重油はドレン混入のほかに、その特性上、ネチネチした高粘度の不純物である重油スラッジを生成し、配管内やタンク内に沈積してオイルストレーナを詰まらせ、燃焼操作上大きなトラブルの原因となります。右の図のように、鉱油中には重くてタール状の物質アスファルテン（石油に含まれる炭素分子の一種）があります。これは原油が蒸留された後に残っている汚い副産物のひとつです。また、界面活性剤の分子またはイオンが鉱油中である程度の濃度以上になった場合につくる集合体をミセルといい、鉱油中でミセルが分散すると安定な状態に、分散できなくて沈降が始まると不安定な状態になります。

ドレンや重油スラッジは、比重差からサービスタンクやメインタンク（ストレージタンク）の底部に沈積します。タンクの容量にもよりますが、例えばストレージタンクの場合、ドレンや重油スラッジの混合した堆積層が 150 mm を超えると、トラブルをきたします。このためタンクの最底部にはドレンなどを排除するためのドレン抜き管が設けられており、このドレン抜き管のドレン弁を開いてドレンなどを排除することをドレン抜きまたはドレン切りといい、ボイラーの運転（バーナー運転）期間中は、月1回このドレン抜きを行うことが肝要です。

ドレン抜きの要領は、バーナー停止時でタンク内の重油が静止状態にあるとき、適当なドレン受皿をドレン抜き管の下に配置し、ドレン弁を徐々に開いて排出されるドレンの状態をよく観察、油のみが流出しだした時点でドレン弁を完全に閉じればよく、ドレン抜きによって重油スラッジなども同時に排出できる効果があります。

●消火器の操作を熟知しよう！

ボイラー室やメインタンク室など油燃焼装置関連の室内には、消防法によって所定の消火器が配置されています。一般的には油火災に適した泡消火器100型（薬剤量40kgの車輪付大型消火器）と粉末小型消火器をそれぞれ1個以上配置します。ところで「消火器があるから安心……」と油断してはなりません！　消火器を正しく操作し、油火災を消火する自信はありますか？　定期的に消火器による消防訓練を実施しましょう。幸いというか、泡消火器の化学薬液は、その効果上原則として毎年、専門家（消防設備士）によって入れ替える必要があります。このときがチャンスです！　消火訓練を実施しましょう。

●重油流出事故の主因は？

重油の流出事故はほとんどがサービスタンクからです。サービスタンク内における重油量のコントロール（油面制御）は、フロートスイッチによって自動制御するのが一般的です。このフロートスイッチが故障すると、メインタンクからサービスタンクへ重油を注入する油ポンプ（送油ポンプ）が作動したままになり、過剰に注油されてサービスタンクからオーバーフローする流出事故となるのです。フロートスイッチ故障の原因は、フロートの破損とスイッチボックスのリレー不良によるケースが多いです。よく点検してくださいね。

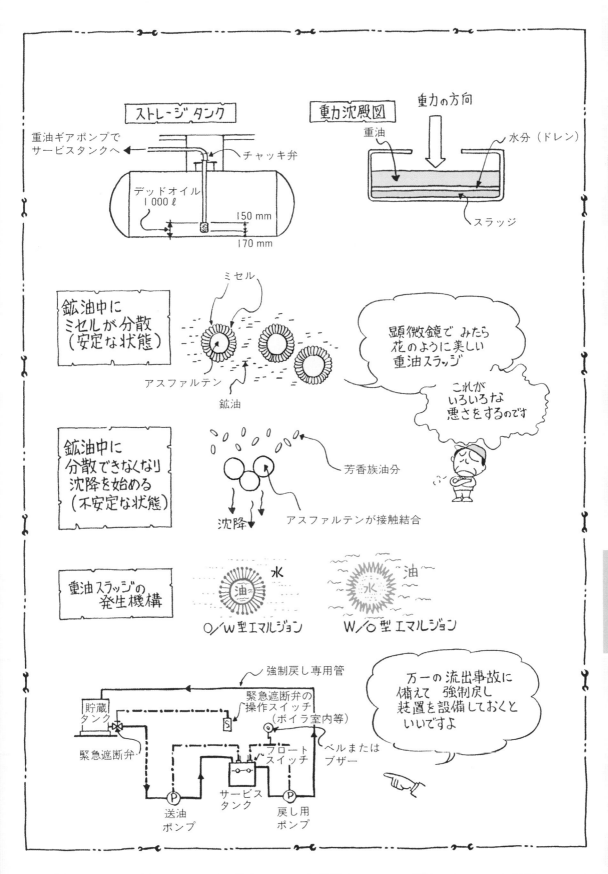

保全管理のあらまし

快適な室内空気環境を維持するには

空気調和機保全管理のポイント

熱運搬装置のメンテナンス

温熱源設備保全管理のポイント

燃焼装置の安全管理

冷熱源設備保全管理の要点

冷却塔メンテナンスのポイント

75 遮断弁の通り抜けチェック

大都市中心部の建築物は公害防止の見地から、クリーン燃料であるガス燃料（都市ガス）を用いるのが一般的です。ガスの弱点は、もし装置からガス漏れを起こした場合、ガスの燃焼特性から、即"ガス爆発"という災害につながりやすいことです。したがってボイラーなどのガス燃焼装置の場合、ガスバーナーへのガス供給をオンオフするガス遮断弁（電磁弁）は直列に2個配置し、もし1個の電磁弁が故障して完全閉止しない場合でも、もう1個の電磁弁の完全閉止によりガスバーナー側でのガス漏れを防止し、いわゆるバーナー停止中のバーナー部からの燃焼室内へのガス漏れによるガス爆発事故を防止するようになっています。

それでも安心は禁物です。ガス遮断弁が完全閉止せず、バーナー停止中に、ガス配管内のガスがバーナーノズルから漏れ続けることを遮断弁の通り抜けまたは遮断弁の弁越しといいます。この原因は弁座の摩耗、ごみかみなど、弁座への異物の付着です。遮断弁に漏れがあるか否かをチェックすることを遮断弁の通り抜けチェックといい、ガス燃焼装置の安全確保上きわめて重要です。このチェックは、遮断弁の異常の有無にかかわらず定期的に実施することが肝要です。また、燃焼停止操作を行って遮断弁を閉止しても、バーナーの火炎が完全に消えないなど遮断弁に漏れの疑いがある場合も、随時実施しなければなりません。

●ボイラー室の扉の開閉はスムーズかな？

　暖房シーズンでボイラーや温水ヒーター（バーナー）がフル運転している時、ボイラー室から出ようと扉を押すと、大きな抵抗があって押し開きにくく、開けた瞬間、空気がボイラー室へ強風のように圧入してきたという経験はありませんか。もしこのような経験があるボイラー室は最悪の場合、酸欠死する恐れがあります！脅かしているわけは一切なく、本当の話なのです。

　燃料の燃焼にはご存知のように、多量の空気を必要とします。各種法令でも、ボイラーや温水ヒーターあるいは直焚き吸収冷凍機などは、燃料の燃焼装置を配置するように定められています。この場合、ボイラー室などの換気における外気の取り入れ量（給気量）は必ず、在室者の必要換気量と室内の最大燃焼量に、必要とする燃焼用空気量をプラスした給気としなければならないことになっています。ところが、ボイラー室の換気装置において外気取り入れ用給気ファンの整備不良によって能力が低下したり、給気ダクトのダンパーを開き忘れていたりすると、室内への給気能力が低下（給気量が減少）します。この状態でボイラーの運転、つまり燃焼を行うと、給気量よりも燃焼によって排出される排気量（排ガス量）の方が多くなります。そのため、ボイラー室内が大気圧に比べ著しく負圧となり、扉が非常に開きにくくなり、開いた瞬間室内へ空気が圧入してくるのです。著しい負圧（空気量不足）が続くと酸素が不足し、著しい不完全燃焼状態となるだけならまだしも、最悪の場合、在室者が酸欠死することにもなりかねません。

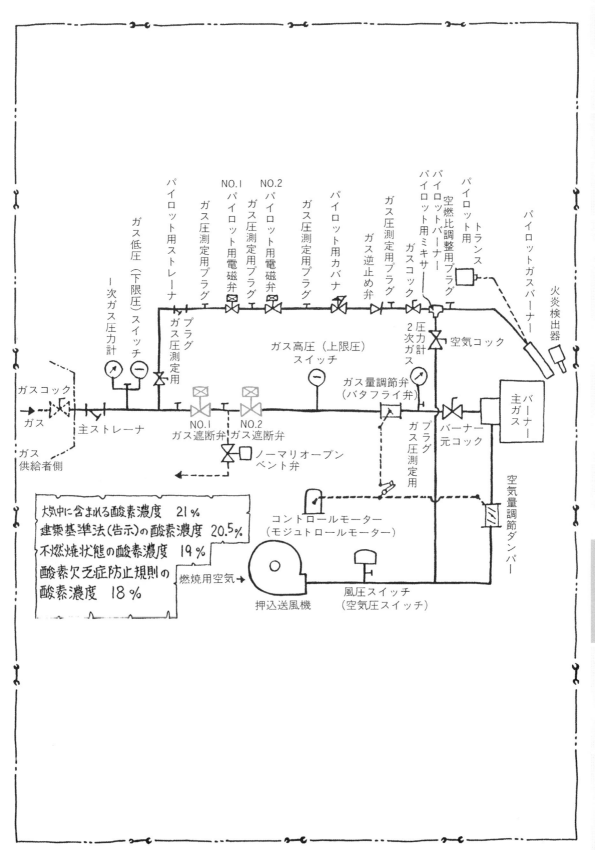

大気中に含まれる酸素濃度　21%
建築基準法(告示)の酸素濃度　20.5%
不燃焼状態の酸素濃度　19%
酸素欠乏症防止規則の
酸素濃度　18%

保全管理のあらまし

快適な室内空気環境を維持するには

空気調和機保全管理のポイント

熱運搬装置のメンテナンス

温熱源設備保全管理のポイント

燃焼装置の安全管理

冷熱源設備保全管理の要点

冷却塔メンテナンスのポイント

76　遮断弁の通り抜けチェックの要領

遮断弁の通り抜けチェックはガスバーナーの点火源となるパイロット配管系と、ガスバーナーのメイン配管系とに分けて、それぞれ配管漏れチェックを行ってから、上流側の第1遮断弁と下流側の第2遮断弁とに分けてそれぞれ行います。

まず配管漏れチェックですが、パイロット配管系で示すと、右の図（1）のようにパイロットコックを閉じ、パイロット遮断弁間の検圧ポート（ガス圧測定用プラグ箇所）にマノメータ（圧力計測装置）を接続し、制御盤のバーナー運転スイッチをオンします。すると所定のシーケンスによってプレパージ動作（点火前の未燃ガスを排出する爆発予防装置）の終了後、2個のパイロット遮断弁が開いて遮断弁の2次側にガス圧がかかります。このとき、速やかにマノメータの指示するガス圧を測定、目視して運転スイッチをオフします。これによって、遮断弁が閉じて1次側と断たれることになり、そのまま10分間ほど放置し、ガス圧の変化をマノメータによって点検し、ガス圧の低下がなければ、パイロット遮断弁からパイロットコック間のパイロット配管には漏れがないことになります。

次に、右の図（2）に示すように、所定の箇所にマノメータを接続し、パイロットコックを開き、バーナー元コックは閉じたまま運転スイッチをオンします。するとプレパージ後、パイロットバーナーが点火し、パイロット火炎を検出

すると、シーケンスによって2個の安全遮断弁が開いて、安全遮断弁の2次側にガス圧がかかるので、速やかにマノメータのガス圧を見た後、運転スイッチをオフします。これで安全遮断弁が閉じて1次側と断たれ、そのまま10分間放置しでもガス圧の低下がなければ、メイン配管に漏れがないわけです。

上流側遮断弁（第1安全遮断弁および第1パイロット遮断弁）の通り抜けチェックは、配管漏れチェックの場合と同様に、区分バルブと上流側遮断弁との間にガス圧を封入し、そして右の図（3）の（a）のように検圧ポートにビニルホースをつなぎ、水盤中に水を満たして立てたメスシリンダーの下にホースの先端を差し込んで区分バルブを開きます。もし弁の通り抜け（弁の漏れ）があれば、抜けたガスがメスシリンダーに捕集されるわけで、その捕集量が毎分10ccを超えたときは、遮断弁の修理または新品との交換が必要となります。

下流側遮断弁（第2安全遮断弁および第2パイロット遮断弁）の通り抜けチェックは、右の図（3）の（b）に示すように第1遮断弁の前後の検圧ポートをビニルホースで短絡し、テストコック（パイロットコックやバーナー元コック）を閉じ、区分バルブを開くと第2遮断弁までガスが圧入されます。そして第2遮断弁とテストコックの間の検圧ポートから、メスシリンダーにガスが捕集されなければ弁の通り抜けはないということになるわけです。

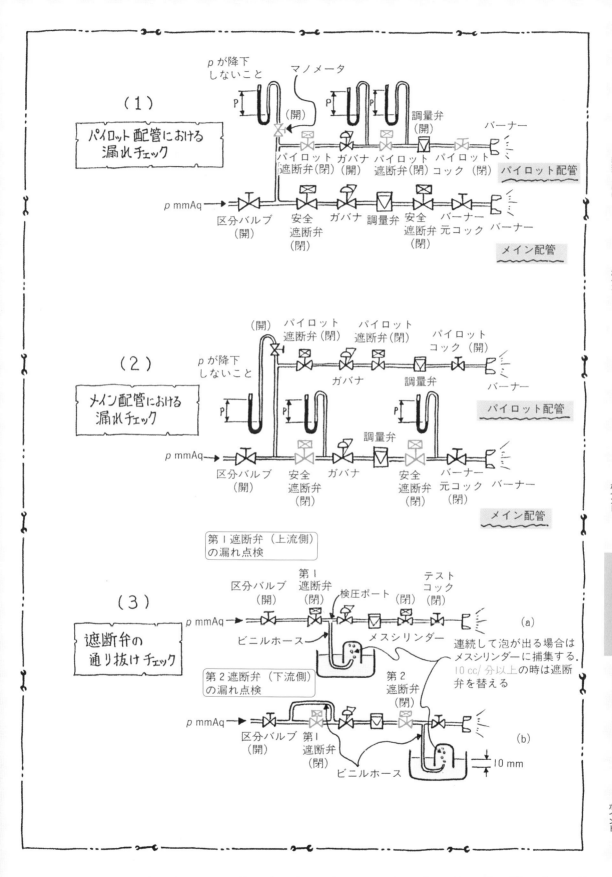

77　往復動冷凍機は厳しく法規制される

　周囲の温度、いわゆる常温以下に空間や物体の温度を低下させることを冷凍といい、冷凍するために低温側から熱を吸収して高温側に運ぶためのポンプのような役目を果たす装置が冷凍機です。冷凍機は原理や構造、使用冷媒などによって往復動冷凍機、遠心冷凍機、吸収冷凍機の3種に大別されます。

　往復動冷凍機はレシプロ冷凍機ともいい、往復動圧縮機、凝縮器、膨張弁、蒸発器などで構成され、冷凍サイクルを行うものです。イラストの右の図のように、シリンダーの中をピストンが往復動して、ピストンが下がると冷媒ガスがシリンダー内に吸入され、上がると圧縮されて送り出されます。構造そのものは自動車のエンジンに似ています。従来、冷媒として使用されるのはフロンガスでしたが、1987年に採択された国際条約であるモントリオール議定書で既存のフロンガスのうち、R22冷媒などHCFC（ハイドロクロロフロオロカーボン）の

全廃が義務付けられました。オゾン層破壊と地球温暖化の問題は、地球環境を取り巻き最も深刻です。現在では、アンモニアやCO_2を冷媒に使用するのが主流なっています。

　建築物によっては、冷凍機に使用している冷媒が高圧ガスなため、高圧ガス保安法の適用を受け、厳しい規制を受けることも多いです。往復動冷凍機の運転、保全上の規制とは、高圧ガスの製造を管理するため、冷凍機（高圧ガス製造施設）の容量区分に応じて、所定の冷凍機械責任者免状を有する人から冷凍保安責任者を選任することです。つまり、往復動冷凍機の運転・保全管理には有資格者が必要なのです。

　この高圧ガス保安法の適用を受ける冷凍機は、往復動冷凍機のほか、スクリュー圧縮機（ねじ圧縮機）を用いるスクリュー冷凍機、ロータリー圧縮機（回転圧縮機）を用いるロータリー冷凍機などです。

●冷凍機械責任者免状の取得方法
　冷凍機械責任者免状は冷凍機による高圧ガス製造の保安管理を行うための資格で、第1種、第2種、第3種の3ランクに区分されています。冷凍機械責任者免状を取得するには、高圧ガス保安協会の実施する各種別の高圧ガス製造保安責任者試験に合格し、かつ所定の実務経験が必要です。

●高圧ガスとは？
高圧ガス保安法に定められる高圧ガスとは、常用の温度で圧力が1MPa（メガパスカル）以上で、35℃で1MPa以上となる圧縮ガスや、常用の温度で圧力が0.2MPa以上の場合の温度が35℃以下である液化ガスを指します。

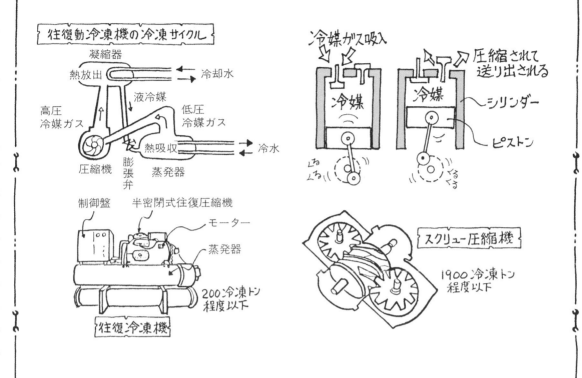

保全管理のあらまし

快適な室内空気環境を維持するには

空気調和機保全管理のポイント

熱運搬装置のメンテナンス

温熱源設備保全管理のポイント

燃焼装置の安全管理

冷熱源設備保全管理の要点

冷却塔メンテナンスのポイント

冷凍施設能力と冷凍保安責任者との区分

法定冷凍能力	必要な製造保安責任者免状	製造に関する経験
300t／日　以上	第一種冷凍機械責任者免状	法定冷凍能力100t／日以上で1年以上の経験
100t／日　以上 300t／日　未満	第一種冷凍機械責任者免状または 第二種冷凍機械責任者免状	法定冷凍能力20t／日以上で1年以上の経験
100t／日　未満	第一種冷凍機械責任者免状、 第二種冷凍機械責任者免状または 第三種冷凍機械責任者免状	法定冷凍能力3t／日以上で1年以上の経験

免状交付資格

第一種冷凍機械責任者免状	主に大型冷凍空調機器を備えている施設，冷凍倉庫，冷凍冷蔵工場等において、製造（冷凍）に係る保安の実務を含む統括的な業務を行う方に必要な資格。すべての冷凍（1日の冷凍能力に制限はない）の製造施設に関する保安(冷媒ガスの種類の制限はない。以下第二種冷凍機械責任者免状・第三種冷凍機械責任者免状においても同じ）に携わることができる。
第二種冷凍機械責任者免状	主に中型冷凍空調機器を備えている施設、冷凍倉庫、冷凍冷蔵工場等において、製造（冷凍）に係る保安の実務を含む統括的な業務を行う方に必要な資格。1日の冷凍能力が300t未満の製造施設に関する保安に携わることができる。
第三種冷凍機械責任者免状	主に小型冷凍空調機器を備えている施設、冷凍倉庫、冷凍冷蔵工場等において、製造（冷凍）に係る保安の実務を含む統括的な業務を行う方に必要な資格で、1日の冷凍能力が100t未満の製造施設に関する保安に携わることができる。

78　ビルの冷房方式は間接膨張方式（冷水方式）

ビルにおける冷凍機は空調用、つまり冷房のために用いるわけですが、冷房方式としては冷凍機の蒸発器を直接、空調機の空気冷却器として用い、冷媒液（1次冷媒）を供給し、1次冷媒の蒸発作用によって空気から熱を奪って冷風とし、室内へ供給する直接膨張方式（冷媒方式）と、冷凍機の蒸発器を冷水装置に組み込み、直接膨張方式（1次冷媒）によって水を6〜8℃程度に冷却し、この冷水（2次冷媒）を空調機の空気冷却器に供給して冷風をつくり、温度上昇した冷水を再び冷水装置（蒸発器）に戻し（つまり、ポンプで循環させ）て冷房を行う間接膨張方式（冷水方式）の2方式があります。前者は家庭用のクーラーや小規模ビルにおけるパッケージ形空気調和機にしか採用されず、ビルでは主に間接膨張方式が採用されます。

パッケージ形空気調和機内の冷凍機は無論のこと、間接膨張方式における冷凍装置も、すべて自動運転ではありますが、ビルにおける冷房方式である間接膨張方式（冷水方式）での基本的な留意事項を示しておきます。

冷凍機は、冷凍機の種類、使用冷媒（1次冷媒）などによって運転方法が異なります。冷水方式の場合、主な留意点は冷水装置（蒸発器）の出口における冷水温度（冷水出口温度）です。冷凍機も、冷水出口温度の制御も自動化されていますので、冷水出口温度が設定温度にまで低下した際は安全装置が作動して、冷凍機の運転を自動停止するようにインターロックされます。

しかし、もし冷水出口温度制御装置や過冷却遮断装置にあるインターロックの機能が故障して、冷水出口温度が異常に低下し、0℃以下になると、蒸発器（冷水装置）内の水が凍結し、氷の体積膨張によって蒸発器のコイルが破損するという大事故に至ります。冷水出口温度は5℃以上に制御できているかや、凝縮器の圧力、蒸発器の真空度などに異常がないか1時間ごとにチェックし、五感による日常監視に努めます。

● **クランクケースヒーターとは？**

冷凍機（圧縮機）の停止中は潤滑油（冷凍機油）の温度が下がり、潤滑油に冷媒が溶け込むため粘度が低下し、このまま圧縮機を運転すると、溶けていた冷媒が急激に蒸発して泡立ち、つまり、オイルフォーミングを起こし、潤滑油が吸入弁から冷媒ガスとともに圧縮機のシリンダー内に吸入され、油（液体）圧縮されオイルハンマーを生じたり、油ポンプは冷媒ガスを吸入して油圧が低下し、正常に潤滑油が送れなくなるなど圧縮機の焼損や破損事故につながります。このトラブルを防止するため、潤滑油のたまるクランクケースに電気ヒーターを設けて、圧縮機（冷凍機）が停止すると自動的に通電（加熱）して冷媒の溶け込みを防止します。この潤滑油加熱装置をクランクケースヒーターといいます。

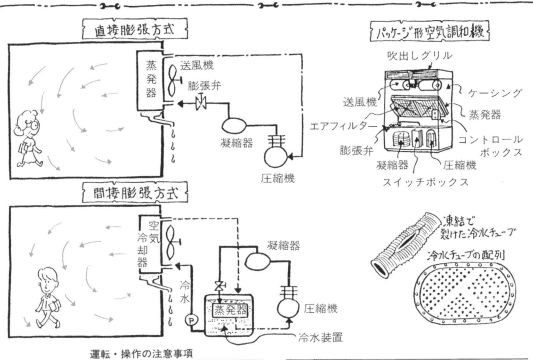

直接膨張方式

蒸発器　送風機　膨張弁　凝縮器　圧縮機

間接膨張方式

空気冷却器　冷水　凝縮器　蒸発器　冷水装置　圧縮機

パッケージ形空気調和機

吹出しグリル　ケーシング　蒸発器　コントロールボックス　圧縮機　スイッチボックス　凝縮器　膨張弁　エアフィルター　送風機

凍結で裂けた冷水チューブ　冷水チューブの配列

運転・操作の注意事項

項目	運転・操作・取扱事項
主要機器の運転順序	運転始動 ・電源を入れる ・凝縮器冷却水ポンプ運転 ・冷却塔送風機運転 ・蒸発器冷水ポンプ運転 ・油冷却器電動機運転 ・圧縮機運転 ・油ポンプ・冷水ポンプ運転 ・正規回転確認 ・吸込み弁（弁コントロール）を徐々に開けける 運転停止 ・吸込み弁を全閉にする ・圧縮機の運転停止 ・油ポンプ，冷水ポンプ(圧縮機が完全に停止後) ・油冷却，電動機の停止および冷却水を停止 ・凝縮器・蒸発器の冷却水と冷水ポンプの停止 ・冷却塔送風機停止
運転前の注意	・起動前に冷凍機や付属機器の整備状態の点検 ・油タンクの油温の点検 ・冷却水ポンプ・冷水ポンプを始動し，凝縮機ならびに蒸発器に冷却水および冷水を通して，減水リレーパイロットの点灯確認 ・器内に空気のあるときは抽気および冷媒回収装置を運転し抽気する ・高圧電源操作電源に給電され，各組の電圧が正常であることの確認
運転時の注意	・電流計を見ながら徐々に起動器で操作して正規回転にする（操作が早すぎると過負荷になり，おそすぎると抵抗器を過熱するおそれがあるので注意する）．始動電流は定格電流の70〜130%平均100%で10秒で完了する ・油圧および各圧力計の点検 ・始動後正規回転になり電流が安定すれば，電流計を見ながらベーンを徐々に開ける．始動直後は冷水温度が規定温度より高い場合が多いから，急激にベーンを開けると過負荷になるので注意 ・始動時機械の異状音，振動などに注意

項目	運転・操作・取扱事項
運転中の注意	・軸受温度および各部の温度・振動・騒音の点検（軸受温度55〜70℃） ・油タンクの油温を点検し，油温が高すぎたり低すぎないよう油冷却器の冷却水量の調整 ・冷媒および油の液面に注意 ・冷水が過冷却とならないこと（冷水出口温度が+2℃以下になると冷水が凍結して蒸発器を破損することがあるので注意を要す） ・凝縮器冷却水温度は規定温度以下で流水する ・電動機は過負荷の使用はしないこと ・サージングはできるだけさけること，サージングを起こしたときは，ただちに運転を停止し，原因を調査 ・軸封装置（シャフトシール）の油の漏れに注意 ・機械の周辺は整理し，油が周囲に溜っていることは見にくいばかりでなく危険をともなうから清掃し，安全な運転をする ・運転中は機器および付属機器の異状の有無
運転停止時の注意	・吸込み弁を全閉にする ・停止用スイッチで電源を切り圧縮機を停止する ・圧縮機が完全に停止してから油ポンプを停止し，冷却水を止める ・油冷却器および電動機の冷却水を止める（停止中は油温の低下を防止するために油冷却器に水を通さない） ・凝縮器冷却水および蒸発器冷水ポンプを止める ・翌日の運転にそなえて機器の点検をし確認する

(注)サージング　吸入ガス量が減少したり空気が機器に浸入した場合に発生する現象で，吐出し管内および凝縮器内に急激な圧力の変化を生じ，断続的な騒音をともなう．吸込み圧力計，吐出し圧力計および真空計の針の振れによって察知させる

79　凝縮器のチューブ掃除は定期的に

凝縮器は、圧縮機から吐出された高温、高圧の冷媒ガスを水や空気で冷却し、冷媒液として、冷媒液を蒸発器に供給する装置で、冷却水で冷却するものを水冷凝縮器といい、空気で冷却する形式のものが空冷凝縮器です。事務所建築物では、冷却塔を備えた水冷凝縮器が用いられます。

水冷凝縮器とは、コイルのチューブ内を冷却水が流動・通過し、高圧・高温の冷媒ガスを冷却し、液化させる装置です。チューブ内は冷却水中の溶解塩類が析出してスケールとなって付着したり、水あかなどの不純物が付着したりすると、熱交換能力、つまり凝縮能力が低下します。冷却水の水質状態を良好に保っている場合でも、冷房シーズン終了時には、凝縮器チューブ内のスケールや汚れを除去する凝縮器のチューブ掃除を実施しなければなりません。水質状態が悪い場合には、シーズン終了時は無論、シーズン中少なくとも2回は掃除が必要です。

水冷凝縮器の冷却水温度は、100％負荷をかけた状態で冷却水の入口と出口の温度差は5℃に設計されています。温度差が少なく、凝縮器の高圧計が高まった場合は、チューブ内が汚れてきたことを意味するので、随時チューブ掃除を行う必要があります。

凝縮器のチューブ掃除の方法としては、次の2方法があります。

ブラシ掃除法：これは冷却管（チューブ）の内径よりも、やや太めのナイロン製ブラシをチューブに差し込み、水圧銃で水圧をかけて、チューブ内を通過させるという、いわゆる物理的な汚れの除去方法です。この方法ではブラシが通過したかどうかを確認することが必要で、チューブ内にブラシを置き忘れないように注意しましょう。

化学洗浄法：これはチューブ内にスケールが固着するなど汚れがひどく、ブラシ掃除法では掃除が行えない場合に採用するもので、一般にはチューブ内に腐食抑制剤を添加した酸溶液薬剤を適温で循環させて、化学的作用によって内部に付着生成したスケールなどを除去（洗浄）する酸洗いを採用します。この酸洗い（化学洗浄法）は、下手に行うとかえってチューブを腐食させたり、損傷をきたします。このため、専門業者に依頼（外注）するか、自社で行う場合には専門家の十分な指導を受けて、そのノウハウを十分に把握することが肝要です。

なお、空冷凝縮器の場合は、パイプやフィンに付着したホコリやごみなどを、洗剤水を圧力噴射させて除去（洗浄）します。詳しい方法は、**25**項（加熱冷却器（コイル）の大きなトラブルはフィンの目詰まり）の項、コイルフィン洗浄の要領を参照してください。

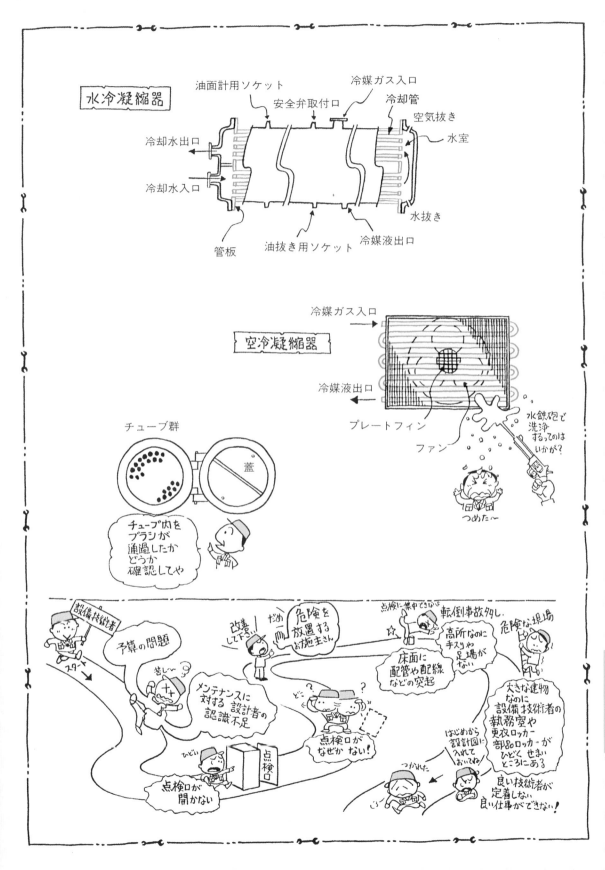

保全管理のあらまし

快適な室内空気環境を維持するには

空気調和機保全管理のポイント

熱運搬装置のメンテナンス

温熱源設備保全管理のポイント

燃焼装置の安全管理

冷熱源設備保全管理の要点

冷却塔メンテナンスのポイント

80　運転中は吐出し圧力と吸込み圧力の監視を！

吐出し圧力というのは、圧縮機の吐出し側の流体の圧力、すなわち冷媒ガスが吐出し、管を経て凝縮器や受液器を通って膨張弁に達するまでの圧力を示します。水冷凝縮器における標準的な吐出し圧力は冷媒によってまちまちです。その機器の取り扱い説明書を熟読してみてください。吐出し圧力は高圧用圧力計で計測します。これが標準圧力よりも高い場合、①凝縮器の冷却水が不足している、②凝縮器のチューブや冷却管にスケールなどが生成付着している、③装置内に空気などの不凝縮ガスが混入しているなど、異常の発生を意味します。危険な状態を未然に防ぐため設けられているのが、高圧遮断器です。吐出し圧力が所定の異常圧力に上昇すれば、自動的に圧縮機（冷凍機）の運転を停止させ、かつ警報を発し、高圧カットのインターロック（安全装置）が施されています。

吸込み圧力は吸入圧力ともいい、圧縮機の吸込み側の流体が作動する圧力、すなわち、蒸発器から圧縮機吸込み弁までの冷媒ガスの圧力をいい、低圧用圧力計で計測されます。標準的な吸込み圧力も冷媒によってまちまちですので、機器の取り扱い説明書を熟読してください。吸込み圧力が異常に低下する原因は、①冷媒量の不足、②吸込み管のストレーナの詰まり、③膨張弁の故障など、何らかの支障を生じていることを意味します。

最も恐ろしいのは、蒸発器から冷媒液のまま、圧縮機の吸入口に達して、液圧縮、いわゆるリキッドハンマーが発生し、圧縮機に激しいショック音や振動を伴い、圧縮機の弁割れやシリンダーヘッドなどの破壊という事故をきたすことです。冷媒液や潤滑油（冷凍機油）は液体です。液体は、気体のような圧縮性がないため（非圧縮性）、圧縮機で圧縮されると異常な高圧を生じるのです。このリキッドハンマーを未然に防ぐため設けられたのが、低圧遮断器です。所定の異常低圧にまで吸込み圧力が低下したときは、冷凍機の運転を自動停止させるとともに、警報を発し、低圧カットのインターロック（安全装置）が施されているのです。

圧力がまが爆発したらこわいな

往復動冷凍機の主な故障と対策表

故障の状態	故障の原因	対　　策
圧縮機が動かない	過負荷継電器などのトリップが作動している ヒューズの切断 電磁コイルの焼損 高低圧力開閉器が作動している メタルの焼付き 単相運転 電磁弁が閉じない	原因を調べて処置する 原因を調べて処置後入れ替える コイルを取り替える 原因を調べ，調整不良の場合は調整し直す メタルを取り替える 完全な三相結線とする 電磁弁に対する配線ならびにコイルを調べて修理する．コイルが不良の場合は交換する
吐出し圧力が高い	空気または不凝縮ガスが混入している 冷却水温が高い 冷却水量の不足 凝縮器のチューブが水あかで詰まりかけているかまたはバッフルが腐食している 冷媒過充てん	空気または不凝縮ガスを凝縮器から放出させる 冷却塔の送風機の故障，停止，修理是正する 弁が絞られている時は開く．配管詰まりは掃除チューブを掃除する．もし必要ならば管またはヘッダーを交換する 余分な冷媒をボンベへ抜き取る
吐出し圧力が低い	冷却水の温度が低い 冷却水量が多過ぎる 冷媒が液状で圧縮機に吸込まれる 吐出し弁に漏洩がある	凝縮器水入口弁を絞る 凝縮器水入口弁で水量を調節する 膨張弁を調節する 圧力計で検査し修理または交換する
吸込み圧力が高い	膨張弁の開き過ぎ 吸込み弁の漏洩 負荷が大き過ぎる 圧縮機の回転数が少ない 圧縮機のシリンダーヘッドのガスケットの破損	膨張弁を調節する シリンダーヘッドカバーを取はずし，弁ディスクおよびリングを調べる．不良ならば交換 部屋の扉，窓の開閉の他外気取入量等を調べる ベルトを点検する ガスケットを点検する
吸込み圧力が低い	圧縮機ストレーナの詰まり ドライヤの詰まり 冷媒液管の詰まり 冷媒の不足 自動膨張弁の感熱部破損 膨張弁の調整不良 膨張弁で水分が凍っている 膨張弁が詰まっている	掃除する 掃除する 各弁の開度を点検，弁等に詰まっている塵の除去 冷媒を注入する 新品と交換する 調整する 除霜して冷媒をドライヤを通して循環させる 取りはずしストレーナを掃除する
圧縮機が頻繁に発停止する（高圧スイッチにより）	冷却水が循環していない （i）冷却水ポンプが動いていない （ii）ポンプは動いているが水が循環しない （iii）冷却水配管の弁が閉じている 冷却水の水温が高い 凝縮器内部の詰まり 圧力開閉器の高圧側の調整不足 冷媒の充てんし過ぎ 圧縮機の吐出し弁が閉じている 空気または不凝縮ガスが混入している	 （i）原因を調べて処置する （ii）原因を調べて処置する （iii）弁を開く 冷却塔の送風機の故障，停止，修理是正する チューブを掃除する 調整する 冷媒回収 弁を開く（運転中必ず開いて置くこと） 不凝縮ガスをパージする
圧縮機が頻繁に発停止する（低圧スイッチにより）	ストレーナの詰まり 冷媒の不足 冷却器用送風機の風量減少 膨張弁で水分が凍っている 膨張弁の作動不足 高低圧力開閉器の低圧部の調整不良 冷却コイルが凍結している	ストレーナを掃除する 漏れを調べて冷媒を補給する ベルトプーリー等を点検する 除霜後冷媒をドライヤを通して循環させる 冷媒通過量の変化がなければ膨張弁を交換 調整し直す 除霜する
圧縮機が騒音を発する （i）音が高いだけで他の状況は普通 （ii）吸込み管が凍っている （iii）圧縮機の音が高く吸込み圧力が急に下る （iv）圧縮機の音が高く吐出し圧力が高い	(1)ベルト，カップリングなどがゆるい (2)プーリーの芯が狂っている (3)圧縮機が油を上げている (4)圧縮機ベアリングの摩損 (5)圧縮機の弁の音が高い (6)ピストンとバルブプレートのクリヤランス不良 (1)膨張弁感熱部を吸込み管に取付けていない (2)膨張弁のスーパーヒートの調整が低過ぎる (3)膨張弁が開いたままになっている 「オイルハンマー」を起し急に吸込み圧力が下る (1)膨張弁が作動しない (2)運転中に電磁弁が閉じる (3)膨張弁で水分が凍っている 吐出し圧力が高いにかかわらず圧力開閉器が作動しない．これは空気，または不凝縮ガスの混入による場合が多い	(1)再調節する (2)芯を出し直す (3)運転時油面がのぞきガラスの中心にくるよう油量を調整する (4)ベアリングを交換する (5)分解してゆるみの締付けまたは弁の交換 (6)部品を交換する (1)冷却器出口の吸込み管に取付ける (2)再調整する (3)交換する (1)交換する (2)電気系統を調べ端子のゆるみ等を点検する (3)除霜後，冷媒液をドライヤを通して循環させる 空気または不凝縮ガスをパージする

保全管理のあらまし

快適な室内空気環境を維持するには

空気調和機保全管理のポイント

熱運搬装置のメンテナンス

温熱源設備保全管理のポイント

燃焼装置の安全管理

冷熱源設備保全管理の要点

冷却塔メンテナンスのポイント

81　不凝縮ガスは追い出せ！

　冷凍装置内でやっかいな液化しないガスを不凝縮ガスといいます。不凝縮ガスの大部分は冷凍機の修理などのときに装置内に侵入する空気ですが、その他、潤滑油（冷凍機油）の劣化、不純ガスとの接触による冷媒の分解によって発生する不凝縮ガスもあります。

　冷媒ガスは圧力と温度の影響を受けて凝縮し、冷凍サイクルを行うわけですが、装置中に不凝縮ガスがあると、その圧力や温度にも影響します。高圧側はそれによって圧力を増し、吐出し圧力が上昇すれば消費動力は著しく増加し、運転効率は低下してしまいます。したがって、効率のよい運転を行うには、不凝縮ガスを認めたら速やかに冷凍装置から追い出すことが肝要です。このため、不凝縮ガスを自動的に排出（パージ）する自動パージャーを設けたものもあります。

　自動パージャーは不凝縮ガスと冷媒とを分離して、自動的に大気中に吐出させる装置です。運転中に自動パージャーを作動させるには、吸入管ラインと液管ラインにある手動弁を開き、パージャーの中にあるコイルに冷媒を膨張させて吹き込み、吸入温度近くまで内部の温度を降下させます。受液器上部からのガス管系にある弁を開き、冷媒ガスと不凝縮ガスを冷却すると、冷媒ガスは凝縮しても、不凝縮ガスは凝縮せず、パージャーの上部に溜まります。不凝縮ガスが多くなると圧力は上昇し、所定の圧力以上になると、そこにあるリリーフ弁が開き、不凝縮ガスは排出されるわけです。

　自動パージャーがない場合は、次のような方法で行います。

①　受液器中の冷媒で排出する方法：まず受液器出口弁を開き、吸入止め弁に吸入管を取り付けるフレアナットを緩めて、装置中の不凝縮ガスを冷媒ガスで追い出すわけです。

②　圧縮機を使用する方法：まず、圧縮機の吸入止め弁（吸込み弁）および吐出し弁から栓を取り、吸込み弁に圧力計を取り付け、吸込み弁を全開してから半回転ぐらい閉じる方向に回転し、圧力計に圧力がかかるようにします。次に液管、吸入管の弁を全部開き（受液器の弁は開かない）、低圧スイッチ（低圧遮断器）が作動しないようにロックして、圧縮機を運転して圧縮機の吐出し弁の栓から不凝縮ガスを排出します。低圧圧力計が5884 Paの圧力を示す程度まで運転し、次に受液器出口弁を少し開いて低圧部に残留する不凝縮ガスを完全に追い出すのです。そして、吐出し弁に栓をし、受液器出口弁を閉じます。なお、吸込み弁に取り付けた圧力計が今後の運転に不必要なときは、吸込み弁を全開して圧力計を取りはずし、栓をします。

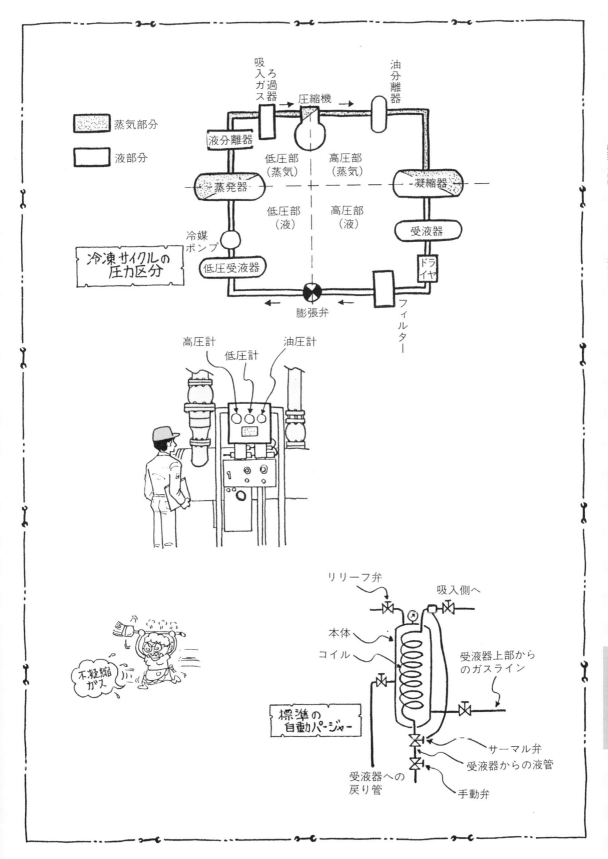

蒸気部分

液部分

冷凍サイクルの
圧力区分

吸入ガス　　ろ過器　　　圧縮機　　　油分離器

液分離器

低圧部
（蒸気）　　　高圧部
（蒸気）

蒸発器　　　　　　　　　凝縮器

低圧部
（液）　　　　高圧部
（液）

冷媒ポンプ　　　　　　　　　　　　受液器

低圧受液器　　　　　　　　　　　ドライヤ

膨張弁　　　　　　　フィルター

高圧計　　　　油圧計
低圧計

不凝縮ガス

リリーフ弁　　　　　吸入側へ

本体

コイル

受液器上部からのガスライン

標準の
自動パージャー

サーマル弁

受液器からの液管

受液器への戻り管

手動弁

保全管理のあらまし

快適な室内空気環境を維持するには

空気調和機保全管理のポイント

熱運搬装置のメンテナンス

温熱源設備保全管理のポイント

燃焼装置の安全管理

冷熱源設備保全管理の要点

冷却塔メンテナンスのポイント

82　冷媒の充てんおよび抜き取り、ポンプダウン

冷凍機から冷媒ガス漏れが生じた場合、漏れ箇所を修理し、漏れた分だけ新しく冷媒を補充しなければなりません。このように装置内に冷媒ガスを補充する作業を冷媒充てんまたはガスチャージといいます。

冷媒充てんは、地球温暖化防止の観点から、冷凍機をはじめとする空気調和機器からの冷媒漏えい問題が国内外でも大きな問題となり、冷媒の適切な管理のために2015年に「フロン排出抑制法」が施行されました。冷媒の充てんおよび抜き取りを冷媒フロン類取扱技術者に委ねることを定めた法律です。この資格は冷凍空調業界団体が認定する民間資格ではありますが、冷媒の充てんから整備、定期点検技術、漏えい予防保全、機器廃棄時の冷媒回収技術すべてにわたって十分な知識をもった技術者への資格として、第一種冷媒フロン類取扱技術者、これに準ずる資格として、第二種冷媒フロン類取扱技術者制度があります。なお、イラストには冷媒の充てんおよび抜き取り等の概要を示しておきます。

次に、ポンプダウンです。冷媒回収ともいい、冷凍装置において、装置の系統内にある全部の冷媒を受液器（受液器がない場合には凝縮器）に回収する（送り込む）操作をいいます。ポンプダウンは長期間運転を休止する場合や冷媒配管系の修理などで行います。とくに、冷媒配管系を開放して修理する作業のとき、安全のため、かつ冷媒の損失を防ぐためにも必要です。当然、

このポンプダウンの作業も、前述した冷媒フロン類取扱技術者に委ねる必要があります。ここでは、ポンプダウン作業の概略要領を以下に示します。専門家がどのような作業をするかの参考にしてください。

① 圧縮機の吐出し弁および吸込み弁を開く。

② 凝縮器または受液器の液出口弁を閉じる（液配管の途中にある電磁弁は開いておく）。

③ 低圧圧力遮断器は吸入ガス圧力が真空になっても作動しないように、低い圧力に調節するか、短絡しておく。

④ 凝縮器に冷却水を流動（循環）させるため冷却水ポンプを起動する。

⑤ 圧縮機を起動し、いわゆる冷媒回収運転を続けて、吸入ガス圧力がやや真空状態になれば、圧縮機を停止して直ちに吐出し弁を閉じる。しばらく放置して冷凍機油中のフロンガスが蒸発することで、クランクケース内の圧力が上昇したら、再び吐出し弁を開いて圧縮機を起動する。

⑥ クランクケース内の圧力が約 $9.8\,\mathrm{kPa}$ でバランスするように、この操作を $2 \sim 3$ 回繰り返す。

⑦ 停止後、吐出し弁、油分離器の油戻し弁、凝縮器（受液器）の入口弁を閉じ、そして圧縮機の吸込み弁を閉じれば、大部分の冷媒は凝縮器（受液器）に回収され閉じ込められる。

⑧ 冷却水ポンプを停止する。

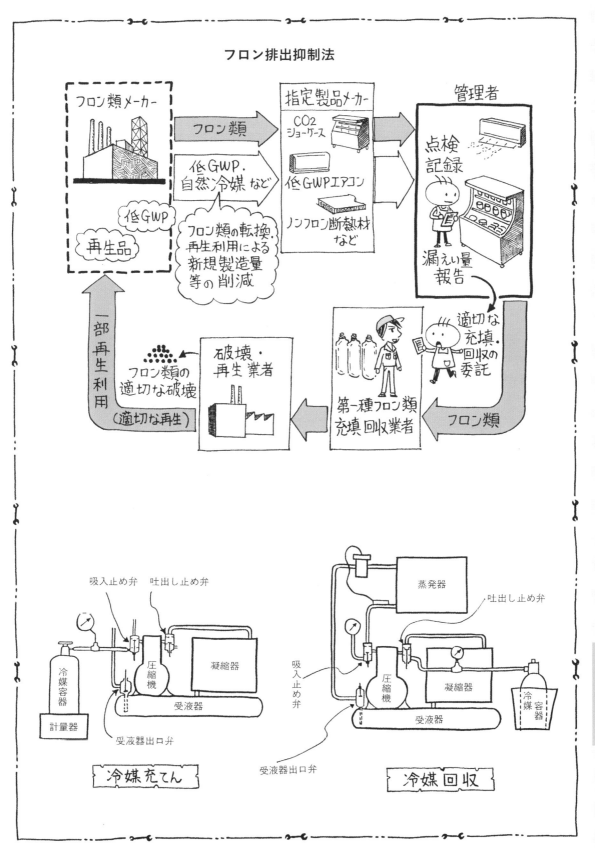

フロン排出抑制法

フロン類メーカー
低GWP
再生品

フロン類

低GWP.
自然冷媒 など

フロン類の転換.
再生利用による
新規製造量
等の削減

指定製品メーカー
CO2
ショーケース
低GWPエアコン
ノンフロン断熱材
など

管理者
点検
記録
漏えい量
報告

一部
再生
利用

フロン類の
適切な破壊

破壊・
再生業者

適切な再生

第一種フロン類
充填回収業者

適切な
充填・
回収の
委託

フロン類

冷媒充てん

吸入止め弁　吐出し止め弁

冷媒容器

計量器

圧縮機

凝縮器

受液器

受液器出口弁

冷媒回収

蒸発器

吐出し止め弁

吸入止め弁

圧縮機

凝縮器

受液器

冷媒容器

受液器出口弁

保全管理のあらまし

快適な室内空気環境を維持するには

空気調和機保全管理のポイント

熱運搬装置のメンテナンス

温熱源設備保全管理のポイント

燃焼装置の安全管理

冷熱源設備保全管理の要点

冷却塔メンテナンスのポイント

83　冷凍機油は定期的に交換しよう！

　圧縮機などの接触して相対運動をする部分に、摩耗や摩擦抵抗を少なくし、異常発熱を吸収するとともに完全潤滑状態を持続させるため用いる油を潤滑油といいます。また、冷凍機用圧縮機に必要不可欠とする潤滑油を冷凍機油といいます。また、冷凍空調機器は、冷媒を圧縮することで発生する熱（高温）、液化した冷媒が蒸発する際に奪う熱（低温）を使用します。その際に、冷媒とともに冷凍機油は、コンプレッサーからシステムを循環して、再びコンプレッサーに戻ってきます。当該冷凍機油が JIS K 2211 として JIS 規格に定められたもののうち、どの冷凍機油を使用しているか、確認しておくことが大切です。

　当該圧縮機のメーカー指示に従うのであれば、油の劣化についてそれほど気を配らないのが普通ですが、運転時間の経過とともに劣化するのは当然です。油圧の正常値を維持するためにも、1 年に 1 回新しい油と交換するのが望ましいでしょう。

　冷凍機油が劣化するのは次のような場合です。①油の中に冷媒が溶け込んだとき。②空気が侵入したとき。③水分が入ったとき。④油温が異常に上昇したとき。⑤異種油が混入したとき、などです。

　冷凍機油が劣化すると、①色が黒褐色に変わる。②全酸価が上昇する。③粘度が上昇する。④スラッジが生成する。⑤臭気が発生するといった現象を生じ、一般的には色と臭気によって油の劣化を判断します。冷凍機油の交換は下手に行うと、かえってトラブルを生じかねないので、冷凍機メーカーなど専門家に依頼する方が無難です。

　ところで、冷凍機油の充てん量の過不足は正確に判断しにくい側面があります。これは油が冷媒とともに冷凍サイクルを循環しやすいからです。冷凍機油の封入が適量か否かはクランク室の油面計に油面が現れるか否かによって判断するのが普通です。装置によっては停止中には油面が油面計に現れていても、運転すると油が見えなくなるものや、その逆のケースもあり、判断に苦しむわけです。運転中クランク室の暖まり具合や、クランク室内部で油滴が散っているかいないか（油滴が散っていないときは焼損の恐れがある）などによって判断しますが、要するに当該冷凍機の「くせ」を知る必要があるので、専門家や先輩から教えてもらいましょう。そして冷凍機油の封入量がいわゆる油漏れなどで減った場合は、油漏れ箇所を修理するとともに所定量を補充しなければなりません。

●冷凍機油の補充要領

　冷凍機油を補充する最も簡単な方法は、圧縮機の吸入止め弁（吸込み弁）から吸入させることです。すなわち、吸入止め弁に給油配管を接続し、給油配管中の止め弁を少し開いて空気を追い出してから、この止め弁を閉じます。そして圧縮機を運転し、66.7kPa 程度の真空にしてから、給油配管の止め弁を開くと、油が吸入されます。給油配管の油吸入口は油面下 3cm 以上は浸して空気を吸い込まないようにするとともに、冷凍機油は密閉容器に封入してあった水分のないものを補給しなければなりません。

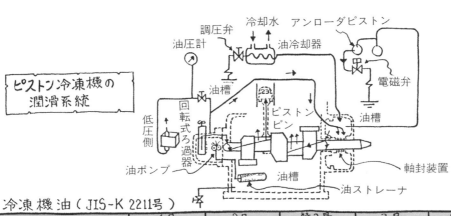

ピストン冷凍機の潤滑系統

調圧弁　冷却水　アンローダピストン
油圧計　油冷却器
電磁弁
油槽
低圧側
回転式ろ過器
ピストンピン
油槽
油ポンプ
軸封装置
油槽
油ストレーナ

冷凍機油（JIS-K 2211号）

		1号 90番冷凍機油	2号 150番冷凍機油	特2号 特150番冷凍機油	3号 300番冷凍機油	特3号 特300番冷凍機油
反応 引火点（℃）		中性 145 以上	中性 155 以上	中性 155 以上	中性 165 以上	中性 165 以上
粘度	30℃ センチストークス レッドウッド秒	21±5 90±18	37±6 152±20	37±5 152±20	74±5 301±20	74±5 301±20
	50℃ センチストークス レッドウッド秒	9.0 以上 49 以上	12.5 以上 60 以上	12.5 以上 60 以上	21.5 以上 91 以上	21.5 以上 91 以上
腐食強度 流動点（℃） 蒸気乳化度（秒） 絶縁破壊電圧（kV）		1 以下 -35 以下 150 以下 —	1 以下 -27.5 以下 200 以下 —	1 以下 -27.5 以下 200 以下 25 以上	1 以下 -22.5 以下 200 以下 —	1 以下 -27.5 以下 200 以下 25 以上

冷凍装置の運転と潤滑油

状態	ひき起こされる現象
潤滑油の過充てん	油面が上昇し泡立ちを起こしやすく また 運動部に接触すればクランクケースに打撃を与える ことに動揺 傾斜のあるときに 注意する
圧縮機の過熱運転と油温	シリンダーの温度が上昇し 潤滑油が炭化し分解して不純分を生成する また その熱が圧縮機全体に回わり 油温を上昇させる 油温は 50℃ぐらいに おさえること
蒸発器への潤滑油の侵入	蒸発器などで 温度の低いとき 油の性状が適合していないと ワックス状になって冷却管の管壁などに付着し 冷却機能を阻害する
異物の混入	油を汚損させ 潤滑作用を阻害する 常にクランクケースのサイトグラスに注意し清浄であることを確認しておく
水分の混入	冷媒系統中に 遊離した水分は 油を乳化し潤滑を 阻害する
冷媒による希釈	油分離器で 凝縮した冷媒がクランクケースにもどったり 停止中に冷媒を吸収溶解することによって 潤滑油は希釈され粘度を低下させる さらに（ことに起動時）油面に泡立ちを起こし 油が圧縮機のシリンダーに吸い込まれ 吐出がスと いっしょに吐き出されて 冷媒系統に はいる
油圧の過大	シリンダー部の給油量が多くなり 多量の油が冷媒系統にも 回わるのでコンデンサ クーラの熱交換部の汚れ 圧縮機へのオイルサクションを 起こす
油圧の過小	油量の不足 オイルストレーナ 油配管のつまり 油ポンプの故障などで油圧が 不足すると 潤滑作用を阻害する
圧縮機の真空運転	クランクケース内が 極度の真空状態になると 油ポンプへの油の吸入が阻害されて十分な油量が吐き出されなくなる
長時間停止後に急激な真空運転をしたとき	潤滑油中に 冷媒が溶け込んだ状態で起動し 真空に近くなると冷媒が急激に沸とうして油面が泡立ち（フォーミング）圧縮機に吸い込まれて 冷媒系統内に油をもっていく この油により熱交換器の汚れや オイルサクションを起こす この現象を 防止するために クランクケースヒーターを取り付ける

保全管理のあらまし

快適な室内空気環境を維持するには

空気調和機保全管理のポイント

熱運搬装置のメンテナンス

温熱源設備保全管理のポイント

燃焼装置の安全管理

冷熱源設備保全管理の要点

冷却塔メンテナンスのポイント

84　ポンプダウンって何？

　ポンプダウンは冷媒回収ともいい、冷凍装置の系統内にあるすべての冷媒を受液器（受液器がない場合には凝縮器）に回収する（送り込む）操作をいいます。ポンプダウンは長期間運転を休止する場合や冷媒配管系の修理などの場合に行います。とくに、冷媒配管系を開放した修理作業の安全確保や、冷媒の損失を防ぐためにも必要なことなのです。ポンプダウン作業の概略要領を示すと次のとおりです。

① 　圧縮機の吐出し弁および吸込み弁を開く。

② 　凝縮器または受液器の液出口弁を閉じる（液配管の途中にある電磁弁は開いておく）。

③ 　低圧圧力遮断器は吸入ガス圧力が真空になっても作動しないように、低い圧力に調節するか、短絡しておく。

④ 　凝縮器に冷却水を流動（循環）させるため冷却水ポンプを起動する。

⑤ 　圧縮機を起動し、いわゆる冷媒回収運転を続けて、吸入ガス圧力がやや真空状態になれば、圧縮機を停止して直ちに吐出し弁を閉じる。しばらく放置して冷凍機油中の冷媒ガスの蒸発などのため、クランクケース内の圧力が上昇してくれば、再び吐出し弁を開いて圧縮機を起動する。

⑥ 　クランクケース内の圧力が 9.81 kPa でバランスするよう、この操作を 2 〜 3 回繰り返す。

⑦ 　停止後、吐出し弁、油分離器の油戻し弁、凝縮器（受液器）の入口弁を閉じ、そして圧縮機の吸込み弁を閉じれば、大部分の冷媒は凝縮器（受液器）に回収され閉じ込められる。

⑧ 　冷却水ポンプを停止する。

●冷凍機油の補充要領

　冷凍機油を補充する最も簡単な方法は、圧縮機の吸入止め弁（吸込み弁）から吸入させることです。すなわち吸入止め弁に給油配管を接続します。給油配管中の止め弁を少し開いて、冷媒ガスで給油配管中の空気を追い出してから、この止め弁を閉じます。そして、圧縮機を運転して 66.7 kPa 程度の真空にしてから、給油配管の止め弁を開くと、油が吸入されます。給油配管の油吸入口は、油容器を油面下 3 cm 以上浸して空気を吸い込まないようにするとともに、冷凍機油は密閉容器に封入してあった水分のないものを補給しなければなりません。

●冷媒ガス漏れの点検方法は？

　冷凍機から冷媒ガスが漏れることもあり、この漏れ箇所のチェックも大切です。フロン系ガスの場合にはハライド灯式ガス漏れ検知機で行います。これは銅管の周囲で無水アルコールまたは液化石油ガスを燃焼させ、空気取り入れ口から漏れた冷媒ガスを吸い込むと、火炎が燈色から緑色に、さらにコバルト（明るい青色）に変色する炎色反応を利用したもので、0.01％ までの漏れを検知することができます。ただし、この作業の場合、火炎に接することで冷媒ガスがホスゲンという有害ガスに分解されるので、このガスは絶対吸わないよう十分注意してください。

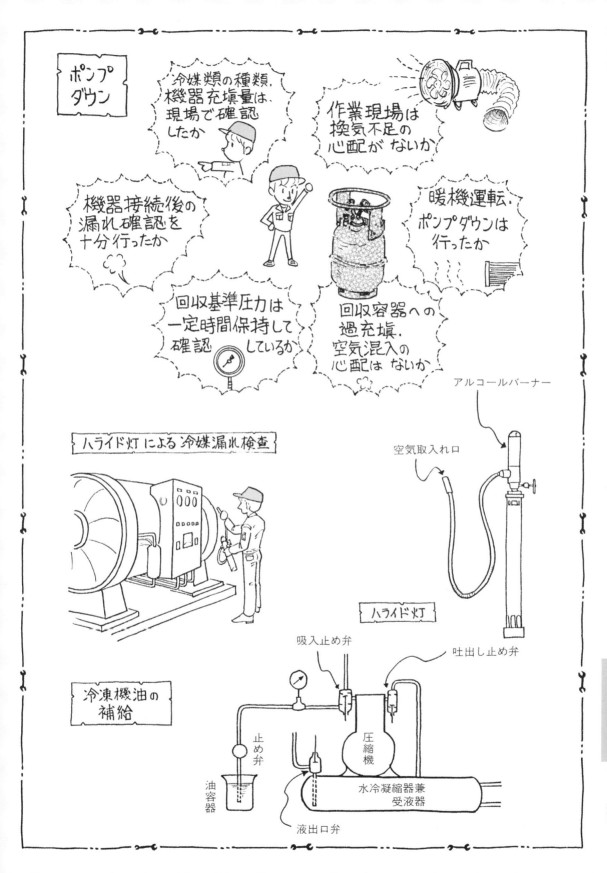

保全管理のあらまし

快適な室内空気環境を維持するには

空気調和機保全管理のポイント

熱運搬装置のメンテナンス

温熱源設備保全管理のポイント

燃焼装置の安全管理

冷熱源設備保全管理の要点

冷却塔メンテナンスのポイント

85　四方弁の操作で冷房運転と暖房運転を切替え

冷凍機は、蒸発器の吸収熱で冷房（冷水）を行います。原則として、人間や物品を冷却するために用いますが、この冷凍サイクルの逆サイクルを利用すれば、冷凍機で暖房（温水）を行うことも可能です。冷凍機を冷房だけでなく、暖房にも用いられるように装置した場合をヒートポンプまたはヒートポンプ冷凍機といいます。ヒートポンプの機器も圧縮機、凝縮器、膨張弁、蒸発器で構成され、冷凍機と同じです。すなわち、蒸発器での吸熱を利用するとともに、凝縮器で排熱するのが冷凍サイクルであり、この冷凍サイクルで温水や温風を生成するのがヒートポンプというわけです。ヒートポンプ冷凍機としては主に、往復動冷凍機、スクリュー冷凍機、ターボ冷凍機がに用いられます。

ヒートポンプは空気熱源方式と水熱源方式に大別されますが、例えば、前者では夏期（冷房時）は屋外の凝縮器（室外コイル）に外気を通して室内の蒸発器（室内コイル）で室内を冷房し、冬期（暖房時）は四方弁によって、冷媒の流れる回路を切り替えて、室外コイルを蒸発器として利用し、室内コイルを凝縮器として凝縮熱によって暖房を行うわけです。

いずれにしても冷媒配管系統に設けられた四方弁（四方切替え弁）の切替えによって暖房、冷房が行えるわけで、四方弁は電磁弁（ソレノイドバルブ）の操作によってパイロット弁を作動させ、圧縮機の吸入側圧力を利用して冷媒の流れを変化させるのです。

●冷凍空調施設に係る保安検査とは？

冷凍空調施設に係る保安検査は、高圧ガス保安法に基づいて許可を受け、完成検査に合格して、製造を開始した特定施設に対して定期的に行われるもので、当該施設が許可を受けた内容と同じ状態で維持されているか否かについて、都道府県知事、高圧ガス保安協会等が行う検査です。なお、ここでいう保安検査の対象施設とは、冷凍保安規則に規定されている特定施設です。

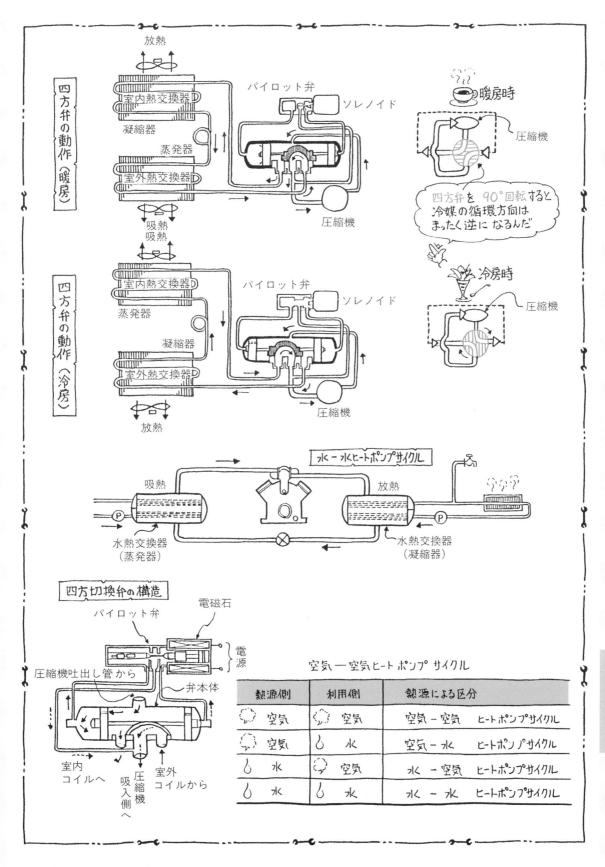

保全管理のあらまし

快適な室内空気環境を維持するには

空気調和機保全管理のポイント

熱運搬装置のメンテナンス

温熱源設備保全管理のポイント

燃焼装置の安全管理

冷熱源設備保全管理の要点

冷却塔メンテナンスのポイント

四方弁の動作（暖房）

放熱

室内熱交換器
凝縮器
蒸発器
室外熱交換器

吸熱 吸熱

パイロット弁
ソレノイド
圧縮機

暖房時
圧縮機

四方弁を 90°回転すると冷媒の循環方向はまったく逆になるんだ

冷房時
圧縮機

四方弁の動作（冷房）

室内熱交換器
蒸発器
凝縮器
室外熱交換器

放熱

パイロット弁
ソレノイド
圧縮機

水―水ヒートポンプサイクル

吸熱
水熱交換器（蒸発器）

放熱
水熱交換器（凝縮器）

四方切換弁の構造

パイロット弁
電磁石
電源
圧縮機吐出し管から
弁本体
室内コイルへ
室外コイルから
圧縮機吸入側へ

空気―空気ヒートポンプサイクル

熱源側		利用側		熱源による区分	
	空気		空気	空気―空気	ヒートポンプサイクル
	空気		水	空気―水	ヒートポンプサイクル
	水		空気	水―空気	ヒートポンプサイクル
	水		水	水―水	ヒートポンプサイクル

86　ターボ冷凍機も日常の点検・運転管理が大切

　ターボ冷凍機は遠心冷凍機ともいい、ターボ送風機、つまり、後曲がりの羽根車を増速機として使って、3000〜6000 rpm（50〜100s⁻¹）の高速で回転させ冷媒ガスを圧縮する、ターボ圧縮機（遠心圧縮機）を用いた装置です。ターボ圧縮機は電動機の回転数を歯車で増速します。ターボ冷凍機の構成はターボ圧縮機、膨張弁（膨張弁の代わりにフロート弁またはオリフィスという液体制御弁が用いられる）、凝縮器、蒸発器で、いわゆるレシプロ冷凍機（**77** 項）と大同小異ですが、ターボ圧縮機は、構造原理上、大容量に適しています。

　ターボ冷凍機の冷媒には低圧ガスを用いるため、停止中には装置全体が、運転中には蒸発器が大気圧以下つまり真空になるため、気密性には特に注意が必要です。このため、機内に侵入した空気（不凝縮ガス）や水分などを除去（抽出）する抽気回収装置が設けられています。これは抽気圧縮機、駆動用モーター、ドライヤ、液分離器などによって構成されます。

　不凝縮ガスと冷媒の混合ガスを凝縮器抽気口から吸引し、ドライヤで水分を除去したものを圧縮・冷却することで、冷媒と不凝縮ガスおよび油に分離し、冷媒は自動的に冷凍装置内に戻されます。

　もちろんターボ冷凍機もレシプロ冷凍機などと同様、運転は自動化されています。しかし、レシプロ冷凍機と同じく、運転中には一定時間ごとに点検や手入れを正しく行い、記録に残しましょう。故障を早期に発見できるばかりでなく、その原因の追求にも役立つわけで、冷凍機運転日誌の記録は必要不可欠です。

　一定時間ごとに少なくとも記録すべき事項は、油圧、軸受温度、蒸発器圧力、冷媒温度、凝縮器圧力、冷水出入口温度、冷却水出入口温度、容量制御装置の制御位置、電流、抽気回収装置の圧力などです。そしてこのほかに、冷媒のレベルや油面に異常があったとき、振動、音響の変化、抽気回収装置の運転状況、冷媒や油（潤滑油）を補給したときは、その量は記録しておきましょう。

ターボ冷凍機の日常・定期点検整備チェックリストの一例

部位	点検項目	毎日	毎週	毎月	毎年(シーズンオフ)	備　　考
圧縮機（コンプレッサ）	潤滑油の圧力 [kg/cm²・G]	○				6.5 kg/cm² 前後
	潤滑油の冷却器出口温度 [℃]	○				50～60℃ 前後，出入口差 10℃ 前後
	潤滑油の停止直後の油量	○				油面計の読み取り
	潤滑油の色 [劣化度合]				○	濃褐色および黒色を帯びた濃褐色→交換
	潤滑油の遊離塩素 [劣化度合]				○	50 ppm 以上交換
	潤滑油のフィルター交換					
	冷媒ガス吐出温度 [℃]	○				100℃ 以下，通帯 60℃ 程度
	冷媒ガス吸入温度 [℃]	○				蒸発温度＋2～5℃
	ベーン開度	○				0～100％（負荷によって変動）
	軸受温度 [℃]	○				
	騒音 [A スケール dB]		(○)			状況に応じて測定 80dB(A) 以内
	振動 [両振幅μ]		(○)			状況に応じて測定 20μ 以内
電動機（モーター）	電圧 [V]	○				±5％以下変動
	電流 [A]	○				定格電流値を超えないこと
	軸受温度 [℃]	○				
	振動 [両振幅μ]		(○)			状況に応じて測定 20μ 以内
	実運転時間 [時間/日]	○			○	延べ運転時間を算出する
	積算電力量 [kWh/日]	○			○	延べ電力量を積算する
	絶縁測定 [MΩ]				○	1 000V の絶縁抵抗計で 5～10MΩ以上
	操作盤点検			○		コンタクタ，ねじ，汚れなどの点検
	温度	○				JIS 絶縁種別に従う
凝縮器（コンデンサ）	凝縮液温度 [℃]	○				40℃ 前後
	凝縮温度 [℃]	○				42℃
	凝縮圧力 [kg/cm²・G]	○				0.85 kg/cm²・G 前後
	冷却水入口温度 [℃]	○				32℃ 前後
	冷却水出口温度 [℃]	○				37℃ 前後
	冷却水流量 [m/h]	○				ポンプ電流値から換算
	冷却水圧力 [kg/cm²・G]	○				
	伝熱管の点検・整備				○	チューブ清掃，腐食点検
	水質分析			○		pH6.5～8.0，導電率 500μS/cm 以下
蒸発器（エバポレータ）	冷媒液温度 [℃]	○				
	冷媒蒸発温度 [℃]	○				
	冷媒蒸発圧力 [mmHg]	○				
	冷水入口温度 [℃]	○				
	冷水出口温度 [℃]	○				
	冷水流量 [m/h]	○				ポンプ電流値から換算
	冷水圧力 [kg/cm²・G]	○				
	伝導管の点検・整備				○	必要により清掃（冷却水より汚れ少）
	水質分析			○		pH6.0～8.0，導電
全体	全分解整備					5 年～10 年ごとに一回

ターボ冷凍機の冷凍サイクル

冷却筒　凝縮器　圧縮機　エコノマイザ　空調機　蒸発器

抽気回収装置

凝縮器　冷却器　分離器　圧縮器　遠心冷凍機

各ゲージ圧力の読み取り

日常点検　記録に残すことは故障の早期発見や原因の追究にも OK

点検の大切さは献血にもきえる　献血　献血すると自分の血が元気かがわかる　つづけると献血のたびごとの長期的な抵化がわかるので健康管理に役立つ

87　ターボ冷凍機はサージングに注意

レシプロ冷凍機（**77**項）に比べて、ターボ冷凍機に発生しやすいトラブルが、サージングです。

サージングとはターボ冷凍機特有の現象で、圧縮機（ターボ圧縮機）に振動と音響の周期的な変動を生じる現象です。遠心ポンプや送風機でも起こり、蒸発温度または蒸発圧力が下がったとき、凝縮温度または凝縮圧力が上がったとき、あるいは軽負荷のとき、つまり回転数を下ったり、ベーン制御（羽根の回転角度による流量調整）またはダンパーを絞ったときに発生します。推力軸受に急激な圧力がかかって焼損を引き起こすため、サージングが発生したときは、その原因の除去に努めなければなりません。

ターボ冷凍機はその特性上、部分負荷で冷媒ガス量が30％を下回るとサージングが発生しやすい状態となります。したがって連続しての運転は避け、ホットガスバイパス制御や蒸発器内の冷媒を高圧側の冷媒ガスでアジテート（撹はん）させ、サージングを防ぎます。もし頻繁にサージングが発生する場合、メーカーや専門家の診断・指導を受けてください。

●はすば歯車って？

ターボ冷凍機では、圧縮機の羽根車を高速で回転させるために歯車増速装置が使われます。歯車による動力伝達で歯のかみ合わせをスムースにして騒音を低くするために通常、歯を斜めはす、つまり歯すじが"つる巻き線状"に切ってある歯車を使います。これをはすば歯車またはヘリカルギアというのです。

はすばの語源は、漢字の斜歯です。なお、低速歯車軸には小型歯車ポンプが取りつけられ、冷凍機の始動と同時に歯車箱内の潤滑油がくみ上げられ、オイルフィルターを通して、はすば歯車の表面や軸受に強制給油され、潤滑が行われるようになっています。歯車増速装置は内部が点検できるようになっているので、定期的に点検してください。

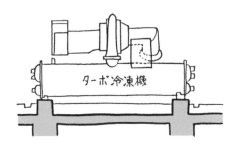

ターボ冷凍機

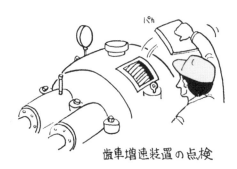

歯車増速装置の点検

保全管理のあらまし

快適な室内空気環境を維持するには

空気調和機保全管理のポイント

熱運搬装置のメンテナンス

温熱源設備保全管理のポイント

燃焼装置の安全管理

冷熱源設備保全管理の要点

冷却塔メンテナンスのポイント

ターボ冷凍機の主な故障と対策表

	故障の状態	故障の原因	対　策
a) 蒸発器の真空度ならびに凝縮器の圧力に関して	停止中真空度が下る	室温の影響により温度上昇 蒸発器または凝縮器に水が通っていて，その水温の影響を受けている	弁等を調べて温度の高い水はすべて塞止する
	蒸発器の真空度が高過ぎる	冷媒のレベル減少 冷水の水量不足のため冷水の出口温度低下 熱負荷が少ないため冷水出口温度低下 冷媒中に水が混入している 冷媒が油により徐々に汚損 蒸発器チューブ内面に水あか堆積 蒸発器水室の仕切不充分 冷水中に空気が浸入	〈冷媒のレベルが低い〉項参照 水量を調節する 容量制御装置の調節 水の漏洩箇所を調査し修理する 冷媒精製 チューブ掃除を行う 仕切板ならびにそのパッキンを点検，是正 ポンプのグランドと吸込み側配管調査
	蒸発器の真空度が低過ぎる	凝縮器のフロート弁，およびエコノマイザ・フロート弁開放 冷水温度上昇 熱負荷が多過ぎる	フロート弁を調査修理する 容量制御装置を調節 負荷を調整する
	凝縮器圧力が高い	凝縮水不足 凝縮水の温度上昇 凝縮器チューブに水あか堆積 凝縮水中に空気が混入 凝縮器のフロート弁閉塞 凝縮器水室の仕切不充分	弁を調整し，もし改善されない場合ポンプ，冷却塔，配管系統についても点検，是正 凝縮水系統を調査 チューブを掃除する ポンプのグランドと吸込み側配管を調査 フロート弁を調査修理する 仕切板およびそのパッキンを点検，是正
	凝縮器圧力が低い	凝縮器のフロート弁開放 凝縮水の水量が多過ぎる 凝縮水の温度低下 冷媒量不足 サージングを起こしている	フロート弁を調査し処置する 水量を絞る 水量を絞る 必要量を補充する 〈サージングを起こす〉項参照
b) 蒸発器の冷媒量不足	冷媒のレベルが低い	冷媒の漏洩 凝縮器のフロート弁，またはエコノマイザ・フロート弁閉塞	パージリカバリユニットの放出弁を調査，パージリカバリユニットの排水弁調査，高圧側の気密調査 フロート弁を調査し処置する
c) 圧縮機	冷却能力不足	凝縮器圧力が高過ぎる 蒸発器の真空度が高過ぎる 蒸発器の真空度が低過ぎる	〈凝縮器圧力が高い〉項参照 〈蒸発器の真空度が高過ぎる〉項参照 〈蒸発器の真空度が低過ぎる〉項参照
	サージングを起こす	熱負荷が非常に少ない 凝縮器圧力が高過ぎる 冷媒のレベルが低い	バイパス弁を設ける 〈凝縮器圧力が高い〉項参照 〈冷媒のレベルが低い〉項参照
	圧縮機が停止する	凝縮器圧力が高過ぎる 油圧が低下する	〈凝縮器圧力が高い〉項参照 〈油圧が上らない〉項参照
	圧縮機の2段目に水滴の凝結または着霜	エコノマイザ・フロート弁閉塞	フロート弁を調査し処置する
	油圧が上らない	冷媒で油が稀薄になる 油圧制御弁，逆止め弁等の調整不良 圧縮機の速度が低過ぎる	起動時間を長くするか数回起動を行い，油中の冷媒を蒸発させる．油を取り替える．油冷却水の水量を減じ，油の温度を上げる 再調整する 調査し回転を上げる
	油圧が上り過ぎる	油圧制御弁，逆止め弁の調整不良	調整し直す．弁部にスケールがついている場合は取り除く
	シールの背圧が低くシールの油圧が高い	油ろ過器が汚れている	洗浄するか取り換える
	車軸周りから油が出る	大気フロート弁が閉塞している 油塞止弁の調整不良	フロート弁を調査し，処置する 油圧を調べ，フロート弁を調節する
	大気フロート弁室の油増加	同上	同上
	軸受温度が非常に高くなる	油冷却器の水量不足 油冷却器内面に水あかが堆積する 起動時に油が冷媒で稀薄になり過ぎている	弁の調整，改善されない場合は配管系を点検 薬品により清浄にする オイルヒーターを点検，是正
	油が過度に減少する	軸ラビリンスの摩耗により油が圧縮機に入る 油循環系統の漏洩 油ポンプ室の油の油面が高過ぎる	回転体のバランス調査 調査の上補修する 油を一部抜き出す

88　化学的プロセスで冷却作用される吸収冷凍機

吸収冷凍機は、冷媒ガスの圧縮に相当する過程を担う装置です。圧縮機のように、機械的エネルギーを使わず、ボイラーからの98～147kPaの蒸気または140～160℃の高温水、または燃焼ガスといった熱エネルギーを使う冷凍機です。特徴的なのは水を冷媒としていること、冷凍機内が真空であること、冷水を製造するのに加熱を必要とすること、吸収剤（リチウムブロマイド〔臭化リチウム〕）を使った化学変化のプロセスであることなどです。燃料を用いて、燃焼ガスを熱エネルギーとするものを直焚き吸収冷凍機と呼びますが、吸収冷凍機は冷水発生機とも呼ばれ、大・中規模の空調用として用いられ、冷凍サイクルは真空下の化学的なプロセスによって行われるので、もちろん高圧ガス保安法は適用されません。

吸収冷凍機の運転管理上の大きな問題点は次の2つです。

真空維持：水を冷媒として高真空下で作動しているため、漏入空気などの不凝縮ガスは機器の腐食を増進させ、性能低下にも大きな影響を及ぼします。そのため蒸発器や吸収器では800～933Pa、再生器では8000～9333Paの真空状態を維持するため、自動抽気装置、いわゆるパージユニットが設けられ、自動真空制御が行われます。

リチウムブロマイド水溶液（吸収液）の結晶防止：装置内の吸収液（リチウムブロマイド水溶液）は、溶液濃度が高く、かつ温度が低いと、熱交換器内で吸収液の一部が析出して固形化、つまり結晶ができてしまいます。一度結晶すると極めて溶けにくく、吸収液の流動が悪化し冷凍能力を減少させるばかりか、ひどい場合は運転不能となります。このように結晶が生成するのは、冷却水の温度が低下しすぎたとき、空気の漏入があるとき（抽気不十分なとき）、凝縮温度が低下しすぎたとき、蒸気の圧力が上昇しすぎたとき（熱源の温度が上昇しすぎたとき）などです。結晶によるトラブルを防止するため、吸収冷凍機には自動結晶解除装置が設けられ、かつ、希釈サイクル運転（蒸発器の水や冷媒を送って吸収液の濃度を下げること、詳しくは89項）が自動的に行われるようになっています。

吸収冷凍機を効率よく安全に運転管理するには、化学プロセスによる冷凍サイクルを理解するとともに、以上の2点について、よく認識しておくことが肝要です。

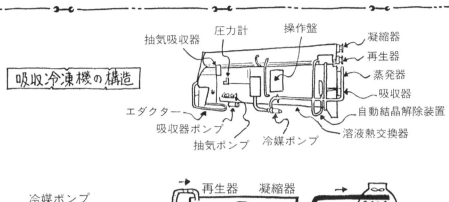

吸収冷凍機の構造

圧力計　操作盤
抽気吸収器　　　　　　　凝縮器
　　　　　　　　　　　　再生器
　　　　　　　　　　　　蒸発器
　　　　　　　　　　　　吸収器
エダクター　　　　　　　自動結晶解除装置
吸収器ポンプ　　　　　　溶液熱交換器
抽気ポンプ　冷媒ポンプ

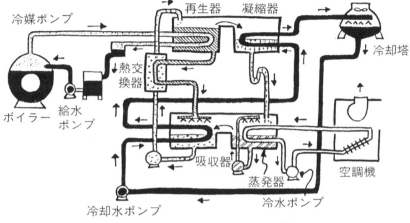

冷媒ポンプ　　再生器　凝縮器
　　　　　　　　　　　　　冷却塔
↓熱交換器
ボイラー　給水ポンプ
　　　　　　　吸収器　　空調機
　　　　　　　蒸発器
冷却水ポンプ　冷水ポンプ

吸収冷凍機の冷凍サイクル

水の温度と飽和蒸気圧力（蒸発圧力）

温度 （℃）	飽和圧力	
	絶対圧力 〔kPa〕	水銀柱 〔mmHg〕
100	101.3	760
80	47.4	335.3
50	12.3	92.5
40	7.4	55.3
30	4.2	31.8
20	2.3	17.5
10	1.2	9.20
7	1.0	7.51
5	0.87	6.54
3	0.76	5.68
2	0.71	5.29
1	0.66	4.93

標準大気圧

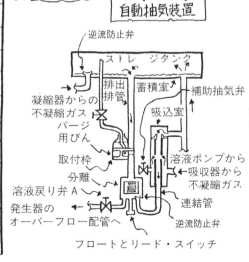

自動抽気装置

逆流防止弁
ストレジタンク
　　　　　蓄積室　補助抽気弁
凝縮器からの　排出排管　　吸込室
不凝縮ガス
パージ用びん
取付枠　　　　　溶液ポンプから
分離　　　　　　吸収器から不凝縮ガス
溶液戻り弁A　　連結管
発生器のオーバーフロー配管へ　逆流防止弁
フロートとリード・スイッチ

保全管理のあらまし

快適な室内空気環境を維持するには

空気調和機保全管理のポイント

熱運搬装置のメンテナンス

温熱源設備保全管理のポイント

燃焼装置の安全管理

冷熱源設備保全管理の要点

冷却塔メンテナンスのポイント

89　自動結晶解除装置と希釈サイクル運転

　吸収冷凍機の運転中に自動抽気装置が故障し、空気漏入などがあると、吸収液の濃度が上昇します。すると、吸収サイクル中の高濃度で最低温の箇所、つまり吸収液が通る熱交換器の濃溶液出口で結晶が生じます。結晶化してしまうと濃溶液が再生器（発生器）から吸収器へ戻れなくなり、再生器の濃溶液の液面が上昇します。すると、再生器と吸収器とを連絡しているトラップ状のJ（U）字管というオーバーフロー管から濃溶液がオーバーフローして吸収器に流れ込み、バイパスされます。この吸収液は、熱交換器の高温溶液によって再び加熱されることで、結晶が解除（融解）されます。このバイパス用のオーバーフロー管を自動結晶解除装置といいます。

　これらは吸収冷凍機の安全装置ですが、この装置が作動する前に、結晶しそうな状態になった時点で、これを是正するための自動結晶防止装置も併用します。この装置は蒸発器に挿入されているレベルスイッチと冷媒戻し弁（バイパス弁の役目をする電磁弁）からなり、溶液濃度が上がる、つまり結晶の危険性が生じると、溶液から分離した冷媒（水）を蒸発器に集めることで、水位を上昇させます。この水位上昇をレベルスイッチが感知し、冷媒戻し弁に信号を送り、弁を開かせるのです。冷媒戻し弁は冷媒ポンプの吐出し管と溶液ポンプの吸込み管とを結ぶ配管中に設けてあるので、溶液に水が混入して溶液濃度が下がり、結晶の危険が除かれるのです。

　希釈サイクル運転というのは、冷凍機停止中の結晶を防ぐ操作のことです。吸収冷凍機の運転を停止すると、配管やポンプ内の吸収液が高濃度のままで冷却・結晶して管内を詰まらせ、ポンプを固着させてしまいます。これを防ぐため、熱源を止めて運転を停止すると同時に、冷媒戻し弁を開き、水（冷媒）を溶液側に送り込み、しばらく溶液ポンプの運転を続け吸収液の濃度を均一に低下させます。この希釈サイクル運転は通常、7分間程度自動的に行われます。

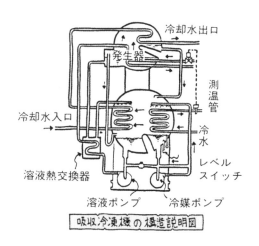

吸収冷凍機の構造説明図

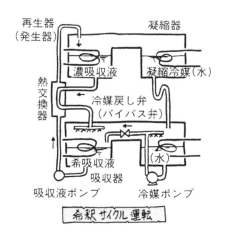

希釈サイクル運転

保全管理のあらまし

快適な室内空気環境を維持するには

空気調和機保全管理のポイント

熱運搬装置のメンテナンス

温熱源設備保全管理のポイント

燃焼装置の安全管理

冷熱源設備保全管理の要点

冷却塔メンテナンスのポイント

故障と対策表

	現象	原因	処置
A	始動時に吸収剤（リチウム・ブロマイド溶液）が結晶する	1. 冷却水が冷え過ぎる	a. 冷却水をバイパスして所定温度に上げる b. 冷却塔ファンの運転動作を点検して，冷却水温が下らないようにする
		2. 冷凍機内に空気が入っている	a. 抽気装置を操作して空気をパージする b. 溶液ポンプがキャビテーションを起しているような状態の場合は，補助真空ポンプを運転してパージする
		3. 抽気装置が適正でない	a. 抽気装置のすべての手動バルブの状態を点検する b. 実際にパージ能力があるかどうか操作してみる
B	運転中に吸収剤（リチウム・ブロマイド溶液）が結晶する	1. 冷却水が冷え過ぎる	A 1. と同一
		2. 蒸気圧力が設計値よりも高い	蒸気圧力を下げる
		3. 凝縮冷媒温度が低過ぎる（全負荷時の凝縮温度は 45℃ 以下にすべきではない）	冷却水量を絞る
		4. 能力増進剤が不足している	能力増進剤を入れる
		5. 抽気装置が適正でない	A 3. と同一
		6. 空気の漏入箇所がある	気密テストを行う
C	低容量（能力低下）	1. 機内に空気が入っている	A 2. と同一
		2. 凝縮器チューブが汚れている．凝縮冷媒温度が徐々に上昇してゆく	チューブを掃除し，冷却水系統に汚れの原因があれば改める
		3. 抽気装置が適正でない	A 3. と同一
		4. 能力増進剤が不足している	能力増進剤を入れる
		5. 蒸気コントロール弁の設定が適正でない	蒸気コントロール弁の再設定を行う
		6. 冷却水量が不十分であるか，あるいは冷却水温度が高い	a. 冷却水バイパス量を設定し直す b. 冷却塔ファンが運転されているかどうか点検 c. 冷却水配管のストレーナを点検する
		7. 全負荷時に発生器溶液温度が設計温度よりも低い（全負荷時の溶液温度を記録しておく）	a. 蒸気圧力を上げる b. 蒸気ストレーナとトラップを点検する
D	冷凍機が保安装置で停止する	1. モータが過負荷で停止する	オーバーロードリレーをリセットし，オーバーロードの原因を調べる
		2. キャンドモーターポンプ（作動させようとする液体にモーター自身がポンプ羽根とともに浸っているポンプ）が過負荷でトリップする	a. ポンプ中に溶液または冷媒がなくなっていたら，溶液または冷媒を入れる b. ポンプ内が結晶していれば，外部からスチームで解晶する
		3. 冷媒低温サーモで停止する	a. サーモの動作点を点検する b. 冷水出口温度設定点が設計値よりも低過ぎる．設定を規定値に戻す c. 冷却水温度が低過ぎないか
E	停止中の結晶	1. 希釈サイクルの時間が十分でなかった	希釈サーモの設定点を点検．60℃ 設定である．結晶するようであれば，設定温度をいくぶん下げる
		2. 蒸気コントロール弁の閉りが十分である	コントロール弁の閉りを点検する
		3. 冷却水ポンプのみが運転されている	冷却水ポンプを手動で停止する
F	休止中の真空の戻り	1. 冷凍機内に空気漏入	気密テストを行う
G	抽気回収装置が正常運転をしていない		a. すべてのバルブが正常な状態にあるかを点検 b. 抽気回収装置が結晶している．スチームで外部から解晶 c. 溶液ポンプからの給液が行われていない．メーカーに連絡する
H	機内の空気漏洩度の判断		アブソーバロスを測定し，1.5℃ 以上あれば空気漏洩ありとみる

90 冷温水発生機とは、直焚き二重効用吸収冷温水機のこと

今まで説明した吸収冷温水機は"冷水発生機"ともいわれ、厳密には一重効用吸収冷温水機（単効用吸収冷温水機）に該当します。一方、二重効用吸収冷温水機は、一重効用吸収冷温水機に"二重効用"の原理を適用し、再生した冷媒の凝縮潜熱が凝縮器の冷却水に捨てられていたものを、再度冷媒の再生に活用して、加熱量を一重効用吸収冷凍機の約2/3に低減し、また冷却水に捨てられる熱量も約4/5に減じるものです。二重効用吸収冷凍機の一重効用との異なる点は、①再生器を高温再生器と低温再生器の二段とすること。②熱交換器を第一熱交換器と第二熱交換器の二段にすることです。ちなみにそのほかの蒸発器、吸収器、凝縮器は一重効用のものと同一です。

そして、二重効用吸収冷温水機の熱源は直接にバーナーの燃焼熱を利用、つまり"直焚き"を原則とします。すなわち、高温再生器内に燃焼室を設け、吸収液を直接加熱して濃縮します。するとボイラーが不要になり、かつ凝縮器で冷媒蒸気を冷却して温度が上昇した水を温水として使えるわけです。

二重効用吸収冷温水機は冷水と温水を同時に得られるので、一般には冷温水発生器といわれ、正式には直焚き二重効用吸収冷温水機と呼ばれます。高層建築物や大規模建築物では空気調和方式が高度化し、冬期の暖房時にも局部的に冷房を必要としたり、また冷房時にも一部暖房を必要としたりと、いわゆる年間空調として、冷水と温水を同時に必要とする場合には有効なのです。

直焚き冷温水発生機といっても、その吸収冷凍サイクル、構造なども、吸収冷凍機（一重効用）と同じようなもので、その運転管理や保全の要領は一重効用の場合と同じです。ちなみに、バーナーの燃焼管理や保全のポイントやボイラーも、基本的には同じです。

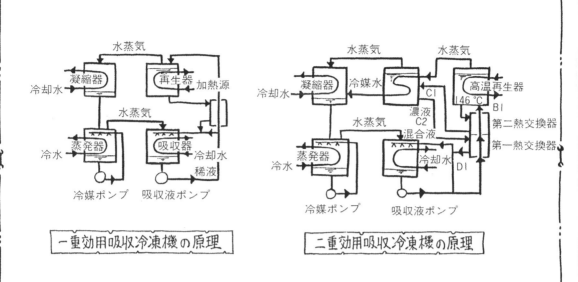

一重効用吸収冷凍機の原理　　二重効用吸収冷凍機の原理

吸収式冷凍機管理表の一例							
項目	点検内容		保守点検の期間				
			毎日	週日	月ごと	年ごとまたはシーズンごと	その他
抽気ポンプ	1	油のよごれ劣化		★			
	2	真空度		★			
	3	ベルトの張り			★		
	4	電動機の点検（絶縁）				★	
溶液，冷媒ポンプ	1	異常音の有無	★				
	2	分解，メタル摩耗 測定					初年度以後2年ごと
	3	ステータ絶縁				★	
	4	メタル冷却用ストレーナ清掃				★	
冷媒再生	比重測定必要あらば再生			初週のみ★	★	★	
冷却水，冷水水質	pH および 分析			初週のみ★		★	
チューブ，チューブプレート	1	腐食				★	
	2	清掃				★	
制御機器	1	動作			★		
	2	設定値確認				★	
制御弁	1	動作	★				
	2	点検（分解含む）				★	
溶液	1	濃度（比重測定）			初週のみ★	★	
	2	よごれ 再生					よごれ具合により再生
	3	アルカリ度				★	※〔注〕
	4	腐食抑制剤				★	※〔注〕
機内気密	吸収器損失上昇速さ				★	★	
手動バルブ	1	漏水				★	
	2	ダイヤフラムの交換				★	
操作盤	1	絶縁				★	
	2	シーケンス				★	
	3	ランプの交換					その都度

※〔注〕 管理限外ならば要調整，事故などで機器を開放したときは　しばらくは
　　　　毎週の測定が必要である

保全管理のあらまし

快適な室内空気環境を維持するには

空気調和機保全管理のポイント

熱運搬装置のメンテナンス

温熱源設備保全管理のポイント

燃焼装置の安全管理

冷熱源設備保全管理の要点

冷却塔メンテナンスのポイント

91　冷凍機を生かすも殺すも冷却水の水質管理次第!?

冷却塔は一般にクーリングタワーと呼ばれ、冷凍機の凝縮器（水冷凝縮器）で冷媒ガスを冷却し、液化させ、温度を上昇させた冷却水を水滴状にして大気に触れさせるための装置です。向流型と直交流型の2種類の冷却方法があり、一部を蒸発させ、気化熱（蒸発熱）で冷却水の温度を下げる（大気中に凝縮熱を捨てる）ための水冷凝縮器の冷却水を捨てずに、繰り返しの循環使用を可能にする役目を果たします。

冷却塔は、その使用目的や条件から建築物の屋上に設置され、大気中に曝されます。次に示すような条件が複合すると冷却水の水質が悪化や冷凍機の性能低下や腐食などが発生し、寿命の短縮につながる点を注意しなくてはなりません。

① 大気（外気）と冷却水を接触させて冷却するため、外気中の亜硫酸ガスなど有害ガスが冷却水中に吸収され、凝縮器の冷却コイルや冷却水配管などを腐食させてしまいます。

② 上記①と同じ理由で、外気中の粉じんなどが冷却水中に吸収され、これら粉状固形物が堆積し、冷却塔の冷却水出口（温度低下した冷却水が凝縮器へ向かうための出口）のストレーナを詰まらせ、冷却水循環量の減少、つまり冷却水不足となり、凝縮器の凝縮圧力(高圧)が異常上昇し、冷凍機の運転不能につながります。また、運転停止中に鳩や雀などが水を飲もうと送風機の部分から冷却塔下部水槽に入り込み、糞や羽根を落としたり、外へ出られなくなった死骸が冷却水出口を詰まらせたりします。いずれにしても冷却塔は、冷却水の水質を悪化させる思わぬ側面があるのです。

③ さらに冷却塔内は太陽光線が当たるため、光合成作用によって、塔内の下部水槽に藻類（水中に生じる植物）も増殖します。これまた冷却水出口のストレーナを詰まらせる原因です。

④ 冷却水の水質が悪化すれば、関連設備の腐食トラブルだけではなく、凝縮器の冷却コイルにスケールが析出・付着したり、スライム（いわゆる水あか）の付着を早め、高圧異常上昇を誘発し、冷凍機の運転効率低下や運転不能につながります。

⑤ 冷却水の温度は25〜38℃であり、いわば"生温い"水です。この温度は病原菌などの繁殖にも適し、在郷軍人病（レジオネラ症）の原因となるレジオネラ菌など細菌類の発生源にもなってしまいます。

以上の説明のとおり、冷却塔の運転管理や保全は、冷却水の水質を良好に維持するという水質管理が基本的なポイントです。冷却水の水質管理は、炉筒煙管ボイラーにおけるボイラー水の水質管理に勝るとも劣らないほどの重要性があり、いわば「冷凍機を生かすも殺すも冷却塔（冷却水）の水質管理次第……」といっても過言ではないのです。

保全管理のあらまし

快適な室内空気環境を維持するには

空気調和機保全管理のポイント

熱運搬装置のメンテナンス

温熱源設備保全管理のポイント

燃焼装置の安全管理

冷熱源設備保全管理の要点

冷却塔メンテナンスのポイント

冷却塔

向流型冷却塔　　直交流型冷却塔

水滴落下　送風　水滴落下　送風

冷却水の補給水としては水道水を用いよう

補給水の水質基準値（参考値）
（日本冷凍空調工業会規格）

項　目	基準値
PH（25℃）	6.0 ～ 8.0
導電率（25℃）〔$\mu\Omega$/cm〕	200 以下
塩素イオン Cl^- 〔ppm〕	50 以下
硫酸イオン SO_4^{2-} 〔ppm〕	20 以下
全鉄 Fe 〔ppm〕	0.3 以下
Mアルカリ度 $CaCO_3$ 〔ppm〕	50 以下
全硬度 $CaCO_3$ 〔ppm〕	50 以下
イオウイオン S^{2-} 〔ppm〕	検出しないこと
アンモニウムイオン NH_4^+ 〔ppm〕	検出しないこと
シリカ SiO_2 〔ppm〕	30 以下

注：1 ppm ＝ 1 mg/ℓ

冷却水の水質基準値
（日本冷凍空調工業会規格）

項　目	基準値	傾向 ※1 腐食	傾向 ※1 スケール生成
PH（25℃）	6.0～8.0	★	★
導電率（25℃）〔$\mu\Omega$/cm〕	500 以下	★	
塩素イオン Cl^- 〔ppm〕	200 以下	★	
硫酸イオン SO_4^{2-} 〔ppm〕	200 以下	★	
全鉄 Fe 〔ppm〕	1.0（0.5）※2 以下	★	★
Mアルカリ度 $CaCO_3$ 〔ppm〕	100 以下		★
全硬度 $CaCO_3$ 〔ppm〕	200 以下		★
イオウイオン S^{2-} 〔ppm〕	検出しないこと	★	
アンモニウムイオン NH_4^+ 〔ppm〕	検出しないこと	★	
シリカ SiO_2 〔ppm〕			★

（備考）冷却水とは 一過式, 循環式とも 凝縮器を 通過する水を いう

※1　欄内の ★は腐食または スケール生成傾向の いずれかに関係する因子を示す
※2　合成樹脂配管の場合 基準値として区別する

92　冷却水の水質管理に殺菌剤が必要!?

　冷却水の水質を良好な状態に維持し、レジオネラ症（別名、在郷軍人病）などを予防しつつ、冷凍機を効率よく安全に運転するため、冷却水の水質管理には薬剤を用いる化学的方法と、冷却水のブローダウンと呼ばれる物理的方法を併用しなければなりません。

　化学的方法：これは所定の薬剤を冷却水に添加して、冷却水中の有害不純物や成分に化学作用を起こし、スケールの析出、スライムや藻類の生成、細菌の繁殖などを防止する措置です。腐食抑制剤、スケール防止剤、スライム防止剤、防藻剤、殺菌剤（消毒剤）などが用いられます。しかしこれらの薬剤は万能ではなく、冷却水中の不純物の絶対量が減るわけではなく、いわば毒をもって毒を制す方法なので、有害な副作用も伴います。使用方法などを誤ると有害無益と

なりかねないため、化学的方法については専門家や先輩の指導に従って実施してください。

　冷却水のブローダウン：冷却塔内で外気と接触する冷却水は外気中の不純物を吸収し、かつ冷却水が蒸発したり、飛散するため不純物の濃度も上昇し、さらに薬剤の作用による生成物も濃縮していきます。そのため、冷却水は蒸発分を補給するとともに、不純物などの濃縮を防ぐ目的で、冷却水を常時一定量（循環する冷却水量の2％程度）、排水（ブロー）するブローダウンを行わなければなりません。

　超高層建築物などに設置される大容量の冷却塔では、薬液注入、ブローダウン、さらに粉じんなどの、ろ過といった3点を組み合わせ、自動化したフィーダー・オートシステムが採用されます。

●レジオネラ症（別名、在郷軍人病）って？

　歴史的には、1976年、米国のフィラデルフィアでの在郷軍人（軍人のOB、OG）のパーティで、それまで未知であった肺炎が集団発生したことから、在郷軍人病といわれるようになりました。正式名称はレジオネラ症です。レジオネラ菌による細菌性肺炎や敗血症の形をとる肺炎で、高齢者や喫煙者、糖尿病、慢性の呼吸器疾患をもつ人、あるいは他の病気の治療によって免疫機能の低下した人などに感染しやすい日和見感染症のひとつです。

　レジオネラ症は一般の肺炎と違い、菌を見つけに

くく、診断も遅れがちです。レジオネラ菌は水中や土中に常住しているのですが、とくに夏期の温度状態が菌の増殖に適し、冷却塔における冷却水は、塔内の送風機で周囲に菌が噴き出すように撒散らされます。また24時間風呂や、病院の新生児室で発生することもあります。原因は、繰り返し使用する湯水やぬるま湯です。給湯機器から、手元に届く温度を55℃以上と定めているのは、まさしくレジオネラ症の原因であるレジオネラ属菌を殺菌、滅菌させるためなのです。

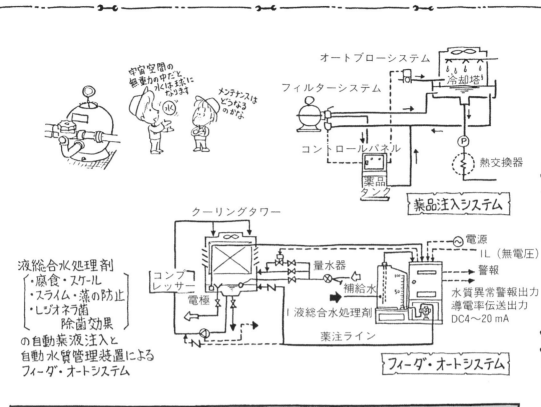

宇宙空間の無重力の中だと水は球になります

メンテナンスはどうなるのかな

オートブローシステム

フィルターシステム

冷却塔

コントロールパネル

薬品タンク

熱交換器

(P)

薬品注入システム

クーリングタワー

液総合水処理剤
- 腐食・スケール
- スライム・藻の防止
- レジオネラ菌　除菌効果

の自動薬液注入と
自動水質管理装置による
フィーダ・オートシステム

コンプレッサー

電極

電源

IL（無電圧）

量水器

補給水

警報

水質異常警報出力
導電率伝送出力
DC4～20 mA

1液総合水処理剤

薬注ライン

フィーダ・オートシステム

水処理法　＼　障害	スケール	腐食	スライム	細菌汚染
濃縮管理	★	★		
薬剤処理	★	★	★	★
軟水化処理	★			
pH 調整	★			
磁気処理 等	★			
電気防食		★		
オゾン処理			★	★
紫外線処理				★
除菌洗浄			★	★
水質分析	★	★	★	★
監視システム	★	★	★	★

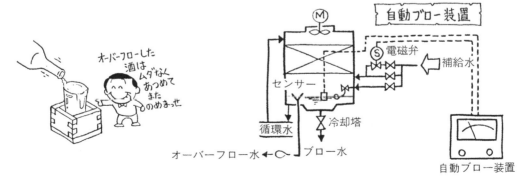

オーバーフローした酒はムダなくあつめてまたのめまっせ

自動ブロー装置

(M)

(S) 電磁弁

補給水

センサー

循環水

冷却塔

オーバーフロー水

ブロー水

自動ブロー装置

93　冷却塔の日常点検はとくに厳密に！

冷却塔は建築物の屋上という、いわば大気中の過酷な条件下で使用されるので、腐食や損傷が起こりやすい箇所です。とくに送風機は、騒音も激しい軸流送風機であり、異常を生じると著しい騒音を発して、冷却塔の能力低下はもちろん"騒音公害"につながります。また、強風で部品の一部が飛散し、第三者に被害を与える恐れもあります。耐用寿命も短く、冷却塔は運転期間中とくに日常点検を厳密に行って、機能維持や災害・公害防止に努めなければなりません。ところが現実は、屋上という離れた場所で、しかも外気中にあるため日常点検を怠る傾向が顕著なので、次の項目のチェックを心がけてください。

送風装置：①電動機、電流値、回転音は正常か、ターミナル部の防水は完全か。②羽根、羽根角度、チップクリアランス（羽根の先端（チップ）と危険防止用の覆いの隙間）などに狂いはないか。クラック、変形などの異常はないか。シャフト、ボスなどとの緊結部にゆるみはないか。③動力伝達装置、Ｖベルト方式では、ベアリングに異常音の発生がないか。Ｖベルトに著しい摩耗はないか。Ｖベルトの張り具合は適正

か。モーター側と羽根側のプーリーレベルに狂いはないか。ベアリングのグリスアップは十分か。ギアモーター（減速機）方式では、ベアリングに異常音は発生していないか。ギアのかみ合い音に異常はないか。潤滑油量は適正か。オイル漏れはないか。グリスアップは十分か。

散水装置：ごみ、汚泥、スケールなどによる散水孔の閉塞はないか。回転散水式では回転がスムーズか。散水管の傾きがないか。異常な水滴飛散、いわゆるキャリーオーバー（94項）はないか。

充てん材：ごみ、スケール、汚泥、微生物などの付着はないか。異常な変形、配列のくずれなど充てん不良が発生していないか。

冷水槽（下部水槽）：ごみ、スケール、汚泥などが沈積していないか。藻類の生成はないか。フロート弁（ボールタップ）は正常に作動しているか。ストレーナに詰まりを生じていないか。異常減水またはオーバーフローしていないか。

構造骨材およびケーシング：ボルト・ナットのゆるみはないか。クラック、変形などはないか。著しい腐食はないか。

●**冷却塔は騒音規制法が適用されるんだ！**

冷却塔には送風機が必要不可欠です。用途上、屋外に設置する装置ですから、送風機騒音と通水・散水による騒音とが複合して"騒音源"になるものです。このため冷却塔は騒音規制法による特定施設に該当します。したがって冷却塔を設置する場合、条

例の基準は異なりますが、都道府県知事（政令指定都市では市区長）が示す騒音規制法と条例の基準の両方を確認の上、所定の様式による届出を行い、かつ騒音を規制基準値以内に抑えるよう維持管理することが義務づけられています。

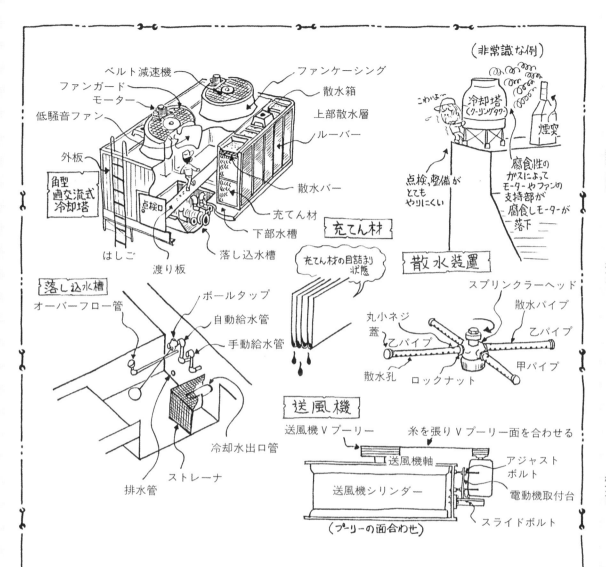

保全管理のあらまし

快適な室内空気環境を維持するには

空気調和機保全管理のポイント

熱運搬装置のメンテナンス

温熱源設備保全管理のポイント

燃焼装置の安全管理

冷熱源設備保全管理の要点

冷却塔メンテナンスのポイント

環境基本法の騒音に係る環境基準

時間・区域の区分	朝（6:00～8:00）夕（18:00～21:00）	昼間（8:00～18:00）	夜間（21:00～翌日6:00）
第1・2種低層住居専用地域	45デシベル	50デシベル	40デシベル
第1・2種中高層住居専用地域、第1・2種住居地域、準住居地域、市街化調整区域など	50デシベル	55デシベル	45デシベル
近隣商業地域、商業地域、準工業地域など	60デシベル	65デシベル	55デシベル
工業地域、工業専用地域など	65デシベル	70デシベル	60デシベル
工業地域、工業専用地域などで学校・病院の周辺など	60デシベル	65デシベル	55デシベル

94　冷却塔の主な故障と原因および対策

　冷却塔の主な故障と原因およびその対策を右の表に示します。最も起こりやすく、かつ冷凍機の運転効率低下や運転不能に至る大きなトラブルは、冷却水の温度上昇（冷却水温度が下がらない）と冷却水の減少の２つです。この両者の現象が生じると、冷凍機（水冷凝縮器）の凝縮圧力、いわゆる高圧が異常上昇し、高圧遮断（ハイカット）のインターロックが作動し、冷凍機の運転不能にいたるわけです。

　冷却水温度の上昇と冷却水の減少の原因は多くありますが、もっとも起こりやすい原因は冷却水中に吸収され堆積するじんあい、生成する藻類などによる充てん材、散水パイプ孔、ストレーナの目詰まりです。このトラブルを防ぐポイントは、すでに説明した化学的方法（薬剤注入）と冷却水のブローダウンの併用による正しい水質管理です。２〜３ヶ月ごとに、各部の目詰まりの主因となるじんあいの堆積を除去（清掃）し、水も張り替える必要があります。この定期的な冷却塔清掃を実施すれば、冷却水温度の上昇や冷却水の減少といった現象のほとんどが予防できるといっても過言ではありません。

● キャリーオーバーとは？

　冷却塔内の微小水滴が空気流によって運ばれ、空気吐出し口から、周辺へ飛散する現象をいいます。キャリーオーバーが著しい場合、当該建築物の周辺に"雨を降らす"ことになり、歩道を歩く人からクレームがきます。お天気が良いのに、建築物周辺に雨を降らせてはいけません！

● 広告塔が冷却塔を妨害する！？

　冷却塔は通常、建築物の屋上に設置しますが、ただ、ばく然と配置してはなりません。例えば、塔屋など他の構造物から所定の距離をあけて配置する必要があるのです。これは、冷却塔の空気吸込み口から必要量の空気（外気）を吸引し、用を済ませた（水を冷却させた）空気を空気吐出し口よりも高い位置で排出させるためです。そうすることで、吐出し口からの高温空気が吸込み口へ短絡し、再循環（ショートサーキット）するのを防ぐのです。ところが建築物のオーナーの都合で、冷却塔設置後に冷却塔のすぐ近くに広告塔を設置されることがよくあるのです。そうなると、冷却塔の正常な空気流動が広告塔によって妨害され、吸込み空気量の減少や吸込み気流の偏流、あるいはショートサーキットが生じます。その結果、冷却水温度が上昇し、冷凍機の運転不能にいたるケースが生じるわけです。広告塔などの構造物が冷却塔の周囲に後日設置されてしまった場合には、例えばショートサーキットを防止するために空気吐出し口に広告塔よりも高い短管を設けるなど、ケースバイケースで専門家とよく相談して改良策を施さなければなりません。

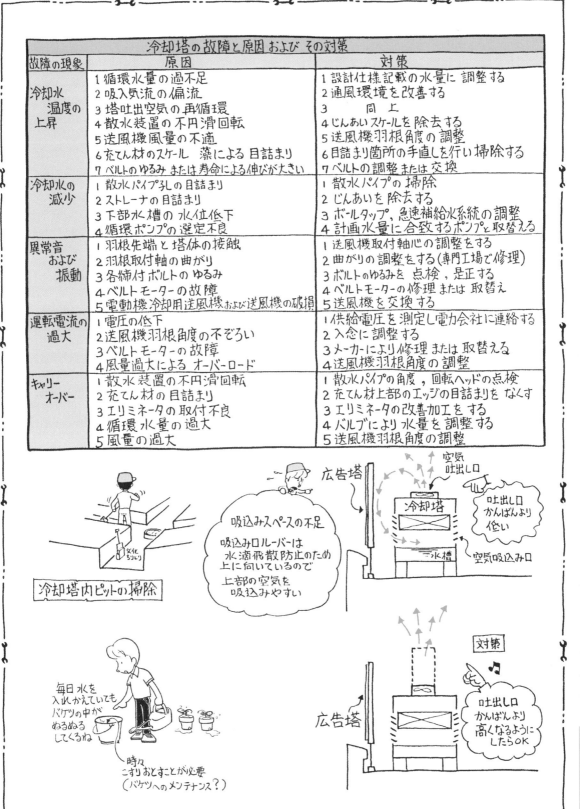

冷却塔の故障と原因 および その対策

故障の現象	原因	対策
冷却水温度の上昇	1 循環水量の過不足 2 吸入気流の偏流 3 塔吐出空気の再循環 4 散水装置の不円滑回転 5 送風機風量の不適 6 充てん材のスケール 藻による 目詰まり 7 ベルトのゆるみ または寿命による伸びがたきい	1 設計仕様記載の水量に 調整する 2 通風環境を改善する 3　　　同　上 4 じんあい スケールを除去する 5 送風機羽根角度の調整 6 目詰まり箇所の手直しを行い 掃除する 7 ベルトの調整 または 交換
冷却水の減少	1 散水パイプ孔の目詰まり 2 ストレーナの目詰まり 3 下部水槽の 水位低下 4 循環ポンプの 選定不良	1 散水パイプの掃除 2 じんあいを除去する 3 ボールタップ,急速補給水系統の調整 4 計画水量に合致するポンプと取替える
異常音および振動	1 羽根先端と塔体の接触 2 羽根取付軸の曲がり 3 各締付ボルトのゆるみ 4 ベルトモーターの故障 5 電動機冷却用送風機および送風機の破損	1 送風機取付軸心の調整をする 2 曲がりの調整をする(専門工場で修理) 3 ボルトのゆるみを 点検,是正する 4 ベルトモーターの修理 または 取替え 5 送風機を 交換する
運転電流の過大	1 電圧の低下 2 送風機羽根角度の不ぞろい 3 ベルトモーターの故障 4 風量過大による オーバーロード	1 供給電圧を測定し電力会社に連絡する 2 入念に調整する 3 メーカーにより修理 または 取替える 4 送風機羽根角度の 調整
キャリーオーバー	1 散水装置の不円滑回転 2 充てん材の目詰まり 3 エリミネータの取付不良 4 循環水量の過大 5 風量の過大	1 散水パイプの角度,回転ヘッドの点検 2 充てん材上部のエッジの目詰まりを なくす 3 エリミネータの改善加工を する 4 バルブにより水量を調整する 5 送風機羽根角度の調整

冷却塔内ピットの掃除

広告塔

吸込みスペースの不足

吸込みロルーバーは 水滴飛散防止のため 上に向いているので 上部の空気を 吸込みやすい

空気 吐出し口

冷却塔

水槽

吐出し口 かんばんより 低い

空気吸込み口

毎日水を 入れかえていても バケツの中が ぬるぬる してくるね

時々 こすりおとすことが必要 (バケツへのメンテナンス?)

対策

広告塔

吐出し口 かんばんより 高くなるように したらOK

保全管理のあらまし

快適な室内空気環境を維持するには

空気調和保全管理のポイント

熱運搬装置のメンテナンス

温熱源設備保全管理のポイント

燃焼装置の安全管理

冷熱源設備保全管理の要点

冷却塔メンテナンスのポイント

95　運転休止期間中の冷却塔の保護

　冷房のシーズンオフ、つまり、10月中旬から翌年5月中旬の運転休止期間中においても、冷却塔は屋外に曝され、様々な気象、環境条件にアタックされます。当然ながら、シーズンオフといってもそれ相応の保護対策は欠かせません。休止中の冷却塔の保護対策は概略、次のとおりです。

① 冷却塔内外を洗浄、清掃して水は完全に抜いておく。

② 冷却水循環配管も水を完全に抜く。

③ 循環ポンプや補給水ポンプは水を抜くとともに凍結防止の処置を施す。

④ 軸受のグリースが固着しないよう入れ替える。

⑤ 取付け金具や架台など、錆発生の恐れのある部分は防錆塗装を施す。

⑥ モーターにはカバーをする。

⑦ 多雪地域では送風装置全体を防雪カバーで包み雪から保護する。

⑧ 工業地域などの降下ばいじんが多いところでは、冷却塔の開口部にカバーをしっかりかける。

⑨ 煙突の近辺に設置されている場合は火の粉がかからないよう保護する。

●冬期でも冷房 ?!

　建築物の超高層化や大型化、さらにその用途の多様化などにより、冬期においても冷房を行うケースが増加しています。冬期の外気温下における冷却塔の運転には、特有のトラブルが発生します。基本の予防策は、冷却水の凍結防止対策です。通常は冬期運転中に作動する凍結防止用の電熱器が設置してあり、かつ冷却水が異常減少した場合には電熱器の空焚きを防止する装置もあるのです。また、送風機は停止したまま、循環ポンプだけの運転を原則とします。この理由は、夏期と同じように冷却塔を運転(送風機、冷却水循環ポンプ両者の稼働)すると、外気温が著しく降下したとき、凍結して冷却水が循環しなくなり、凝縮器への断水が高圧の急上昇を引き起こし、高圧カットのインターロックが作動して、冷凍機の運転が不能になるからです。

●冷却塔が白煙を吐く ?!

　冬期に冷却塔を運転すると、冷却塔の空気吐出し口から白煙が噴き出されます。冷却塔からの排出空気は周囲空気（外気）に比べて高温・多湿で、冷たい大気中に排出された水分が霧となり、これがいわゆる白煙となるわけです。建築物では屋上に冷却塔が配置されるのであまり問題になることはないのですが、工場などで地上設置されている場合、周囲の住民から"白煙公害"として問題視されます。また、空港では空港関連の建築物からの冷却塔白煙が飛行機の管制障害となるため、注意が必要です。

こまったなぁ

冷却塔の凍結事故

運転中に
かまってあげるのは
もちろんのこと

ズズズ

休止中も
世話します

冬場も
大事にしてあげる

寒い

ちょっとまってて

せっせっ

白煙の防止法				
分類	方法	（概念図）		評価
顕熱加熱型	1. 湿式冷却塔の上部に間接式熱交換器（熱源：蒸気,温水,被冷却水の一部）を設置して空気を加熱する 2. LPG, LNG をファン吐出側短管内で直接燃焼させて空気を加熱する	1 加熱コイル	2 バーナー	・確実な白煙防止が可能 ・ユーティリティ費用が大 ・冷却容量は変化しない
乾湿併用型	湿式冷却塔と間接式熱交換器を並列に配置し間接式熱交換器を通した被冷却水を湿式冷却塔に通水するそれぞれの出口空気を混合し冷却塔から排出する空気の絶対湿度を下げる			・白煙の完全防止は困難 ・設備費大 ・冷却容量を余り減少させずに対処できる ・ユーティリティは不要
冷却能力制御型	複数台結合型の冷却塔を熱負荷が減少しても全部運転し冷却塔から排出する空気のエンタルピー（湿球温度）を下げる			・白煙の完全防止は困難 ・冷却容量は減少する ・ユーティリティは不要

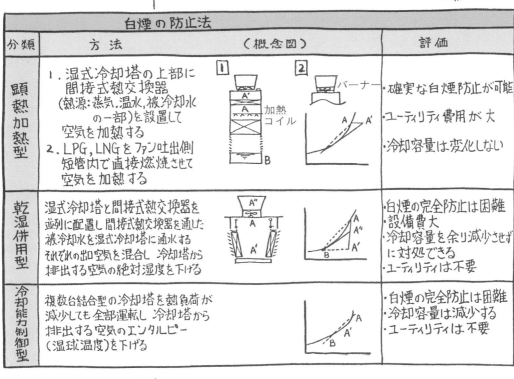

日本の
オフィス建築の
歴史

「空調」の技術が
ほとんどなかった
時代です

人工照明も
ないといっても
いいぐらいの
ころ

100R
（大正9年）

光や通風をとるため
光庭がとられた
（中庭）

「空調」の技術の
おかげで
現在のような
ビルを
建てることが
可能になりました

おもしろい
メンテナンスを
みんなで
考えよう

初版へのあとがき

　空気調和設備の運用、保全管理の業務に従事されている方、そして参入を希望される初心者の方々に、その技術をスムーズに理解していただければとの思いを込めて、イラストレーターの石田（木村）芳子先生のご協力のもと、本書を執筆した次第ですが皆様方の実務書、参考書としてお役に立てたでしょうか。とくに設備の運用、保全管理の分野は学問的にも理論的にも体系化されておらず、現実の問題として「メンテナンスは身体で覚えなければならない」側面があり、本書は何か物足りない感は否めないと思いますが、この書で学んでいただいたことをバネにして、専門的な知識、高度の保全技術にチャレンジして下さることを念願してやみません。

　斯界での飛躍の糧となるメンテナンスに関する専門的な実務書、参考書は意外と少ないのが現実ですが、筆者が本書を執筆するに際して、参考にさせていただいた書籍をつぎに示しておきます。

（順不同）

①設備と管理編集部 編『ビル設備・衛生管理チェックリスト』オーム社

②設備と管理編集部 編『絵とき空調設備の保守と制御』オーム社

③設備と管理編集部 編『建築設備の水質保全実務読本』オーム社

④國見節郎・川口博 共著『絵ときビル設備管理ユニークメンテナンス』オーム社

⑤上田瑞男・小宮稔・萩本平・藤巻建夫 共著『空調設備メンテナンス入門：ビルメンのための空調設備ABC』オーム社

⑥塩津忠義 著『新入社員のための実践ビル管理入門』オーム社

⑦塩津忠義 著『絵ときビル設備管理実務用語早わかり』オーム社

⑧塩津忠義・原力 共編『ビル設備機器のトラブル対策入門：事例に学ぶビルメンのための現場実務』オーム社

⑨後藤滋・田中辰明・日比俊二・田中毅弘・手塚升・林幸夫・山岸龍生 共著『ビル設備管理の技術』理工図書

⑩石渡憲治 著『冷凍空調実務読本』オーム社

⑪建築設備トラブル研究会 著『空調設備のトラブル50』学芸出版社

⑫日本建築設備士協会 編『空調設備トラブル事例対策集』日本工業出版

⑬宗孝 著『プロの教えるシールのごくい』技術評論社

⑭濱田吉櫻 著『機械保全作業活用ブック』技術評論社

⑮中井多喜雄 著『ガスだきボイラーの実務』日刊工業新聞社

⑯中井多喜雄 著『ボイラーの運転実務読本』オーム社

⑰中井多喜雄 著『ボイラーの事故保全実務読本』オーム社

⑱中井多喜雄 著『ボイラ技士のための自動ボイラ読本』明現社

⑲中井多喜雄 著『ボイラ一問一答：取扱い編』明現社

⑳中井多喜雄 著『ボイラの水処理入門』燃焼社

㉑中井多喜雄 著『鋳鉄製ボイラと真空式温水ヒータ：基礎と実務』燃焼社

㉒中井多喜雄 著『スチーム・トラップ入門：スチーム・トラップで出来る省エネルギー』燃焼社

㉓中井多喜雄 著『ボイラの燃料・燃焼工学入門』燃焼社

㉔ボイラー用語研究会（中井多喜雄）編『図解ボイラー用語辞典』日刊工業新聞社

㉕配管用語研究会（中井多喜雄）編『図解配管用語辞典』日刊工業新聞社

㉖空調技術用語研究会（中井多喜雄）編『図解空調技術用語辞典』日刊工業新聞社

以上の他、イラスト作成のために下記の書籍も参考にさせていただきました。

㉗大庭孝雄 著『空気調和・暖房設備の設計法』学芸出版社

㉘大庭孝雄 著『建築設備の設計法』学芸出版社

㉙技能士の友編集部 編著『技能ブックス 20 金属材料のマニュアル』大河出版

㉚技能士の友編集部 編著『技能ブックス 19 作業工具のツカイカタ』大河出版

㉛『工場管理 6 月号』日刊工業新聞社

㉜吉田文二 著『船の科学』講談社ブルーバックス

㉝商船大学学生 編『海洋文庫 20 日本丸航海記』舵社

㉞杉山裕ほか 共著『空気調和設備』啓学出版

㉟小原淳平 編『100 万人の空気調和』オーム社

㊱小原淳平 編『続・100 万人の空気調和』オーム社

㊲木村宏 監修・ビル環境保全研究会 編著『ビル環境経営のための設計・施工べからず集 1・2・3』オーム社

㊳日本建築学会 編著『構造用教材』丸善

㊴日本建築学会 編著『建築環境工学用教材　設備編』丸善

㊵日本建築学会 編著『建築環境工学用教材　環境編』丸善

㊶宮脇毅・南部武 著『新建築と設備の接点』学芸出版社

㊷建築技術教育普及センター 監修・日本建築士連合会 編『建設大臣・知事指定　建築士のための指定講習会テキスト共通編　一般（B）オフィス建築編』

㊸森村武雄 監修・森村協同設計事務所 著『図解建築設備工事の進め方』市ケ谷出版社

いずれにしましても、本書をマスターされた後、斯界における専門家をめざして、チャレンジされることを祈っております。

1994 年 9 月
中井多喜雄

改訂版参考文献・URL

①（一社）日本冷凍空調工業会ＨＰ
https://www.jraia.or.jp/product/home_aircon/pumpdown/ （2022 年 7 月 29 日最終閲覧）

②田中毅弘『よくわかる計画＆環境・設備　第 2 版』地人書館、2018

③松浦房次郎、田中毅弘『建築設備の維持管理』技術書院、1998

④田中毅弘『合格対策 ビル管理技術者（建築物環境衛生管理技術者）試験』地人書館、2020

⑤田中毅弘監修『しくみ図解 ビルメンテナンスが一番わかる』技術評論社、2015

⑥山本忠敬『機関車・電車の歴史』福音館書店

⑦WORKERS TREND「ボイラーの基礎知識と、ボイラー技師について」
https://wawawork.work/workerstrend/skills/391/ （2022 年 7 月 29 日最終閲覧）

⑧社団法人日本建築学会『建築環境工学用教材　設備編』丸善

● 改訂監修者

田中毅弘 (たなか たけひろ)

一般社団法人全日本建築士会理事。その他、裁判所技術鑑定人、官公庁の専門委員、審議委員、技術監査委員、国家試験出題委員を兼任。工学博士、Ph. D.（人間行動学博士）。足利工業大学専任講師、関東学院大学助教授、東京工業大学大学院特別研究員、LEC リーガルマインド大学総合キャリア学部・高度専門職大学院教授・学部長補佐、東洋大学理工学部建築学科教授などを経て、現職。単著、共著含めて著書は 160 冊以上、査読付き学術論文は単著、共著含めて国内外で 150 編以上。主な専門分野は、都市・建築環境・設備工学、ビルマネジメント・メンテナンス、BCP・BCM、システム工学、信頼性・保全性工学。
なお、著者の著書・論文等の詳細はリサーチマップ（https://researchmap.jp）で検索されたい。

〈おもな著書〉
『ビル管理技術者（建築物環境衛生管理技術者）試験（合格対策）』地人書館、2020
『1 級管工事施工管理技士講座　学科試験テキスト 1〜3（改訂版）』ユーキャン、2018
『新版　イラストでわかるビル管理用語集』（改訂監修／中井多喜雄・石田芳子著）学芸出版社、2018
『改訂版　イラストでわかる給排水・衛生設備のメンテナンス』（改訂監修／中井多喜雄・石田芳子著）学芸出版社、2017
『マンション維持修繕技術者試験（合格対策）』地人書館、2017
『ビルメンテナンスが一番わかる（しくみ図解）』技術評論社、2015
『ビルオーナーとビル管理者のための建築関連法規ガイドブック　オフィスビル編』（共著／NTT ファシリティーズ総合研究所編）大成出版社、2011
『新版　建築物の環境衛生管理　上下 2 巻』（分担執筆／新版 建築物の環境衛生管理編集委員会編）ビル管理教育センター、2009
『建築設計資料集成　環境編』（分担執筆／日本建築学会編）丸善、2007

● 著者

中井多喜雄 (なかい たきお)

1950 年	京都市立四条商業学校卒業
	垂井化学工業株式会社入社
1960 年	株式会社三菱銀行入行
その後	技術評論家
2018 年	逝去

〈おもな著書〉
『改訂版　イラストでわかる空調設備のメンテナンス』
『改訂版　イラストでわかる空調の技術』
『改訂版　イラストでわかる給排水・衛生設備の技術』
『改訂版　イラストでわかる消防設備の技術』
『第三版　イラストでわかる一級建築士用語集』
『改訂版　イラストでわかる二級建築士用語集』
『新版　イラストでわかるビル管理用語集』
『イラストでわかる建築電気・エレベータの技術』
『イラストでわかるビル清掃・防鼠防虫の技術』
『イラストでわかる建築電気設備のメンテナンス』
『イラストでわかる消防設備士用語集』
『イラストでわかるインテリアコーディネーター用語集』
『イラストでわかる管工事用語集』
『マンション管理士用語集』（以上、学芸出版社）
『図解空調技術用語辞典（編著）』（日刊工業新聞社）
他多数

〈法定資格〉
建築物環境衛生管理技術者／建築設備検査資格者／特級ボイラー技士／第 1 種冷凍保安責任者／甲種危険物取扱者／特殊無線技士

石田芳子 (いしだ よしこ)

1981 年	大阪市立工芸高校建築科卒業
	青柳構造設計に 7 年勤務
	二級建築士
現在	石田（旧木村）アートオフィス主宰

〈おもな著書〉
『改訂版　イラストでわかる給排水・衛生設備のメンテナンス』
『改訂版　イラストでわかる空調の技術』
『改訂版　イラストでわかる給排水・衛生設備の技術』
『改訂版　イラストでわかる消防設備の技術』
『第三版　イラストでわかる一級建築士用語集』
『改訂版　イラストでわかる二級建築士用語集』
『新版　イラストでわかるビル管理用語集』
『イラストでわかる建築電気・エレベータの技術』
『イラストでわかるビル清掃・防鼠防虫の技術』
『イラストでわかる建築電気設備のメンテナンス』
『イラストでわかる消防設備士用語集』
『イラストでわかる管工事用語集』（以上、学芸出版社）
『マンガ建築構造力学入門 I、II』（集文社）他多数
春乃すずな ブログ小説『陽気な日曜日』のイラストと漫画『ガスコーニュのつわものたち』（ペンネーム）きむらのほうじ

改訂版 イラストでわかる空調設備のメンテナンス

2022 年 9 月 5 日　　第 1 版第 1 刷発行

改訂監修者　田中毅弘
著　　　者　中井多喜雄・石田芳子

発 行 者　井口夏実
発 行 所　株式会社 学芸出版社
　　　　　京都市下京区木津屋橋通西洞院東入
　　　　　〒600-8216　TEL 075(343)0811
　　　　　http://www.gakugei-pub.jp/
　　　　　info@gakugei-pub.jp
編 集 担 当　岩切江津子

DTP・装丁　KOTO DESIGN Inc.　山本剛史・萩野克美
印刷・製本　シナノパブリッシングプレス

ⓒ田中毅弘・中井多喜雄・石田芳子　2022　　　　　Printed in Japan
ISBN978-4-7615- 3283-3

新版　イラストでわかるビル管理用語集

田中毅弘 改訂監修／中井多喜雄・石田芳子 著
A5 判・368 頁・本体 3200 円＋税

建築物環境衛生管理技術者（ビル管理技術者）の資格取得や実務に不可欠な約 2000 語を厳選し解説。
軽妙な 2 色イラスト図解を豊富に盛り込み、受験生から実務初心者までの基礎知識習得を広くサポート。
効率的にステップアップできるよう各種用語は 3 段階の重要度で示し、巻末の索引は用語辞典としても
活用できるように工夫した。

改訂版　イラストでわかる給排水・衛生設備のメンテナンス

田中毅弘 改訂監修／中井多喜雄・石田芳子 著
B5 判・208 頁・本体 3000 円＋税

ビルメンテナンスの現場で読み継がれる入門書、待望のリニューアル！最新データや法規にもしっかり
対応。今更人には聞けない“水の設備”のキホンから、日々の管理の落とし穴、現場で役立つ点検のコ
ツまで総ざらい。見やすくなった 2 色イラストで、水の通り道や器具の構造、重要語句も一目瞭然。時
短でサクサク学びきろう！

改訂版　イラストでわかる給排水・衛生設備の技術

田ノ畑好幸 改訂監修／中井多喜雄・石田芳子 著
B5 判・200 頁・本体 3000 円＋税

安全な飲料水の提供、最適な下水処理、適切な衛生器具、安心なガス設備等、給排水衛生設備のしくみ
を学ぶ入門書として、現場のエンジニアに読み継がれてきた書、待望の改訂版。親しみやすい文章とイ
ラストで、一番わかりやすいと大好評。最新データや法規に準拠し、省エネ・省資源対応の新しい機器・
器具についても解説した。

改訂版　イラストでわかる空調の技術

田ノ畑好幸 改訂監修／中井多喜雄・石田芳子 著
B5 判・216 頁・本体 3000 円＋税

親しみやすい文章とイラストで、初心者にわかりやすいと大好評。空気調和設備のしくみと考え方を学
ぶ一番やさしい入門書として、現場の技術者やメンテナンスの方に読み継がれてきたテキスト待望の改
訂版。最新データや法規に準拠し、イラストも含めて改訂するとともに、耐震や環境に配慮した新しい
設備についても加筆した。

改訂版　イラストでわかる消防設備の技術

日本建築協会 企画／赤澤正治・岩田雅之・西 博康 改訂監修／中井多喜雄・石田芳子 著
B5 判・216 頁・本体 3000 円＋税

建築物の高層化・複雑化に伴い、その重要性を増す消防設備。その技術の全てをわかりやすいイラスト
で解説し、ビル管理・設備・消防関係分野で幅広く読み継がれてきた『イラストでわかる防災・消防設
備の技術』、待望の改訂版。最新の法令・データに準拠するとともに、現場での使いやすさのための項目
配列の見直しを行った。

第三版　イラストでわかる一級建築士用語集

大西正宜 改訂監修／中井多喜雄・石田芳子 著
A5 判・384 頁・本体 3200 円＋税

学科試験の項目ごとに重要な用語を厳選。用語の内容を正確に押さえ、見開きで一つのストーリーとし
て語ることで、項目内の用語を相互に関連させながら学べる平易で便利な用語集。一級建築士受験に必
要不可欠な 2000 語を、温かいタッチのイラストをまじえて解説した。巻末索引の利用で、手軽な建築
用語事典として現場でも役立つ。